JIAN KANG
XIAN FENG

医院公益性专题报告

健康先锋

广州市中西医结合医院疫情防控的生动事例和真实故事

刘瑞华　主编

团结出版社

图书在版编目（CIP）数据

健康先锋 / 刘瑞华主编 . -- 北京 : 团结出版社，
2023.1

ISBN 978-7-5126-9725-6

Ⅰ.①健… Ⅱ.①刘… Ⅲ.①中西医结合－医院－医
药卫生人员－先进事迹－广州 Ⅳ.① K826.2

中国版本图书馆 CIP 数据核字 (2022) 第 182827 号

出　　　版：团结出版社
　　　　　　（北京市东城区东皇城根南街 84 号　邮编：100006）
电　　　话：（010）65228880　65244790
网　　　址：http://www.tjpress.com
E-mail：65244790@163.com
经　　　销：全国新华书店
印　　　刷：四川科德彩色数码科技有限公司
装　　　订：四川科德彩色数码科技有限公司

开　　　本：170mm×240mm　16 开
印　　　张：20
字　　　数：323 千
版　　　次：2023 年 1 月第 1 版
印　　　次：2023 年 1 月第 1 次印刷

书　　　号：978-7-5126-9725-6
定　　　价：96.00 元

编委会

卷首语：我们从新冠疫情阻击战考验中走来

2020，注定被历史铭记。

这一年，新冠肺炎疫情席卷全球，震惊世界。在国内，它是新中国成立以来传播速度最快、感染人数最多、波及范围最广、防控难度最大的重大突发公共卫生事件。打好疫情防控阻击战是党和各级政府日常工作的重中之重，是全国人民的头等大事。我国始终以"人民至上，生命至上"为根本宗旨，经历了封城、封路、停工、停产、停学等历史性时刻；实行重点区域管控：军、警、医、政、商、民举国联动，上下一盘棋，有力彰显党和政府在抗疫上的决心、智慧和策略。全民戴口罩、减少外出、居家隔离、积极采取各类防疫措施，最大限度防止疫情扩散，充分展示了全国人民在面对重大灾难时，万众一心、众志成城的抗疫决心。广大医务人员始终处于抗疫最前线，他们甘于奉献、冲锋在前，不断与死神较量，完美诠释了"敬佑生命、救死扶伤、甘于奉献、大爱无疆"的崇高职业精神。

医院是抗疫战场的前沿阵地，早在疫情暴发初期，广州市中西医结合医院领导班子就敏锐地嗅出了重大疫情的味道，并迅速做出临战反应；紧急集训人员、储备物资器材、采购设备药品、成立疫情防控指挥部、开展传染病防控培训演练，为应对疫情保护人民生命不计得失、不计成本、不计代价，一切只为保护人民的生命安全。医院还成立了做好一线医务人员及其家属保障工作领导小组，从单位到家庭，从线下到线上，对一线医务人员及其家属在生活工作上予以全面的关心和慰问，在生理心理上予以支持鼓励，在人文关怀上予以照顾和抚慰，在健康安全上予以安全和保障，做到全方位解除员工后顾之忧，让员工全心全意投入到抗疫工作中。

疫情就是命令，防控就是责任！在医院党委的正确领导下，党员在抗疫队伍中充分展示先锋模范作用，奋勇争先、全力以赴做好人民的健康卫士，全院员工齐心戮力、众志成城筑起一座座坚实的抗疫堡垒。疫情防控指挥部指到哪儿，他们就打到哪儿。无论是在核酸采样、疫苗接种、隔离酒店、支援白云海关，或是坚守在本职工作岗位上，他们不分白天黑夜，无惧寒冬酷暑、狂风暴雨，他们总是挺身而出、无怨无悔，只为让大家有一个安宁的、没有病毒的生活空间。

他们驻守在医院、机场或车站的哨点，城市的每个角落都遍布他们的身影，每一条道路都有他们踏过的脚印，核酸大采样队、疫苗接种队、流调队、转运专班等一支支队伍精神饱满、斗志昂扬、不畏困难、不怕牺牲，在坚守和豪迈中走过春夏秋冬、经历人间冷暖，他们用坚定的党员信念、医护初心的誓言激励起斗志，用执着付出和辛劳汗水捍卫人民群众生命安全。

这些年来我们从新冠疫情阻击战中走来，与国家同进退、与人民共存亡、与医院同命运共呼吸，跌宕起伏、百折不挠。

这个时代的医务人员注定被历史、被人民铭记。

◎目 录 CONTENTS

1

■ 健康先锋

◎第一章

厉兵秣马，众志成城抗疫情

第一节　临危受命

2020年1月中旬，广州市中西医结合医院接到国家卫健委关于新型冠状病毒肺炎的通报，医院积极做好准备，参加国家、省、市新冠病毒肺炎的救治培训工作。

2020年1月20日，医院召开新冠肺炎防治工作会议，明确新冠肺炎防治是近期卫生健康系统的头等大事，要求医院各级医务人员必须认真学习相关文件与规范，参加培训。医务人员应保持良好的职业状态迎战斗，不要恐慌，也不允许不恰当的行为和议论，统一思想，做好防护物资的储备。

2020年1月22日（腊月二十八）上午，医院召开专题会议研究新型冠状病毒感染肺炎疫情防控问题，会议要求，各级干部要尽快做好科室的培训工作，并明确责任，如培训不到位，引发不良事件将启动追责机制，并与绩效考核挂钩。加强春节假期值班值守，同时安排双班领导值班，现时要求所有的班次有预备班。可随时启动应急预案，并要求全院所有的工作人员必须无条件地服从医院统一安排，要求所有疫情相关物资资源进行有效控制，包括防护服、口罩，并从严管理，特别是医用防护口罩、防护服必须按岗位需求使用，确保一线防治人员需求。医院同时预留一个病区，作为疫情收治的预备区域，以应对于疑似病人和留观病人进行有效的处置，同时医院要求中医药必须全面介入中西医联合诊治的准备工作中，春节外出休假全面取消，干部职工可原地休假待命，并全面加强对去过武汉等疫区人员管理，要求及时上报，做好自我隔离相关情况。医院同时在医院内办公网、院内职工交流群建立新冠肺炎防治专栏，供全院员工及时了解相关政策和流程。

2020年1月23日，广东省新型冠状病毒感染肺炎疫情防控工作领导小组决定，启动广东省重大突发公共卫生事件一级响应，标志着广东新冠肺炎疫情阻击战吹响集结号，广州市中西医结合医院坚定执行上级部署，贯彻执行新冠疫情防控规范，承担起守卫市民健康的抗疫责任，面对疫情重大考验，全院医务人员展现出勇挑重担的革命气魄和战胜困难的必胜信念。为了建立高效指挥体系，医院迅速成立新冠疫情防控指挥部，由医院党委副书记、院长刘瑞华担任总指挥，成员包括班子成员、相关职能部门及部分临床科室的负责人等。

全方位疫情防控部署，要求全院员工思想高度统一，充分发扬医务工作者冲锋在前、不惧艰难险阻的拼搏精神，彰显白衣天使始终把人民生命安全放在第一位的崇高精神，确保防控工作精准到位。

医院在新冠疫情早期，还接受了上级部门的指令性任务。

一、1月23日，医院接到区卫生健康局指令要协助区卫生健康局筹备相关防疫物质及制订疫情防控相关设备的紧急采购流程等，由于当时政府相关疫情防控物资的采购体系尚未建立，政府希望通过医院渠道协助紧急采购，医院积极联系商家，筹备相关物资为下一步疫情防控奠定了一定的物资基础。

二、1月26日（大年初二）医院受区委、区政府的委托，积极协助区域内的口罩生产厂家转型成为医用口罩的生产基地，医院派出专人到湖北，协助采购生产设备及防疫物资，从员工入厂体检到生产参数、消毒等提供全过程的服务。在新冠肺炎早期，防控物资特别紧张，口罩、防护服稀缺成为疫情防控的最大难点。此项目为花都乃至广州及时提供了大量的医用口罩等，为区域复工复产做出了贡献。该工厂后来成为全球性医用防护物资的提供商，这是后话。

三、由于疫情突发，发热病人就诊需要单独转运，一时造成救护车十分紧张，正常的医疗救治也受到严重影响。上级政府及时了解到这个情况，同意拨专款采购救护车，区域三台救护车采购的任务又交给医院。医院积极筹备，开展调研，确定车型，并通过有限的资金改造全部转为负压救护车。车辆到位后，很快使区域内的负压救护车数量上升到市内的前几位，也为后来为区域成立负压救护车转运专班奠定了基础。

第二节　抗疫十大举措

在疫情早期，医院积极应对疫情暴发，针对医院防控过程中不断出现的新问题，及时调整，并出台了相应举措。

举措一：成立"新冠"防控工作领导小组

成立由刘瑞华院长、黄红柱书记担任组长的新型冠状病毒防控工作领导小组，每两天或根据疫情变化情况随时召开工作汇报会，确保诊断治疗、院感防控、药品及防控用品供应等工作落实到位，及时根据疫情变化调整防控策略。每天错开分别召开疫情防控指挥部会议和院务会，确保领导天天碰头商议疫情防控事宜。

举措二：组织防控应急演练

2020年1月23日，由刘瑞华院长担任总指挥，举行了新型冠状病毒防控应急演练，全院共一百余名科室代表参加观摩了演练，有效提高医护人员的综合防控技能。

举措三：全员防控知识培训

全院人员（含工勤人员）接受《新型冠状病毒感染的肺炎防控方案》培训，在钉钉应用系统内专门设立了"抗疫专栏"，及时发布抗疫相关信息及指南，确保医务人员召之则来、来之能战。在医院钉钉操作规范等培训挂在网上，借全院员工随时学习。

举措四：设立专区收治过渡观察病人

在医院的感染性疾病科设立5张病床，专门用于收治需观察的过渡病人，等排队新冠感染后方可收入住院部。

举措五：优化发热病人分诊流程

重新安排疫情期间本地病人和疫区来诊病人的就诊，本地呼吸道疾病患者（非发热者）按正常诊疗程序到门诊二楼呼吸科门诊就诊，本地发热患者到急诊 5 号呼吸专科门诊就诊，来自疫区或有疫情接触史的患者到发热门诊就诊。

举措六：多渠道加强防控宣传指引

积极利用指示牌及全院电子屏幕、订阅号及网站等媒体对病人进行新型冠状病毒感染肺炎防控知识指引。为坚定一线医护人员抗疫作战的决心，宣传科春节期间连续推出十期"春节特辑"，报道全院员工坚守岗位为人民服务的事迹，大大鼓舞了医务人员的作战士气。

举措七：组建应急医疗队和护理后备人才库

组建了医院应急医疗队和护理后备人才库，为持久战和后备定点收治医院做充分的准备。其间党员医务人员不忘初心，带头起先锋模范作用，积极报名参加应急医疗队，充分体现了党员干部吃苦在前、冲锋在前、享受在后的奉献精神。

举措八：积极支援湖北前线

积极支援湖北前线抗疫工作，选派重症监护科护理组长杨华邦参加第二批广东省医疗队，随时待命出发支援湖北。积极响应支援湖北医疗物资，广州市中西医结合医院在应对此次疫情的过程中，各类防控物资也较为紧张短缺，但为了全力支持湖北最前线的医疗队做好防护工作，排除万难，捐赠了 6000 只医用外科口罩。为兄弟医院及相关单位捐赠数万支口罩等防控用品。

举措九：强化硬件设施保障

为确保医院空气消毒措施到位，保证到院就诊病人和医务人员避免发生院内交叉感染，医院党委决定投入 40 万元购进空气消毒机对感染性疾病科进行空气消毒；投入 20 万，购进新型冠状病毒核酸检测仪，投入使用后，可以对新型冠状病毒进行快速初筛。

举措十：完善后勤保障支撑

全院联动、上下一心、多措并举，保证医院的药品、设备及其他后勤保障措施，确保临床一线医疗工作的顺利进行。疫情早期医院始终能保证所有工作岗位的防控物资，员工每日可分配到两个口罩，特殊岗位且不受限制，这实属不易。医院的防护服虽然紧张但从来没有断过货，确保了医院的平稳运行和工作人员的职业安全。

第三节　医院探索公共卫生突发应急新机制

由于医院系由中医院改制成中西医结合医院，一直以来，对突发公共卫生事件应对没有完整的体系，医院党委根据疫情的相关要求，积极探索适合医院的疫情防控救治体系，结合医院的区位特点、优势学科及特点，确定了以急诊科为龙头的公共卫生突发事件的应急处置单元，在遭遇重大事件根据不同的特征抽调各专业科室人员加入，统一指挥、统一行动，全力以复做好疫情防控工作。

急诊科作为医院接诊急危重症患者的第一门户，可能最先接触到相关患者，利用医院完善的急救体系，高效协调疫情防控与医疗救治，事实证明我院的做法，不同于其他医院，有其独特的效果。在 2020 年疫情严重时期，医院的急救人数及急诊手术、介入等均创新高，CMI 值也明显提升。同年医院提前通过了国家高级卒中心的评审。实践证明，疫情防控工作强化了医院急救及应对突发事件的能力，医院各项业务指标逐年提高或向好发展。

第四节　防控工作培训

2020 年 1 月 21 日，广州市中西医结合医院开展新型冠状病毒感染防控的培训工作，急诊科全体医护人员及其清洁工、护工、总务科后勤人员等 50 余人分批次、分岗位参加了培训。

急诊科刘娇医生对《国家卫生健康委办公厅关于印发新型冠状病毒感染的肺炎诊疗和防控等方案的通知》等文件进行了详细解读。

根据新型冠状病毒的感染病例及病毒的类型、理化特性，解读了疑似病例的识别要点。她就新型冠状病毒感染特性，系统地讲述了医护、后勤保障人员的防控准备、防控要点、消毒隔离要求。

急诊科熊承文主任总结此次学习的重点是：医务人员在接诊患者过程中尽早识别疑似病例，医务人员及相关人员的按低、中、高风险进行分级防护，做到接诊疑似病例后及时上报相关单位，尽早隔离，达到预防感染进一步传播的目的。

第五节　防控应急演练

为了做好新型冠状病毒肺炎防控工作，熟练掌握发热患者就医流程，2020 年 1 月 22 日，广州市中西医结合医院在急诊应急处置区开展"新型冠状病毒感染肺炎"防控应急演练。

在布置演练工作任务时，刘瑞华院长通报了疫情最新情况。他指出，目前是新冠肺炎防控的关键时刻，本着对人民群众生命健康负责任的使命和职责，积极应对和处置疫情，医院第一时间就制定了防控工作预案，成立了由院长担任组长的应急领导小组、各分管领导担任的救治专家小组、院内会诊专家小组、设备及后勤保障工作领导小组、培训及宣教小组等，全院联动，上下一盘棋，大众一心抗疫情！

"作为医疗机构、医护人员，面对疫情，我们责无旁贷，义无反顾！春节将至，人员流动增大，为了确保花都人民的健康，让人民群众过一个安宁、祥和的春节，我们要舍小家为大家，院领导班子将和大家一起时刻待命，过一个革命的、战斗的春节！"刘瑞华院长如是说。

本次演练由刘瑞华院长担任总指挥，焦锋、刘志军副院长担任副总指挥，演练由急诊科主任练志明主持，医务科、院感科、护理部、药剂科、设备科等相关职能部门负责人及门急诊医护人员参与本次演练，门诊部、呼吸科、影像科、检验科、重症医学科等临床科室共一百余人观摩了演练。

演练模拟一名从武汉回来的发热病人，在家属陪同下到急诊就诊，从预检分诊开始，分诊护士给病人及家属佩戴口罩、测量体温、引导到发热门诊，发热门诊医生初诊、开具抽血化验单及胸部 CT、专职护士在发热门诊采血及陪同患者去 CT 室完成检查、引导患者返回发热门诊，发热门诊医生报告医院专家小组等，整个演练流程顺利流畅、一气呵成！演练过程中，练志明主任实时讲解每一个演练步骤，对每一个环节中容易出错的地方向观摩人员做出提示。

进入演练的最后一个环节，由院感科和护理部组织在现场演示正确穿脱防护服、展示各种防护用品的正确使用方法，至上午 10 点，刘瑞华院长宣布演练圆满结束。

第六节　坚守战斗在最前线

根据广州市卫健委多次的专题培训会议传达的内容及精神，广州市中西医结合医院迅速制订了根据《新型冠状病毒感染的肺炎诊疗方案（试行）》，积极应对防控、诊疗及向定点医疗机构转运确诊病人方案等。

在这场没有硝烟的战争中，门急诊医护人员站在战斗的最前线，门诊部及时做出了适应时势的战略部署及人员调配，既要有效分流发热病人与普通病人，及时识别出新型冠状病毒感染的病人，在保障医护人员自身的防护的基础上，也要最大程度地保障有诊疗需求患者的就医服务。

为了制订实际可操作流程，平衡好疫情防控和门诊患者就医之间的问题，门诊部郭雄图主任、呼吸科邱峻主任立即组织医生，成立急诊呼吸科组，培训学习新型肺炎的诊断、治疗方案和防控技能，呼吸内科吴恩亭、田应平、张树涌医师及门诊部李佑桥、陈国河、陈晚娇、樊哲江等医生均明志不惧风险、积极主动参加急诊呼吸专科门诊工作。

为了有效控制疫情，2020年1月23日，医院根据当前疫情形势改善就诊流程，设立专人预检分诊，并制订了标准的预检分诊流程图，方便医护人员快速掌握分流技巧，严控疫情，凡是发热的患者统一安排在门诊一楼就诊。门诊部高度注重细节管理，在一楼门诊大厅设置专人专岗专物和预检分诊台，设置醒目的标识"到过武汉的发热患者到此分诊""发热病人预检分诊"，设有专门的登记本登记患者姓名、电话号码、身份证号码等基本情况，以便及时追踪发热患者的情况。

对于体温37.3℃以上的发热患者，询问发病前14天内患者本人及其家属朋友有无武汉旅行史、有无野生动物接触史、有无与类似病人接触史等相关情况，如果患者发热并同时有以上流行性学特征，立刻由专人经专用通道引导病人到急诊区发热门诊就诊。

如果患者有发热，但是无以上流行病学特征，14岁以上儿童及成人分诊到一楼急诊呼吸科诊室（特设诊室）就诊，14岁以下儿童分诊至五楼儿科门诊就诊。

应对疫情我们将不计个人得失、义无反顾，病魔无情人有情，我们坚信通过我们医务工作者全力以赴，必将打赢这场没有硝烟的战争，为花都区人民健康保驾护航！

第七节　线上问诊服务"云看病"！

新冠肺炎疫情持续蔓延，这场疫情牵动着全国上下所有人的心，也给普通患者求医带来不便。为积极防控疫情，广州市中西医结合医院于2020年2月1日开通了"新型冠状病毒肺炎"线上免费问诊服务。

通过识别医院的问诊二维码，按指定的流程填写相关信息后，即可进行线上免费问诊，我院医护人员通过在线问诊为用户答疑解惑，针对轻症诊断和日常防护，给予专业的远程指导。

面对这次突发疫情，在线问诊能及时科普疾病防控知识，缓解群众恐慌情绪；从而有效减少与发热患者集中就医，存在的交叉感染风险。

　　本次提供的线上问诊服务仅针对"新型冠状病毒肺炎"疫情，线上问诊仅针对轻症诊断及日常防护，急、重症患者请务必到医院就诊。

　　自新冠疫情发生以来，医院积极采取各项应对措施，及时在微信公众号上发布疫情防控指导措施及就医指引等，方便患者就医并正确采取适宜的防护措施。

◎第二章
杨华邦千里驰援湖北

在湖北省武汉市疫情最为严重的时刻，广州市中西医结合医院作为一家公立三级医院，承担社会公益责任，援鄂义不容辞，积极响应国家的号召，于2020年2月11日选派重症医学科杨华邦护师，随广东省第二批支援湖北省荆州市的医疗队出发，至荆州市第一人民医院新冠隔离病房支援41天，为国家援鄂抗疫贡献出微薄之力。

杨华邦，男，1989年1月出生；2012年毕业于广州医科大学护理专业，本科学历；时任广州市中西医结合医院重症医学科护理组长。

第一节　湖北，我们把家里的英雄借给你了

按照国家、省、市的统一部署，2020年2月11日晚，广州市中西医结合医院重症医学科护士杨华邦跟随广东省第二批支援湖北省荆州市的医疗队启程出发。当天下午，在花都区卫健局举行了简单而隆重的出征仪式，花都区政府邢翔区长、蒋福金副区长到场为医疗队员送行，代表区委区政府向医疗队员送上关心和勉励，并表示崇高的敬意和衷心的感谢。

区政府局领导为杨华邦援鄂送行

出征仪式上，杨华邦表示，作为花都区医护人员代表，定会牢记医者使命、不负组织重托，以昂扬的斗志和饱满的热情全力以赴投入到湖北疫情防控第一线！全力以赴为生命站岗、为健康护航，打赢这场新冠肺炎疫情防控阻击战，凯旋！

邢翔区长、蒋福金副区长等领导与医疗队员亲切交流，详细了解他们的

工作生活保障、身体心理等情况。邢翔区长表示，疫情面前显担当，越是艰险越向前。希望代表花都区出征援鄂的同志们勇担当善作为，不忘初心、牢记使命、再立新功。她强调，花都区人民是援鄂医护人员的坚强后盾，我们团结一心、众志成城，共同筑牢防控疫情的铜墙铁壁，为全国抗击疫情大局做出花都贡献。

出征前区局领导再次叮嘱要做好个人防护

广州市卫健委马坚奋同志到机场为他们送行，叮嘱他们积极配合、主动作为，大力做好医疗救治工作，注意做好自身防护，安全完成支援任务胜利归来。

马坚奋到机场为广州医疗队送行

广州市赴湖北抗新冠医疗队合影

（一）带着满满的爱出发

临行前，医院为杨华邦准备了满满两大箱的物资，除了必需的抗疫防护用品外，两个大箱子里还塞满了护理部的大姐姐们对他的关心——她们说担心阿邦去了湖北，物资短缺要挨饿上战场！

杨华邦说，医院重症医学科是他的另外一个"家"，以下是这个"家"里的兄弟姐妹们，在他出发前对他说的话。

@刘宁主任：挺住，雄起！

@陆奕双护长：做好防护，注意安全，尽心尽责，平安归队！

@陈医生：挺住，持久，雄起！

@高医生：平安归来就好。

@晓贤：早日凯旋，保护好自己。

@苏娟：祝师兄早日平安回归团队！

@会晖：千言万语尽在心中……

@元治：我家就在黄冈，离武汉不远，湖北谢谢你，邦哥加油！

@子蜜：我们借你出去，你一定要平安回来！

@赖煜：邦哥，平安回来，等你回来我还有更重要的跟你说！

临行前杨华邦（中）与 ICU 的同事合影

（二） 火线入党的白衣战士

在待命出征期间，杨华邦表示自己一直都十分向往入党，为此他提交了入党申请书，成了一名入党积极分子，他表示自己此次支援湖北，也是在践行自己作为一个医务工作者救死扶伤的初心。

杨华邦入党申请书

苟利国家生死以，岂因祸福避趋之！湖北，我们把家里的英雄借给你了，请务必安全还回来！

第二节　杨华邦援鄂抗疫日记摘要

2月11日：出发

我准备随广东省支援湖北省荆州市医疗队支援疫区，出发前老婆一早就起来为我准备早餐。看着她忙碌的背影，我打心底里感谢她，为我、为这个家庭付出的一切！我知道自己去抗疫前线后，她将要一个人承担着所有一切，老婆，谢谢你！

参加完花都区的出征仪式后，20：10登机出发。

21：50飞机安全降落宜昌，战友们都在忙碌地各自取物资。

等候取行李时，广州医疗小分队的队友们相互打气："荆州加油！湖北加油！广州加油！"

抵达宜昌后，我们要转乘大巴车前往荆州市的对应支援点。经过一个多小时的车程，凌晨到才到达荆州的酒店，酒店门口有警察威武地在站岗，还有部分警察协助队友们搬运行李，荆州政府很贴心地为我们准备了御寒的衣服。

进酒店房间前，广州红十字会医院的郑莉斯姐姐帮我做好个人彻底消毒，酒店还专门为我们准备了食物，在短暂的休息后，到酒店餐厅就餐，餐厅24小时开放，完美地解决战友们不同班次的温饱问题。

抵达酒店约一小时后，我们的防护装备也到了，官兵们协助我们转运装备，我们这支医疗队的队长是广州市第一人民医院党员刘俊主任，他为我们广州小分队搬运物资，所有物资抵达酒店后均要进行彻底的消毒，对队员们所住的房间也分区管理。

2月12日：战前培训

短暂地休息了4个小时后，在2月12日07：30吃完到达荆州的第一份早餐，再次练习穿脱防护装备，当穿上防护服、戴上防护眼罩，自己都认不出自己来了。

08：00广东省疾控中心林立丰主任对我们做战前的加强培训，再三叮嘱注意个人防护，只有自己防护好，才能帮助荆州的同行们打赢这场战役！培训结束，每一个队友都再次反复强化练习防护服穿脱技术。

在正式进入医疗区工作前，广东省卫健委副主任黄飞对我们进行了鼓励斗志的讲话，荆州市委副书记对广州医疗队的到来表示感谢。我们这支医疗队除了来自广州市第一人民医院呼吸与急危重症刘俊副主任医师外，还包括了广州市番禺中心医院呼吸科徐轶俊副主任、广州市红十字会医院骨科专科护士郑莉斯主管护师和我等。

17：30开始出发前往我们此行的战场——荆州市第一人民医院。

大巴车走在寂静的街道上，宽阔的道路上行人寥寥无几，时值寒冬季节，城市里的植物也光秃秃，整个城市看起来了无生气。

2月15日：那是我在荆州的第一个夜班。

经过几天的战前训练，我即将要单独上荆州后的第一个夜班了，在进入病房前，我在心里暗暗为自己打气加油。

但那一天发生的一切，让我记忆深刻。

一名重症新冠肺炎的阿姨，她在上着无创呼吸机辅助呼吸，一直持续使用镇静药物，到凌晨快交班的时候，阿姨突然出现躁动不安，血氧饱和度在短短十几秒内，就从100%下降到70%多，病人表现得呼吸极其困难。我的第一反应就是发生了人机对抗，马上加强镇静，阿姨很快就恢复了安静状态，血氧也随之回复至正常。这次如果不是及时发现病情变化，后果将不堪设想，可能迟发现一分钟，都会发生不可逆的损伤。

在新冠患者隔离重症病区工作，我们除了要完成日常治疗性的护理工作外，还要负责平时由护工处理的大小便、床上擦浴和协助进食等工作。

2月19日：患者安心　我就放心

今天我们转移到新的隔离重症病区工作。

在给病人派饭协助进食的时候，看到一位阿姨许久都没有吃，我就过去问她为何不吃饭，她说自己有房颤病史还做过手术治疗，怕稍稍活动心脏就受不了。了解情况后，我给她准备好丹参滴丸在床旁，以让她安心，并且一口一口慢慢地喂她进食。她说："得病以来，从没吃过这么多、这么好，虽然我不知道你是谁，但非常感谢你的悉心照顾！"阿姨朴实的话，更加鼓舞了我战胜疫情的决心，今后我要协助更多的病人吃得好、睡得香！

2月20日：我来荆州后的第一场雪

忙碌的时间总是过得很快，不知不觉今天已是来到荆州的第9天，在荆州工作的这些日子，为了保障自己有更好的体质，为抗击疫情贡献一份微薄的力量，平时除了要加强应对新冠肺炎的严密防控以外，还要适应寒冷气候和饮食习惯的差异，今天荆州还下起了小雪，这对于来自广州的我，确实是一个很大的挑战！非常感谢医院大爱的"家人"，陆陆续续给我寄来了更多保暖、干衣、消毒等设备。虽然我在湖北前线工作，但是你们在后方的强力支援，让我倍感温暖与安心！

在湖北前线的防护物资十分紧缺，还好荆州的快递没有停，医院能源源不断地为我补充物资，我暗下决心，做好打持久战的准备了，不战胜疫情不撤退。

在荆州市第一人民医院隔离重症监护室工作的这段时间，我每天都要穿着厚重的防护服、戴着双层手套，还有护目眼罩，整个人都处于密不透风的状态。所以无论做什么操作都要小心翼翼，生怕一不小心弄破防护服，这样不单单只浪费一套紧缺的防护用品，还有可能导致自己发生职业暴露。

我每天都过得很忙碌、很紧张！

2月25日：曙光在前

我所在在有18个床位的隔离重症病区工作，由于里面收住的都是一些新冠重症患者，观察病情远远比普通监护室要更仔细，不容丝毫的松懈。作为一名坚守在疫情最前线的抗战医务人员，我一定会尽我所能，与其他来自四面八方的医护人员共同携手守护着我们爱的人！

在我们的精心治疗护理下，有些痊愈的患者开始计划出院了。

唯愿早日打赢这场抗疫阻击战，待春暖花开时，我们便可一起畅游荆楚大地，领略帝王之都的风采。

期待"春暖花开时，我们一起畅游荆楚大地"。

第三节　援荆满月记

岁月如梭，眨眼间来到荆楚之地已经一个月了。在这一个月里，我尝遍了苦辣酸甜。

——苦

荆州市第一人民医院因为没有传染病科，收治新冠肺炎患者的病区都是临时改造的，各方面条件有限。我所在的医疗队是该院的第一批支援队伍，我们初来时新冠肺炎住院患者差不多有两百人。

面对这么多的传染病患者，医务人员因人力严重不足而压力巨大，我们每个隔离重症病房的护士，都要负责护理三四名危重症患者，由于防护物资紧缺，为了节约防护服，我们不得不调整至每班连续工作6至8小时，有时甚至更长，期间不能吃饭、喝水，甚至不能上厕所。

由于劳动强度极高，持续时间长，防护服不透气，所以每班下来身上都是湿透的，我鼻梁的皮肤也被护目镜压伤了，再次戴上护目镜时很疼。

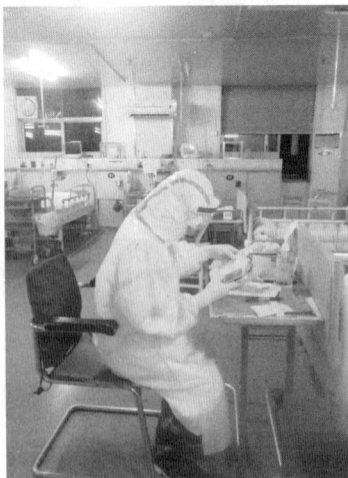

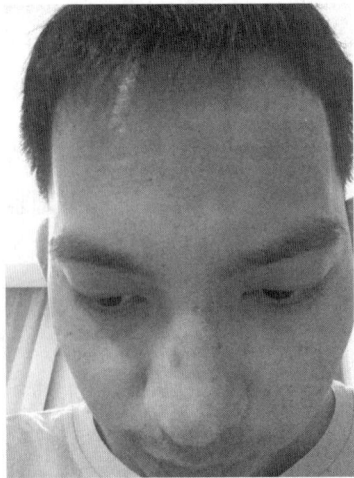

长期佩戴护目镜杨华邦鼻梁皮肤都被压破了

——辣

由于新冠肺炎传染性极强，我们每天上班前都要穿上厚重的防护服，戴上 N95 口罩、双层手套、护目镜和面罩面屏后，外面再套上一件隔离衣，穿好一整套防护用品，最少要二十分钟，为了避免交叉感染，脱的过程就耗时更长了。

在隔离病房工作，护目镜有时会起雾，起雾后造成视物模糊，在里面起水雾又没法擦干，只有离眼睛十厘米左右才能看清，常常要把头靠得很近才能看见，给护理工作造成很大的麻烦。

病房里充斥着浓浓的消毒水味道，地面和仪器设备等要消毒，病人的排泄物和所有用过的物品也要消毒，长时间在消毒水挥发浸润下，眼睛常常会不由自主地流泪，隔着护目镜也没法擦去，只能等它自然干涸，在脱下防护服后再去洗脸。

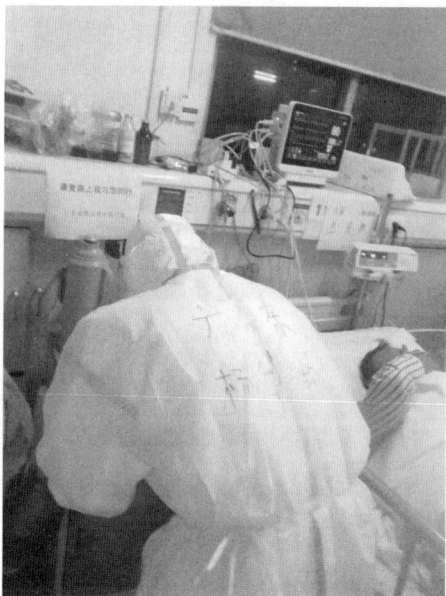

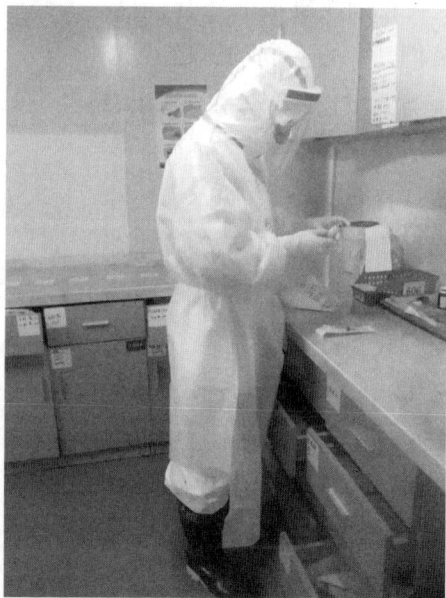

杨华邦在隔离病房中工作

——酸

由于新冠病毒有高度传染性，都是以家庭式发病为主，常常会遇到让人感到很心酸的事例。

我护理过一位阿姨，她们一家十口人，无一幸免都感染了。虽然都住在

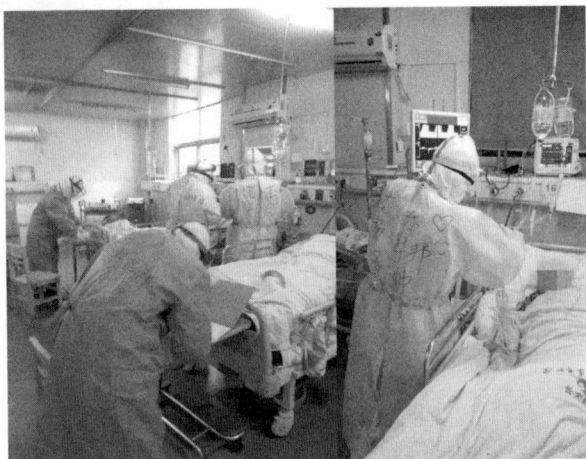

杨华邦在护理重症新冠肺炎患者

——甜

在荆州支援的医疗队队员们，来自不同的医院，尤其当穿上防护服后，彼此之间更加无法认出，为了易于辨认，我们会在背上写上名字，语言不方便交流有时需要增加手势示意。

我不知道你是谁，但确

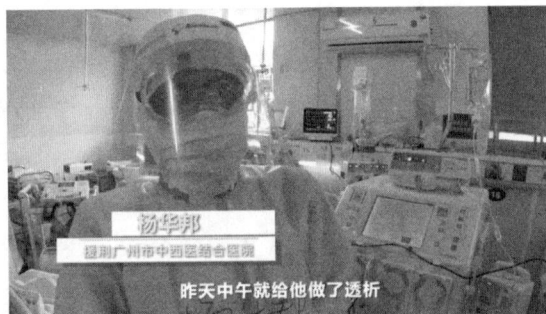

杨华邦在重症监护病房内接受记者采访

杨华邦儿子画《爸爸在荆州打怪兽》为他在前线战斗打气

同一家医院的病房里，大家相互之间也非常担心，但也不能见面，每天只能通过电话联系。

每次听到家人的声音，她都默默地流泪，然后相互鼓励要齐力共抗病魔，静待胜利回家会师的那一天。面对这些，每次我都只能给一个加油的手势鼓励他们。

认过眼神后，我知道你是为了谁！为了战胜病魔这个共同的敌人，我们从陌生到熟悉，再到相亲相爱，在这里我们是朋友、是战友！不是亲人胜似亲人。

经过大家的努力，看着一个个危重症患者好转，每天都有新增的新冠患者治愈出院，队友们都觉得心里很甜。

到 3 月 10 日 24 时为止，在各方努力下，荆州市疫情总体进入低水平发病期，荆州市全市确诊病例出院增至 1442 人；治愈率从广州医疗队支援前的 5.21% 提高到现在的 91.3%；重症、危重症从 130 人直降至 16 人。看着这一串串感人的数字，医疗队的队员都觉得一股暖流涌上心头。

不经历风雨，怎能见彩虹！现在，胜利的曙光已经初现，我们坚信，只要我们与荆州人民携手团结一致，新冠病毒终究会被我们清除的。但愿早日春暖大地，与广州人民一起遍赏荆楚万里油花，与荆州人民共赏穗府木棉花开之美景。

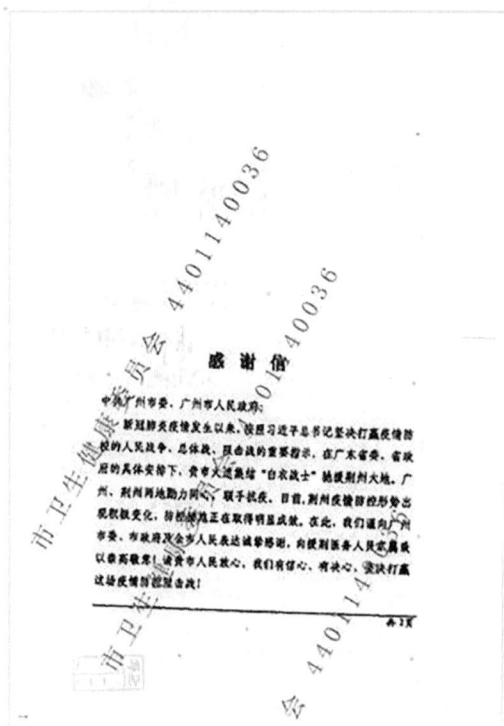

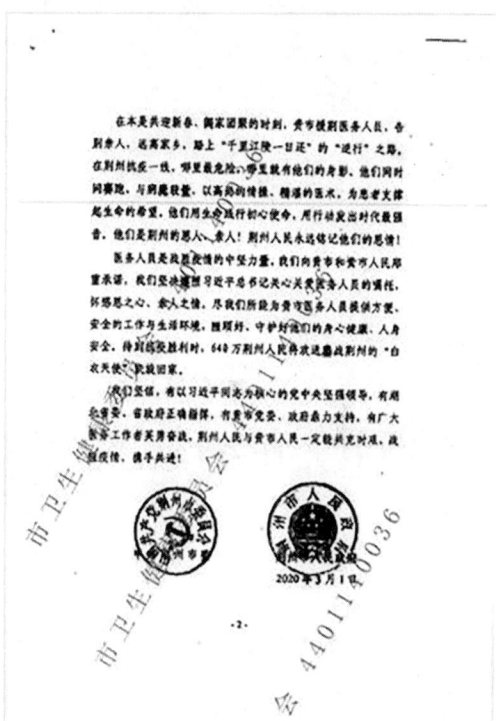

来自湖北省荆州市党委委员会、荆州市人民政府的感谢信

致敬广东医疗队，感恩最美逆行者！

杨华邦与广东医疗队在荆州合影

第四节　春分日，战士归，他们却写下请战书再战荆州！

2020年3月16日晚，广东支援荆州医疗队在荆州市第一人民医院新冠肺炎远程会诊中心举行宣誓仪式，铮铮誓言响彻战"疫"一线，广州市中西医结合医院援荆护士杨华邦庄严地宣读了入党誓词，光荣地成为中国共产党预备党员。

杨华邦（左四）在荆州火线入党

3月20日，广东省支援湖北（武汉、荆州）医疗队1087名队员完成驰援任务，启程返粤。鉴于仍有少数危重型病例需要继续救治，杨华邦等12名广东医疗队队员主动请战，再战荆州，在请战书写下："只要还有一例新冠肺炎患者住院救治，我们坚决不撤离。"

杨华邦说："能够加入再战荆州队伍，是组织对我工作的肯定，我感到无比光荣，我一定'粤'战越勇，不辱使命！"在送别战友踏上返回广州的车程后，杨华邦迅速再次回到战斗岗位上。

杨华邦在送别部分队友
返粤后重回抗疫战场

留守队员合照（左三：杨华邦）

请 战 书

尊敬的广东支援湖北荆州医疗队前方指挥部：

广东省援助荆州医疗队经过1个多月抗击新冠肺炎疫情，已经取得阶段性显著性成效，大批患者痊愈出院。但是，目前荆州市两个重症救治中心仍有极少数重型/危重型病例住院救治，少数普通型患者仍未达出院标准。

山川异域，风月同天。只要还有一例新冠肺炎患者住院，我们广东医疗队坚决不撤离。恳请广东支援湖北荆州医疗队前方指挥部批准我们的再战申请！

广东援荆医疗队

2020年03月19日

再战荆州请战书

第五节　致敬！英雄回家——荆州战疫最终回问答录

问：你初入新冠患者的隔离病房时害怕过吗？怎么面对害怕的心理？

杨华邦：刚开始时还是有点害怕的，因环境和同事都是陌生的，更重要的是此前我从未接触过新冠肺炎患者的救治工作。但每当推开进入隔离监护室最后一道门，迎面扑来是刺鼻消毒水的味道，耳边传来了各种仪器报警声，映入眼帘的是一个个上着呼吸机的重症新冠肺炎患者，这时我就会跟自己说："我必须坚定履行作为一名医务工作者的职责——救死扶伤。"

问：如何快速适应高强度"新冠"救治工作？

杨华邦：经过几天的专业培训后，我在2月15日第一次踏入重症监护病房，为此我提前了1.5小时去准备。虽然经过多次规范化培训，但到了真正进去的那一刻，我还是紧张了。戴上N95口罩后，我反复检测口罩的密闭性、防护服的每一个角落也认真地检查了好几遍，严格按照三级防护的标准穿戴防护物品，第一次足足用了半个小时。穿好全副武装后，第一感受就是憋：呼吸费劲、活动迟缓。

在荆州市第一人民医院同事的指引下，我们一起护理三个危重症患者。第一天我就穿着防护服工作了六个多小时。尽管有各种的难以适应，但我用"救死扶伤是医护人员的职责"这个信仰，来坚定自己的信心，与同事互勉，所以情绪很快就平稳了下来。

有了第一次的经验后，我很快适应了重症病房的工作模式。紧接着广东医疗队开始全面接管重症病房的工作，尽管我们来自不同的医疗机构，但我们都是来自各个学科中最优秀的人才，所以配合起来十分默契；领队合理搭配队员，落实个体病人管理，我们经常相互交流经验心得。

问：此次援鄂对心理冲击最大的事件是什么？

杨华邦：以为自己在ICU里已工作了多年，早已见惯生离死别，但在重大传染病面前，人的生命显得极其渺小和不堪一击，逝者是我们拼尽全力却无法挽回的遗憾。在这场战"疫"中，我们生理心理都经历了严峻的考验。

我记得一个病情十分危重患者程叔叔，他一度做过三次心肺复苏术，虽然很痛苦，但他整个过程都表现得十分坚强。渐渐地他肾功能开始出现问题，2020年3月8日起行CRRT治疗（连续肾脏替代疗法）。虽然我熟知CRRT治疗技术，但是不同品牌的机器操作差异很大，自觉心中没底气。

经过战友们的培训讲解后，我很快就掌握了这里仪器的使用方法。到后期给程叔叔治疗，最高峰时使用十多个微量泵注药，有泵血管活性药、抗心律失常药，还有镇静剂，等等。

无奈他最后还是不幸离去，我自认为在ICU工作了8年，经历过很多患者的离世，心理已经很强大了。但是这一次，眼见整个团队全力以赴、极力想挽救这个陌生人的生命、却无能为力时，虽说男儿有泪不轻弹，但这种强烈的无力感，还是让我默默地流下了眼泪。

问：本该回来，又留守再战的心情是怎样的？

杨华邦：无比光荣，"粤"战越勇，不辱使命！

抗疫工作取得阶段性胜利后，3月18日收到通知结束援鄂工作，安排3月20日返粤。虽心有不舍，但是当时还是非常高兴的，因为终于可以回家，终于可以见到家人和同事，终于可以吃到广州的美食了。

3月19日我坐上了"回家"的车，在铁骑警车的护送下前往荆州温德姆酒店暂住。一路上，荆州人民自发地在路旁站成一排，挥手向医疗队员道别、致敬，看到有的横幅上说："感谢你为我们拼过命！"这一刻，我再度哭了，心中充满不舍与感动！

当日荆州全市新冠患者在院人数6人，治愈率达96.39%，连续19天未有新增病例，然而广东医疗队心里还放不下荆州余下仍未康复的病患。

到酒店后不久接到前方指挥部的通知，说需要部分队员留守继续支援，作为一名预备党员的我，毫不犹豫地再次请战荆州。誓言"只要还有在院患者，坚决不撤"！我能二次入选，表示了组织对我援鄂期间工作能力的肯定，我感到无比光荣，我必定"粤"战越勇，不辱使命！3月20日，广东医疗队564名队员先行返粤，此次共有12名医疗队员留下再战荆州。

问：留守的最后一周，主要开展什么工作？

杨华邦："十二金刚"之所以留下来，是要给荆州当地提供尽可能的技术支持。

在过去的一周里，12名留下来的广东医疗队队员工作节奏依然很紧张，每天都要对病人的病情进行研判、调整治疗方案。3月27日，最后一名新冠患者出院，终不辱广东医疗队的铮铮誓言，成功实现病患"清零"。

留守荆州的12人，虽来自9家不同的医院，但经过前期的磨合，配合起来已严谨有序。而荆州剩下的5名新冠肺炎患者，病情都属于"硬骨头"类，在过去的一周时间里，在留守医疗队与当地医务人员的通力合作下，终于成功实现"清零"。

经过47天艰苦卓绝的奋战，3月27日下午，最后一名新冠肺炎患者出院，荆州市新冠肺炎患者全部清零，标志着荆州抗疫工作取得最终胜利。当天我们再次接到撤离返粤通知时，心里已没有第一次的激动，感觉欣慰且平静。

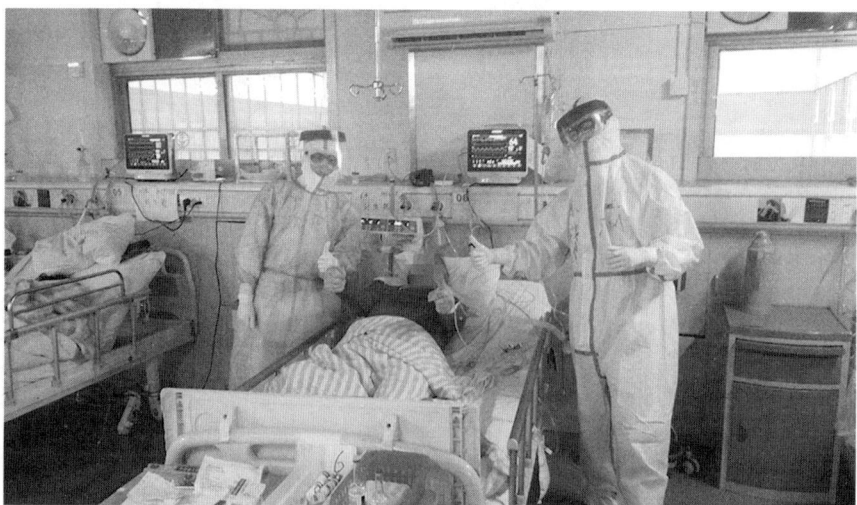

杨华邦（左一）与最后一名康复的新冠患者合影

3月28日早上，荆州市卫健委给我们举办了一个简短的座谈会，湖北省荆州市委副书记吴朝安动情地说："欢迎你们以后再来荆州，疫情期间照顾不周，下次陪你们去吃这里有名的油焖大虾。"

我们这次真的踏上归途了，当天在高铁站分别时，与当地一起历经生死的战友们深情相拥告别，泪水模糊了我们的双眼。经过几小时的车程，18∶35分列车抵达广州南站："我们终于到家了！"

我深深地感受到了家乡人民的热情，一路警车开道护送，远处大厦的电子屏亮起一句句"欢迎回家""致敬英雄"等标语；还专门开辟了一路绿灯，心中自觉愧不敢当，我们只是尽了作为医务人员的责任而已，何德何能受如此高规格的待遇。我暗下决心：等隔离期结束，休整完毕后尽快回归岗位，继续为花都区人民健康保驾护航！

"2月11日，我随援鄂医疗队踏上支援荆州抗冠之路。工作沉重而繁忙，让长达47天的抗疫历程转眼即逝，此次抗疫过程让我最大的感悟是：人只要健康地活着就是最大的幸福！"杨华邦回到广州后感慨地说。

湖北荆州抗疫：

> 白衣执甲赴战去，百毒不侵神附体；
>
> 刀山火海皆无惧，万众一心齐上阵；
>
> 新冠病魔尽祛除，大地回春繁花盛。
>
> 冬既去，春已来，抗疫胜利踏归途！

第六节　白衣执甲今朝回，山河无恙幸有你

2020 年的除夕夜，128 名广东省援助湖北医疗队队员响应国家号召，紧急整理行装，逆向而行出征湖北武汉；2 月 12 号凌晨，广东省第二批支援湖北荆州抗疫医疗队 250 名队员全部抵达荆州。

面对来势汹汹的疫情，广东医疗队队员白衣作战袍，逆行驰援，护佑生命。而今红棉花开，英雄归来，自 3 月 28 日返穗，在广州市第二工人疗养院隔离休整 14 天，2020 年 4 月 11 日，广州市中西医结合医院援鄂护士杨华邦迎来真正的"回家日"。

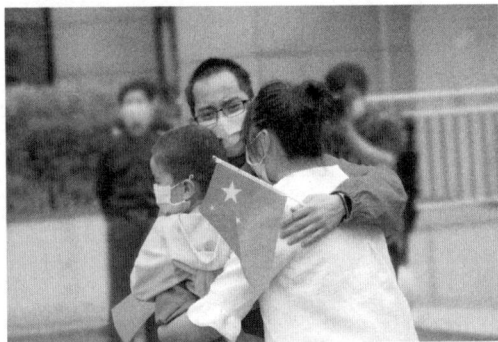

分别两个多月后，杨华邦与妻儿相拥，眼含泪水

1. 欢迎回家

4 月 11 日 10∶00，在广州市中西医结合医院党委领导下，举办了一场简单而隆重的欢迎英雄回家仪式。医院职工手持国旗、欢迎牌，早已激动地站在医院门口，夹道欢迎英雄回家；医院领导班子为其献上鲜花。

2. 欢迎会上，杨华邦分享了援鄂抗疫经历与回归的心情。

"感谢花都区和医院的各位领导和同事对我的关心与爱护，病毒无情，人间有爱。是你们给予我参加援鄂的勇气，也是因为有你们在后方强力的支援，我才能够顺利地完成这次援鄂抗击疫情任务，平安归来。"杨华邦分享援鄂抗疫经历。

3. 在欢迎会上，广州市中西医结合医院刘瑞华院长代表医院向杨华邦凯旋致以欢迎及敬意：

"杨华邦同志驰援荆州 47 天，充分发扬一不怕死、二不怕苦和召之即来、

来之能战、战之能胜的斗士精神，主动承担荆州疫情最严峻地区防治及全市危、重症病人救治任务，与顽疾较量、与死神赛跑，最终打赢疫情防控阻击战，完美诠释医者'敬佑生命、救死扶伤、甘于奉献、大爱无疆'的职业精神，是广东的英雄，是花都和我院的骄傲，是我们学习的榜样！"

勇士逆行时，朔风冷冽寒未尽；英雄归来日，春华正浓花满枝。没有人生来就是英雄，但总有人用平凡成就伟大，杨华邦是万千医务工作者的缩影。

披上战袍，他们是勇往直前的白衣战士；卸下铠甲，他们也同样为人父母、为人子女，有着普通人的绕指柔情。这一刻他们不是从天而降的战士，只是很平凡的普通人和家人紧紧相拥。

感谢你们在"疫"线的负重前行，感恩你们的不辱使命。你们是最勇敢的战士，是和平时代最可爱的"蒙面英雄"。

第七节　一封来自援鄂医疗队员的感谢信

前方战场的一点一滴，时刻牵动着后方人民的心。为了让杨华邦在前线全身心投入到抗疫工作中，2020年2月25日下午，在花都区卫健局党组副书记、副局长、工会主席徐锦东带领下，广州市中西医结合医院党委书记黄红柱及相关科室负责人一行到杨华邦家里进行慰问，了解其生活情况、存在困难及需求，并送上了生活的必需品和慰问金。

2020年3月9日上午，区人大常委会副主任蓝海滨、副区长蒋福金、区总工会常务副主席童志辉、区卫健局党组副书记、副局长徐锦东、区卫健局工会副主席邓晓红等一行前往广州市中西医结合医院慰问杨华邦家属，送上慰问金以及一批生活用品，并向其致以崇高的敬意和诚挚的问候。

2020年3月17日，广州市中西医结合医院党委书记黄红柱陪同下，花都区团委书记吴晟、副书记祝志科一行到杨华邦家中慰问，并与刚刚在前线结束值班工作的杨华邦进行了视频连线，了解其在荆州的工作和生活情况，向其妻儿赠予由团市委提供的广州市关爱抗疫一线医务人员子女"学习能量包""爱心大礼包"以及牛奶、米油等关爱物资。

4月11日广州市中西医结合医院援荆护士杨华邦圆满完成47天的抗疫任务，凯旋并给家乡父老写来了一封感谢信。

感谢信原文如下——

尊敬的父老乡亲：

你们好！

2020年2月11日，广州市中西医结合医院选派了我，作为花都区的一名医务人员代表，带着使命与职责，还有花都区人民的嘱托与关怀，支援湖北抗击新冠疫情。在抗疫的47天里，身在疫情最前线，除了苦和累，我还收获了满满的关怀与问候，家乡的领导、同事、亲友们时刻都在关注我的工作和生活，让我倍觉温馨和感动！

在援鄂抗疫之余，我最担心的是家里日常琐事和儿子的教育问题，家中只剩下我太太和四岁半的儿子，我儿子是过敏体质，很容易发生过敏，家里的大小事都由我太太一人承担。在援鄂期间，总工会、妇联、卫健委及医院领导等，多次到家中看望慰问我的家人，了解并协助解决我家的困难，免除了我最大的后顾之忧。因为有你们做我坚强的后盾，我知道自己不是在孤军作战，广州市和花都区政府、广州市中西医结合医院与花都区市民与我一起并肩作战，我才能够不辱使命，完成抗疫任务平安归来。

在这场没有硝烟的抗疫之战中，由习近平主席亲自动员、全程部署，举国上下团结一心为抗击疫情不遗余力。我深深地体会到了国家的强大、民族的团结，我为自己作为一名龙的传人而感动自豪，今生不悔入中华，来生依是华夏魂！

最后，我要感恩党的正确领导、感恩政府、感恩广州市中西医结合医院的全体同仁支持；感恩辛勤付出的花都人民，感恩并肩奋战在一线同行们！

此致

敬礼！

广东援鄂医疗队队员：杨华邦

2020年4月11日

一方有难，八方支援。面对疫情，援鄂医疗队负重前行，撑起抗疫重任，广州市中西医结合医院及花都各界人士也用自己的光明力量为最美"逆行者"们撑起一片光明。春日的脚步已经来临，全民抗疫的艰苦奋斗也逐渐迎来了希望的曙光。

第八节　援鄂英雄杨华邦传递社会正能量

援鄂护士杨华邦获评"广州好人"称号

2020年上半年的广州市文明办发布最新广州好人名单中，广州市中西医结合医院重症医学科护士杨华邦因勇赴荆州抗疫的突出贡献获评"广州好人"称号。

根据市民投票结果及市评审小组打分，经综合评议，杨华邦等18位同志入选"广州好人榜"，并授予"广州好人"荣誉证书。

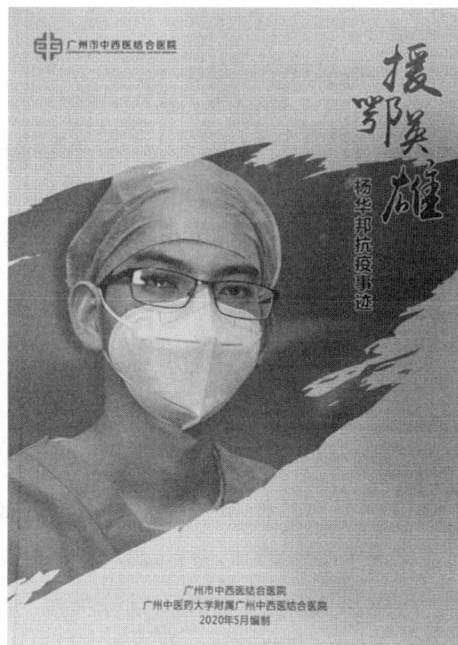

医院出专刊弘扬抗疫英雄

广州市精神文明建设委员会办公室

关于表彰 2020 年 2 月"广州好人"的通报

各区文明办、市直有关单位及驻穗单位：

为大力推进公民道德建设，讴歌时代楷模，营造良好社会风尚，广泛动员市民积极参与支持道德建设，自觉践行社会主义核心价值观，市文明办组织开展了"广州好人"推荐评选活动。经各区、市直单位及驻穗有关单位审核推荐，2020 年 2 月有 52 名候选人参与本月"广州好人榜"评选，在公示投票期间，有 45 万余人次登陆中国文明网广州站（大洋网）参与网络投票评议。根据市民投票结果及市评审小组打分，经综合评议，卢鼎等 18 名同志入选"广州好人榜"，并授予"广州好人"荣誉证书。

希望各单位大力宣传"广州好人"的感人事迹和高尚品德，充分发挥道德示范引领作用，推进社会主义核心价值体系建设，为推动广州实现老城市新活力、"四个出新出彩"提供丰润道德滋养。

特此通报。

附件：2020 年 2 月"广州好人"名单

广州市精神文明建设委员会办公室
2020 年 4 月 7 日

附件：

2020 年 2 月广州好人名单

卢　鼎　　广州市番禺区市场监督管理局党组书记
叶沛球　　永平街东平联社党委书记
华秀英　　新华制衣厂退休工人
刘瑞莲　　黄埔区永和街新庄社区横坑经济社居民
杜星表　　广州博创智能装备股份有限公司执行总裁
李功理　　番禺区疾控中心疾控部部长
李喜明、赵令辉　荔湾区白鹤洞街鹤园社区党委书记、荔湾区白鹤洞街鹤洞社区党委书记
杨华邦　　广州市中西医结合医院护师
何亮文　　南沙区东涌镇大同村民委员
宋卫华　　南方医科大学南方医院急诊科医生
陈志君　　增城区仙村镇龙船头雕刻手艺人
陈倩茹　　广州市番禺区钟村街康园工疗站站长
陈海碧　　广州市天河区前进街羊城花园社区居民
黄朱亮　　广州市公安局交警支队从化大队侦查中队副中队长
黄彩云、周晓红　花都区青年地带志愿服务队
梁志彬　　海珠区疾病预防控制中心健康教育促进科副科长

广州市精神文明建设委员会办公室　　　2020 年 4 月 7 日印发

— 2 —

杨华邦获广州好人称号

援鄂英雄杨华邦获聘为花都区秀全中学校外辅导员

2020 年 4 月 19 日，广州市中西医结合医院支援湖北荆州市的重症医学科护师杨华邦，获广州市花都秀全中学聘任为校外辅导员，杨华邦在完满完成援鄂任务后，再次承担起社会公益责任。

抗疫英雄援鄂护师杨华邦、工会主席朱勇武、宣传科长熊妙华一行走进秀全中学指导学校如何做好开学复课的疫情防控准备工作。当晚，通过网络平台抗疫英雄援鄂护师杨华邦为秀全中学全体师生和家长分享了他的抗疫故事。

在学校会议室，利洪忠副校长代表学校向英雄献上鲜花，向最美逆行者致以崇高的敬意。林志聪校长向杨华邦颁发了秀全中学校外辅导员聘书。高度赞扬杨华邦的精神，他说："援鄂英雄用行动诠释担当，用生命践行誓言，舍小家为大家，用精湛的医术、高尚的医德，细心的呵护，展现了医者仁心的无私大爱和救死扶伤的使命担当。"

杨华邦驰援荆州 61 天，主动承担荆州疫情最严峻地区防治及全市危重症

病人救治任务，与顽疾较量、与死神赛跑。他是花都的骄傲，也是大家学习的榜样！

分享会中杨华邦以《责任担当，中国力量》为题，朴实无华、娓娓道来，给大家分享了他的出征历程、病房里的故事、患难中的真情……话语温柔细腻，如涓涓细流，令不少学生的眼眶里满溢着感动的泪花，激动的思绪久久不能平复。杨华邦用他在援鄂战场上的所见所闻、所悟所感，充分阐释了当代公民的责任担当，展现了战无不胜的中国力量！

林志聪校长倡议全校师生要向援鄂最美逆行者学习，学习他们无私的家国情怀，学习他们的责任担当那样。各年级学生纷纷把自己的感悟诉诸笔端，完美地体现了秀全中学优秀学子的素质。

秀全中学为杨华邦颁发聘书

杨华邦与秀全中学三千多名学子通过视频教育的模式，分享了援鄂经验和心得，并对学生进行了新冠肺炎防控知识及爱国主义教育。秀全中学三千多名学子在听取了杨华邦的援鄂经验分享后，纷纷表示通过此次培训，感触良多，以下为学生们的感想和留言。

秀全中学学生连线视频分享援鄂经验

以下是部分秀全中学学生写的学习心得：

今天，我校邀请广州市中西结合医院的援鄂医护人员杨华邦进行战"疫"分享。听完他的分享，我终于明白：援鄂医护就是值得高规格的礼赞。

前不久，我被援鄂医护人员回归时得到的极高规格的礼赞与欢迎震惊了：

热情的市民眼含泪水夹道欢送，飒爽威武的交警骑摩托开路，道路两旁的交警身姿挺拔敬礼以向医护人员致敬……这是我见过的最高规格的迎接。

直到今天杨华邦英雄才用他的分享告诉我们，为什么援鄂医护人员值得高规格的礼赞。是因为他们坚持不懈的救死扶伤精神，消毒液浸泡下的手生疼、防护面罩差点把鼻子弄骨折、防护服一层又一层很闷，更何况一天工作6小时以上。因为他们的负责严谨，他们能及时觉察到病人一个小小的变化，针对病人的症状各个医护人员讨论分析对策。还因为他们的坚定信念，病人的去世是对他们最沉重的打击，"黑夜给了我黑色的眼睛，我却用它来寻找光明"，每天处在重压下，他们深知只有重拾心情才能治愈更多在世的病人。

杨华邦英雄说，其实这只是医护人员应该做的。但是在我们看来，正是每一个援鄂医护人员的付出，积小成大，中国才得以抗击疫情。他们就是中国的顶梁柱，他们就是值得高规格的礼赞！

——高三（1）班　阮一芯

在分享会中，你讲到青年是祖国的希望，青年强则祖国强。你们用生命换来的安逸环境，我们又怎能辜负。"勤洗手，保持良好的呼吸道卫生习惯，增强体质和免疫力，保持环境清洁和通风，尽量减少到人群密集地方活动"，我们一定牢记于心。身为青少年的我们，在疫情期间虽未能做出突出的贡献。但我们能做的就是好好学习，用知识武装自己，用知识编制最坚硬的铠甲，在不久的将来为社会贡献自己的一分力量。没有人生来就是英雄，总有人用平凡成就伟大。再次致敬迎难而上的白衣天使！

——高二15班　彭浩

认真聆听了您的战"疫"分享会，有一句话让我十分动容："确认过眼神，不知道你是谁，却知道你为了谁。"这句话，道出了千万抗疫中医护工作者的心声。消毒水漂得发白的黑衣，汗水模糊的护目镜、浸透的防护服，连续几个小时的作战，都是为了多挽救一个生命、少一份危险传播，为了湖北挺过去，为了中国战疫早日胜利啊。星光点缀夜空是锦上添花之福，您挺身而出是雪中送炭之恩。国家感谢您的无私奉献！

——高一（17）班　杨文静

疫情无情但人间有爱！这次疫情让我们再次感受到生命的脆弱与可贵，也让我们更加珍惜生命，珍惜现在的美好生活。我们感谢所有的逆行者，向最美的逆行者致以最崇高的敬意。黑夜过后，总能看见最美的太阳，冬日已去，期待春暖花开！

——高一（2）班　谢童

杨华邦护师在平凡的岗位完成神圣的职责，疫情发于鄂，举国恐慌，他义无反顾地加入援鄂医疗队，"援鄂是光荣，救死扶伤是职责"，他坚毅地说，但是援鄂不是儿戏，而是战斗，要与死神抢生命，对他来说被感染不是最可怕的，最可怕的是看见生命逝去，自己却无能为力，面对挫折、面对打击，杨华邦从不气馁，一次又一次跳出悲伤，重新战斗，为拯救生命做努力，为国家安康做奉献，非神之躯，行神之事！这种精神值得我们学习。

我看完分享，热泪盈眶，少年强则国强！今日由他们为我们披甲，明日换我们为他们上阵，为了更好地为国奉献，现在我们就要养成不畏艰险，不畏挫折的家国情怀，努力学习，将来为国施展抱负。

——高二（1）班　陈志悦

援鄂英雄杨华邦到培新中学进行爱国主义教育

广州市中西医结合医院援鄂抗疫英雄杨华邦，于 2020 年 4 月 22 日受邀到广州市花都区培新中学校园，与 1700 余名师生，分享了援鄂抗疫经验。并结合目前积极准备复学工作，对师生们通过视频进行了预防新冠肺炎知识培训。

培新中学为杨华邦颁发了聘书

援鄂英雄杨华邦到区内两家中学传递爱国主义教育

2020 年 4 月 25 日援鄂英雄杨华邦，分别来到花都区狮岭中学和花都区狮岭冯村中学，跟校园师生们分享援鄂心得，并通过视频教学的形式，对两间学校二千八百余名师生进行了新冠肺炎防控知识培训，通过这样的形式对学生进行了爱国主义教育。

"守望春天"——杨华邦讲述花都抗疫故事

2020年4月25日，花都区文明办、花都区融媒体中心联合举办了新时代文明实践活动直播："守望春天——花都的抗疫故事"。援鄂护士杨华邦视频直播的形式，向花都市民、学生分享了抗疫的点滴与感悟，用微光点亮万家灯火。

"逆行的人并非生而强大，而是炙热的心中有着深深的责任感，抗疫战斗仍在继续，我们仍在努力。胜利的曙光就在前方，中国加油，武汉加油！抗疫必胜！"杨华邦在直播中这样说道。

援鄂英雄杨华邦与中建四局建筑精英分享抗疫经验

重症医学科护师杨华邦，于2020年5月15日受邀到中建四局，参与中建四局一公司"精诚善建、筑粤黔行"第二届企业文化节活动，并在会上与6千余名建筑精英，通过视频直播的形式，分享了作为第二批医疗队员于2020年2月11日至3月28日支援湖北荆州，抗击新冠肺炎的经验和在抗疫过程中遇到点点滴滴的感人事件及大家对他和家人的关心表示感谢。

共建美好家园 植树活动有感——杨华邦

花都区总工会组织了我们到炭步镇横岗村公园开展了义务植树活动，参与此次活动的，是来自各行业在抗疫工作中的先进工作者。

5月13日早上八点半，我和花都区人民医院的援鄂护士张敏、卫健局工会邓晓红副主席一起坐车前往植树目的地。经过四十分钟左右车程，我们到达横岗公园。在那里已经看到花都区工会的职工已经做好了准备，那天天气非常炎热，工会细心地为我们准备了遮阳的草帽，经过简单的动员会和活动揭幕仪式后。我们拿着铁锹，找好树苗，选好一个合适的地，就开始分工合作行动起来了。

虽然平时我们很少做农活，在太阳的暴晒下，汗水湿透了衣裳，但是我们用心尽力的种好每一棵树苗，我们本着"种一棵，活一棵"原则。我们个个干劲十足，虽然裤腿和鞋子上都沾满了黄泥，但是我们脸上始终洋溢着劳动的喜悦。经过大家的共同努力本来光秃秃的山坡上已经栽上了不少的树苗。

栽好树苗后，我们在自己所栽的树苗上挂牌拍照留念。望着整齐排列的一棵棵树苗迎风排立，仿佛已经看到了不久的将来它们枝繁叶茂、覆庇一方的景象。这次植树虽然累，但是累有所值！

花都区国家档案馆举办援鄂抗疫医务工作者档案资料捐赠仪式

2020年11月3日，广州市花都区国家档案馆举行了援鄂抗疫医务工作者档案资料捐赠仪式，广州市中西医结合医院刘瑞华院长、援鄂杨华邦护士、广州市花都区人民医院张文伟副院长、援鄂张敏护士出席了本次仪式。

在此次捐赠仪式上，广州市中西医结合医院捐赠了《援鄂英雄杨华邦抗疫事迹》画册、103张数码照片资料，杨华邦个人捐赠了援鄂抗疫纪念防护服、《荆州战役珠江情》纪念册、荣誉证书、纪念徽章、纪念水晶等抗疫资料。花都区国家档案馆郭静波馆长、张海燕、胡宏业副馆长接收了捐赠物资并为他们颁发收藏证书。

郭静波馆长对此次捐赠表示感谢并给予充分肯定：此次花都抗疫英雄捐赠的物资，寓意深远，它们记录了花都医务人员在湖北抗疫的点点滴滴，收录进花都区国家档案馆能够让更多的人记住这段特别的历史，这些物资将留在花都区国家档案馆永久收藏，作为今后这段特殊抗疫历史的有力见证，充分展示这一代花都人为国拼搏的精神！有利于子孙后代了解前辈在这场抗疫战争中做出的无私奉献。并表示一定会代替花都人民收藏好、保护好和利用好这些珍贵的抗疫资料。

刘瑞华院长表示，这次不仅为花都区国家档案馆捐赠了一批抗疫资料，丰富了馆藏内容，更是把医院这段抗疫历史载入史册。通过参观花都区国家档案馆，交流了很多档案管理经验，未来要与花都区国家档案馆多多合作，继续为花都区提供更多有意义有价值的档案资料。

援鄂结束语

广州市中西医结合医院重症医学科杨华邦护师，圆满完成援鄂任务后，于4月11日安全返回广州市中西医结合医院。在援鄂的61天中（含隔离期14天），他亲自经历了武汉重启、湖北重启的过程，这种在紧急时刻，集全国之力支援湖北的壮举，充分发挥了我国不分民族、不分省份、同甘共苦、同呼吸共命运的团结奋进共产主义精神！这是我们每个共产党员都不应忘却的初心，这种精神无论是在目前还是在今后，都会激励着一代代中国人，继续在强国之路上奋发图强，为实现中华民族复兴梦贡献智慧和力量！

◎第三章

党建引领，抗疫在行动

第一节　党建引领，筑牢抗疫桥头堡

新冠肺炎疫情发生以来，广州市中西医结合医院党委深入学习贯彻习近平总书记对新型冠状病毒感染的肺炎疫情的重要指示精神，把疫情防控工作作为当前压倒一切的重要政治任务，把积极投身疫情防控工作作为践行以人民为中心的思想、守初心担使命的试金石，巧用三招，激发基层党组织的组织力和战斗力，为花都人民筑起疫情防控的铜墙铁壁。

（一）发挥组织优势，强化抗疫领导

成立抗击疫情指挥部。新冠肺炎爆发之初，医院党委主动发挥把方向、谋大局、定政策、促改革、抓落实的作用，班子成员主动担责、靠前指挥，成立由院长、党委书记担任双组长的新冠肺炎防控工作领导小组，统一指挥、调度全院疫情防控工作，召开防控新型冠状病毒感染的肺炎疫情动员大会。同时结合疫情防控形势和工作实际，组建了疫情防控指挥部、保障工作领导小组、感控督导组等专项工作组。由各支部书记牵头成立党员突击队，坚守在一线岗位，引导全体党员牢记自己的第一身份。2020 年的大年初三起，全院取消春节休假，重返工作岗位，部分人员按照医院安排留在区内随时待命，手机保持 24 小时通畅。

做好一线医务人员及其家属保障工作。支持基层党组织开展疫情防控工作，投入 1.5 万元专项党建经费用于购买疫情防控有关物资。充分发挥群团组织桥梁纽带作用，广泛汇集各方力量，初步形成上下联动、分级负责、信息畅通的应急机制。由工会牵头成立做好一线医务人员及其家属保障工作组，分 30 余批次深入临床一线，开展需求情况摸底调查，全面了解掌握抗疫人员在家庭生活等方面存在的困难和需求，有针对性地开展慰问送关怀，提供心理疏导，招募知名理发企业为全体员工理发解决生活烦恼。

（二）筑牢思想防线，促成抗疫共识

疫情初期，个别员工因医院没有被定为新冠肺炎定点救治单位而放松了防护意识，个别员工出于对未知疾病的畏惧而产生了畏难情绪，医院党委定期召开新冠疫情防控会议，通过微信公众号刊登抗疫特辑，在院内 OA 开设疫情防控门户，多举齐下，通报当前疫情防控有关最新情况，宣传防控知识和有关政策精神，增强干部职工战胜疫情的信心和决心，消除员工心中的忧虑和恐慌，确保职工队伍的思想稳定。

抗疫期间，医院党委在全院范围内开展"学王烁、战疫情、强自信、建功业"活动，召开"落实全面从严治党主体责任营造良好政治生态"专题民主生活会。医院党委组织各支部分别到结对共建点开展"春季抗疫清洁大行动"，赠送防疫用品，加强居民健康教育，提高清洁卫生意识。组织在职党员落实"双报到"工作，积极投身到社区疫情防控一线，协助社区党组织开展站岗执勤、走访摸排、疫情防控知识宣传等工作。组织党员自愿捐款支持新冠肺炎疫情防控工作，累计 254 人次党员参与捐款，捐款数额 17246 元，全额转入区卫生健康局党费账户。开展 2020 年无偿献血活动，共计 78 名同志参与献血，累计献血量 20200 毫升。开展"我为防疫把关口"党员特别志愿服务活动，仅 2020 年 6—7 月共计 168 人次党员参与把守防疫关口。组织全院干部职工在全院范围内开展爱国卫生活动。

（三）党员模范带头，勇当抗疫先锋

哪里最危险，哪里就有党员身影。医院选派的重症监护室护理组长杨华邦（预备党员）入选广东省第三批援鄂医疗队，承担荆州疫情最严峻地区的疫情防治及全市危、重症病人救治任务，和战友一起将荆州市的新冠肺炎确诊患者治愈率从 5.2% 提高至 96.39%，实现了荆州市在院新冠肺炎患者人数"清零"。驰援湖北荆州 47 天，圆满完成抗疫任务，获评"广州好人"，其事迹被新华社、"学习强国"等国家级媒体报道，充分凸显了党员的先锋模范作用。门诊针灸支部把急诊科及发热门诊当成医院最前沿的哨点，承担着排查新冠肺炎疑似患者、转运隔离酒店发热病人、归国人员的排查重任，除夕以来，他们高擎党旗，全体动员，至 2021 年 7 月共接诊发热病人近 8000 人次，进行核酸取样近 40000 人次。

由各科室党员骨干组成的过渡观察病区和咽拭子取样小组，除了负责过

渡观察病区病人的收治工作外，还要负责发热门诊病人和住院病人的咽拭子取样工作、院外复工企业人员、监狱人员的咽拭子采样任务等，仅2020年2—4月期间，就完成咽拭子采样1000余人次。春节期间，行政后勤支部选派骨干参与政府的五人物资抢运"小分队"，昼夜兼程43小时，往返近1000公里，奔赴湖北省仙桃市采购生产防护用品所用的设备和原材料，保障了花都区乃至广州市的防护物资持续生产和供应工作。

只要组织有需要，党员都是冲在前。疫情暴发后，医院党委组建多批应急医疗队和护理应急梯队，先后有151名白衣战士递交请战书，申请加入抗疫第一线，其中54名为共产党员，2名一线医护人员递交了入党申请书。27人申请驰援湖北，其中党员15人。医院党委选派多名党员干部分别投入到广州白云机场、广州北站、隔离酒店的一线疫情防控工作中，坚守国门，严防境外疫情输入，坚决把"堡垒"筑在疫情防控最前沿。行政后勤支部党员、感染管理科科长陈小平，承受着体力和精神的双重压力，牢记党员责任，组建督导员队伍，彻夜协调观察患者的隔离、采样、送检等工作，做好院内感染管理"守门人"。

越是关键时刻，越见党员品质；越是重要关口，越看担当作为。广州市中西医结合医院作为广州市后备定点收治医院，始终把疫情作为广大党员干部践行初心使命的战场，带领广大医务工作者发扬特别能吃苦、特别能战斗的精神，走在前、作表率，让党旗始终飘扬在疫情防控工作的第一线，保障了当地人民有一处相对安全的地方看病，为百姓筑起守护生命和健康的桥头堡。

"我是党员我先上"
——让党旗在防控疫情斗争前线高高飘扬

为加强抗击疫情力量，应对大范围疫情，广州市中西医结合医院党委研究决定组建医院应急医疗二队、应急医疗三队，要求二队、三队成员做好随时参加临床一线新型冠状病毒防控工作的准备，无条件服从医院调派。医院党委组织的"抗冠"动员大会一开完，医院报名群里就收到妇科发的这条微信截图。"科室群里发上去不到一分钟，就收到响应，很是感动。"妇科主任覃秋萍如是说。

群里第一个响应的是胡盛书，她作为妇儿五官支部委员刚刚参加了动员大会，动员讲话犹在耳畔，回来看到这条征集令，她毫不犹豫地报了名。

作为在临床一线工作二十余年的老党员，胡盛书同志业务过硬，带领的团队在"一方杯"广州中医药大学非直属附属医院教师教学查房竞赛荣获术科组二等奖；她德艺双馨，刚被评为医院最美医师和2019年度岗位能手；她率先垂范，在医院组织的"我是共产党员"主题教育演讲比赛上荣获二等奖，动人的演讲让台下的许多党员群众热泪盈眶。

胡盛书参加"我是共产党员"演讲比赛

在过去的几天，钟南山院士在接受采访、提及武汉时几度哽咽、眼含泪光的画面让无数人动容，他那种国家有难、匹夫有责的共产党员担当精神让我们肃然起敬、备受鼓励。疫情来袭时，人人都是易感者。但越是危险的地方，越是需要有人值守；越是有人倒下，越是需要更多勇士站出来。胡盛书说，"'不忘初心，牢记使命'这句话是指导我人生路前行的明灯。在临床工作中越久、历练越深，就越是深感共产党员这四个字的千斤重担。"所以当组织需要时，她义不容辞地站出来了，广大的党员医务工作者们纷纷站出来了。他们也有父母子女，他们也是血肉之躯，面对着未知的病毒，他们也曾恐惧，但是为了更多人的安危，他们不计报酬、不论生死，主动请缨，奋斗在抗击疫情的最前线，他们有一个共同的名字——共产党员。

临危受命，奔赴抗疫一线

春节期间新型冠状病毒疫情越演越烈，广州市中西医结合医院急诊科的医务人员作为一线抗疫人员已经十分疲惫，医院党委召集紧急会议商讨决定成立应急队伍，分三批轮流投入到抗疫前线，以确保医护人员合理休整保存抗战体力。

此次准备投入作战的第三批支援急诊和发热门诊的九个队员中，有五个医生就来自在骨外手术支部。他们是外科、骨科医生，平时都是科室的骨干力量，他们明明可以"远离"新型冠状病毒疫情，却在医院党委的召唤下，勇敢地报名奔赴抗疫一线。问他们为何这样做，他们的答案都是：因为我们是党员！没错，党员就应该在人民需要时候站出来，充分发挥先锋模范作用。以下骨外手术支部第三批参与到抗疫应急医疗队伍中的党员。

（一）汤永南，骨科副主任医师

"我报名！"这是医院组建应急医疗队时，汤永南第一时间回复的话。报名上前线，没有惊心动魄，他表示自己的妻子也是党员医生，她完全支持我这个决定。新冠肺炎疫情直卷全国之际，一批批白衣天使，为了抗疫逆向而行！"本院ICU护士杨华邦支援湖北省抗疫救治工作，让人感动而又泪目；钟南山院士是我当年的老校长、好老师、好球友，83岁高龄仍不顾个人安危处在抗疫第一线，作为临床医生的我早已为这场人类与病毒的战斗做好准备，作为中共党员的我，更应争当先锋、作表率、做模范。我院防疫的责任还是非常沉重的，必须由我们一起来共同承担，我也要向病毒宣战、为医院同行减压，与内科医生一起在这场无烟的战争中并肩作战。相信在医院党委及领导班子的组织下，经过严格的培训及训练后，做好防护，严格执行诊疗方案，必定能完成党同医院交给我的任务。"

（二）钟钦，外科主治医师

钟钦说每天看新闻上不断上升的病患数目，心情很压抑。救死扶伤是医生的天职，不管是拿手术刀还是处方笔，都是为了治病救人，在这个特殊时刻，作为一名共产党员，更要有担当，从大局出发，主动报名，服从医院的工作安排，齐心协力、坚决打赢这场战"疫"。

（三）袁南贵，外科主治医师

袁南贵说："当我接到要去支援发热门诊的通知时，我深知疫情就是命令，防控就是责任！这是一场没有硝烟的战争，作为一名党员，我牢记学医之初心，哪里需要我，我就到哪里去，我必须带头树立起必胜的信心和决心，为共同打赢这场防疫攻坚战贡献一分力量，通过此次上前线也可以锻炼自己的韧性和心智。"

（四）姚智元，外科医师

姚智元说："作为共产党员我们要带头务实，用实际行动来说话。面对武汉肺炎疫情范围扩大，加上春运人员流动的发酵，春节家庭的团圆却加重了疫情的蔓延，说不害怕被感染是骗人的，因为我老婆也正怀着7个月的身孕。但是也就在今年的除夕之夜，有一群人，他们也都是离开家庭连夜出发赶往武汉最前线，一个个逆行者都是主动请战，愿意走在别人前面，身为医务人员义不容辞，我身为党员更应该冲锋在前。春节过后我院也成立两支抗冠应急队伍，这么多的同事已经比我更早上抗疫前线，我再也不能躲，更不应该害怕，我会每天继续加强学习，严格做好防控工作保护自己、保护好家庭，才能更好地服务群众，我们要确保这场疫情防控工作继续井然有序地进行，所有人不放松警惕，共同面对，我们才能一起共渡难关！"

内科系统党支部到金菊社区开展春季抗疫清洁大行动

为深入贯彻习近平总书记关于做好新型冠状病毒肺炎疫情防控阻击战的精神，以抗击疫情为契机，进一步提升居民环境整治工作成效，2020年4月29日下午，广州市中西医结合医院内科系统支部一行7人，与支部结对共建社区——金菊社区，在金丹大街开展"春季抗疫清洁大行动"，旨在改变居民的不良卫生习惯。

党支部在与金菊社区负责人黄乐怡的沟通中了解到，在金菊社区负责的街道居民住所中，金菊花小区的围栏旁（金丹大街）是农村生活垃圾的主要聚集地，社区曾多次开展相关整治活动，但仍存在乱扔垃圾现象。为此，内科系统支部特意选择在金丹大街开展此次"春季抗疫清洁大行动"，整治影响居民卫生环境的突出问题，进一步加强居民健康教育，提高清洁卫生意识，改善不文明行为。

在内科系统支部党员与金菊社区党员的带领下，大家手拿扫把、铲子、钳夹子，积极清扫大街上及金菊花社区围栏的死角，捡杂物、清垃圾，并向周围路过行人发放"爱环境卫生""新型冠状病毒防疫小册子"，并向相关居民讲解此次活动的目的，组织和发动周围群众积极参与到爱护环境卫生，防止细菌滋生，创建良好居住环境的行动中来，受到了金菊社区及附近居民的一致好评。

门诊针灸支部深入珠湖村开展"春季抗疫清洁大行动"

为进一步提升农村人居环境整治工作成效，消除病媒生物滋生环境和蔓延态势，3月13日下午，广州市中西医结合医院门诊针灸支部在党支部书记练志明及社工部主任冯秀莲的带领下，一行16人，深入结对共建村——花东珠湖村开展"春季抗疫清洁大行动"。

据悉，"春季抗疫清洁大行动"旨在结合疫情防控宣传，进一步加强农村健康教育，提高村民清洁卫生意识，健全文明村规民约，从源头杜绝垃圾乱丢乱扔、农机具和杂物乱摆乱放、"小广告"乱贴乱写等影响农村人居环境的不文明行为。

此次"春季抗疫清洁大行动"，医院门诊针灸支部的党员志愿者与珠湖村党员干部积极带头，手拿扫把、铲子，清垃圾、扫树叶、清杂物，集中清理公共卫生死角，有利于引导农民群众由"要我干"向"我要干"转变，积极主动参与村庄清洁行动，改善农村居住生产活动环境。

让党旗在疫情防控第一线高高飘扬
——记广州市中西医结合医院门诊针灸支部

庚子冬春跨年，一场来势汹汹的新型冠状病毒感染性肺炎疫情，突袭荆楚大地，迅速向各地蔓延。

新春佳节，本该万家灯火串成灯笼，本该腊鱼腊肉香溢四方，本该车水马龙欢度佳节。一场突然到来的疫情，夺走了中华儿女一年中最重要的传统节庆，阖家团聚之时，开始了一场全民防控疫情的阻击战！

这是一场没有硝烟的战争，疫情就是命令，防控就是责任。举国上下全面动员，全力投入疫情防控阻击战。战歌英勇悲壮，战报提振士气！

　　面对波涛汹涌的疫情，广州市中西医结合医院门诊针灸支部没有退缩，没有畏惧，全体党员高擎党旗，义无反顾地充当排头兵，始终冲在疫情防控的最前线，最好地诠释了共产党员的使命担当。在党员的带动下，全科动员、火力全开，像英勇顽强的战士一样夜以继日地奋战在守护生命的战场上，守好抗击疫情的前哨站。

　　从除夕到现在，门诊针灸支部下的急诊科共接诊发热病人 12800 多人次，核酸取样人 54500 多人次，没有豪言壮语，大家各司其职，恪尽职守，没人喊累，没人说怕，心中只有责任！每天发生在急诊科的点点滴滴时刻让人感动。接下来，让我带您走进门诊针灸支部党支部，走进这个团结、战斗的集体。

　　练志明，急诊科主任，共产党员，门急诊针灸党支部书记，在疫情来临之时，急诊科工作千头万绪，从预检分诊流程制定到发热门诊改造，从核酸取样室的建立防控物资的调配，千斤重担压在了他一个人身上！发热门诊是疫情防控的主战场，平时的发热门诊已不适合战时的需要，改造发热门诊成了当务之急，从图纸规划、现场施工、设备调配、人员排班、就诊流程、消毒隔离、转运交接，一条条，一件件，事无巨细，逐项参与。在极短的时间内，将发热门诊布置得井井有条，工作顺利开展。为了把不断下发的文件精神领会、吃透，准确传达到科里，他常常工作到深夜，第二天科室交班时，总能看到他布满血丝的双眼。各级各类最新文件精神学习、科室人员的职责分工、规范各类人群就诊流程、疑难病例的讨论和专家会诊等一系列工作都在他的精心安排下有条不紊地进行着。作为医院名医，他充分发挥业务优势，创制了中药制剂"防感汤"，疗效确切可靠，受到发热病人的一致好评，在医院广泛推广，起到很好的社会效益。他要求全科人员提高政治站位，强化责任担当，做好医疗救治工作，守好战"疫"前哨站。他说：一个党员就是一面旗帜，我是科主任，就要扛好这面旗，带好这支队伍。在他的带领下，全科工作人员团结一心，众志成城，为打赢这场防控战尽职尽责、恪尽职守。

　　杨华邦，重症医学科护理组长。庚子春节伊始，武汉疫情肆虐，湖北疫情告急，全国全军抽调大批医务人员紧急驰援湖北，2月12号凌晨，广东省第二批支援湖北荆州抗疫医疗队 250 名队员抵达荆州，其中就有杨华邦。他一直都十分向往党组织，成为一名光荣的共产党员，出征前，他庄重地向党组织递交了入党申请书，成了一名入党积极分子。在荆州的近两个月，尽管脸被口罩勒到流血，手被汗水浸到泛白，工作结束后头晕、气短、累瘫，但看到病人一个个治愈出院或转到普通病房，杨华邦觉得一切都是值得的。完美诠释医者"敬佑生命、救死扶伤、甘于奉献、大爱无疆"的职业精神，他是广东的英雄，是花都和我院的骄傲，是我们学习的榜样！

李显雄，急诊科副主任中医师，一个20多年党龄的老党员，作为一名湖北人，他时刻关心着家乡的疫情，全国人民对湖北的大力支援也时刻感动着他。作为急诊科的医生，他说，虽然不能回家乡，为家乡的疫情出力，抗击疫情，我们医院一样是战场，我要到抗击疫情的最前线，我要到发热门诊！作为医院新冠肺炎会诊的专家组成员，他认真对待每一位会诊患者，利用扎实的中西医结合的业务技能，提出令人信服的会诊意见，为医院病房收治病人严格把关，确保了疫情期间医院病房的安全环境。他充分发挥共产党员的模范带头作用，时刻冲锋在前，以身作则，日夜奋战在第一线。当接触到疑似发热病人的时候，他总是说："让我来吧，我是共产党员，危险的地方我先上！"他用自己的实际行动诠释着一名共产党员在危难时刻的责任和担当。

陈爽，急诊科医生，共产党员，疫情之始，孩子刚刚半岁，还在哺乳期，当得知发热门诊人手不足时，她主动报名，把嗷嗷待哺的孩子交给家人，义无反顾、勇往直前地踏上了和疫魔抗击的征程，来到了最危险的阵地——发热门诊展开了战斗。发热门诊的值班远比人们想象中复杂。不仅面对极大的工作量，而且要穿戴又闷又热的防护服和又紧又勒的口罩和面罩。有人问她，孩子和家都不顾了，这么拼，为了什么呢？她淡淡一笑："我是党员，我还年轻，我能行，能为医院出点力，我感到很荣幸，很自豪！"多么朴实的话语啊，但却饱含着一名医务工作者对生命的敬畏和对职业的负责，医者仁心，大爱无疆，正是有着像陈爽这样想法的千千万万个白衣战士，他们在抗击新冠肺炎疫情的道路上不忘初心，牢记使命，舍小家为大家，义无反顾，勇往直前，为打赢这场疫情防控阻击战而砥砺前行！

许月球、江惠玲、钱娟，90后，共产党员，还有急诊病房的姑娘们，2020年1月25日，大年初二，急诊感染留观病房收住了第一个新冠肺炎疑似患者，姑娘们穿上厚重的防护装备，详细询问病史，仔细查体，制订治疗方案，还要抽血、取样、为病人做心理疏导工作。为了节省紧缺的防护服，她们8个小时不喝水、不上厕所，扛着、熬着，难受、难忍；长时间戴着护目镜，在脸上留下深深的压痕，从鼻梁和面部又多了一些疼痛。姑娘们，虽然口罩挡住了你们的脸，但人们永远记住了你们温暖坚毅的眼神，你们就是英雄！

你们用自己的实际行动诠释着"巾帼不让须眉",这不就是就是一朵朵铿锵玫瑰吗?在最美的青春年华演绎着最美逆行,在抗击疫情的战场上,绽放着独有的芬芳,奏响了最美的赞歌!

陈洋凯,急诊内科医生,共产党员,自疫情暴发以来,没有一天休假,长时间超负荷工作,喉咙发炎,声音嘶哑,发不出声音,他依然坚守工作岗位,用笔和病人交流;

赵影,门急诊支部委员,疫情之初,防控物资紧缺,她上网学习面屏的制作方法,自备材料,连夜赶制了近30个防护面屏,双手磨出了血泡,第二天分发到抗疫一线。

自疫情发生以来,在没有硝烟的战场上,一名名共产党员挺身而出,义无反顾地冲在疫情防控的最前线,不忘初心,牢记使命,充分发挥共产党员先锋模范作用,认真践行着一名共产党员和医务工作者的使命和担当。

毒魔尚未剿灭,战斗还在继续。当前,仍需进一步发挥基层党组织战斗堡垒作用和共产党员先锋模范作用,让党旗在防控疫情斗争第一线高高飘扬!牢记总书记的讲话,时刻保持清醒的头脑,慎终如始,再接再厉,才能取得这场防控战的最终胜利!

第二节 关键节点统一思想敢于亮剑

为了有效应对新冠疫情,医院新冠疫情防控指挥部于2020年召开69次防疫专题会议,66次医院办公会议,在第一二阶段即疫情早期疫情突发围堵阶段,几乎天天医院领导都要开碰头会,商议医院疫情防控工作,及时调整相关措施,确保医院完成疫情防控任务和医疗保障任务。在第二三阶段常态化疫情防控探索阶段及全链条防控的"动态清零"阶段的2021年医院召开66次防疫专题会议,55次医院办公会议研究疫情防控工作。在第四阶段全方位综合防控"科学精准、动态清零"阶段的2022年仍以每周一上午疫情防控专题会,每周四上午院长办公会研究疫情防控工作,以定期或不定期组织会议分析疫情防控形势的形式，从发热门诊管理、哨点监测、院区、病区管理、核酸检测、疫苗接种、医护人员储备与应急、院感防控、物资准备、应急演练及承担区域防疫任务等全方位疫情防控部署，要求全院员工思想高度统一，充分发扬医务工作者冲锋在前、不惧艰难险阻的拼搏精神，彰显白衣天使始终把人民生命安全放在第一位的崇高精神，确保防控工作精准到位。

在疫情防控二年多的时间，医院党委及领导班子始终密切关注疫情形势的变化与发展，及时调整工作方法与流程，确保疫情防控措施适应疫情防控需要。时刻关注员工的思想变化与情绪，及时采取有效果断措施。在疫情初起、各个阶段转折点、突发事件发生、本地疫情、大型核酸检测、国内外疫情形势变化，医院第一时间召开动员会、誓师会、再动员会、复盘会等统一思想，统一行动，确保公立医院的公益性得到彰显，疫情防控任务圆满完成。

第一阶段　突发疫情应急围堵阶段

疫情防控动员讲话摘要

刘瑞华　2020 年 1 月 28 日

首先，代表医院领导班子感谢医院全体工作人员自疫情防控工作开展以来的付出和努力，特别是急诊、呼吸内科、门诊部一线的医护人员；后勤部门工作给力，设备科不分日夜地采购防护物资；宣传部门对疫情防控工作做出系列报道，记录下特殊时期一线工作人员的工作情况。

下面通报相关信息和部署几项工作：

一、疫情防控形势严峻。1 月 23 日，省政府启动广东省重大突发公共卫生事件一级响应。春节前夕，从武汉流出的 500 万人口，广东是仅次于北京的第二多地区，广东疫情防控形势严峻，防控工作刻不容缓。

二、医院目前一些状况。

1.部分工作人员存在恐慌情绪。一是培训不到位，二是对专业知识不熟练，人为制造了一些紧张、压力。关键节点上，医院要求所有中层干部自觉、自愿、有责任、有义务参加培训。

2.防护物资库存紧张，设备科在加大采购的同时，医院要求科室负责人做好物资的管控，合理、节约使用。

3.节后返程人员增加，以及流感压力叠加，相关部门要提前做好准备。

4. 将来广州市区医院超出病人收治能力的话，医院或成为后备定点收治点。

5. 强化人员管控。医院要求中层干部每天在岗，各科室按照临床工作安排排班，合理调配人力，出勤、考勤情况每天报送人事科。

6. 医务科牵头组建医疗第二三梯队，逐步轮换一线人员，做好打持久战的准备。

三、建立长效工作机制。为应对疫情，医院成立了新型冠状病毒感染的肺炎防控领导工作小组，每两天召开领导小组专题会议，听取各科室汇报防控工作情况，统筹医院整体布局。

四、制定疫情防控相关的分诊、诊治流程。相关职能部门要出台规范化的预检分诊流程指引，加设关口，严格执行佩戴口罩、测量体温、咨询流行病学史等制度要求。

五、积极推动中医药介入，发挥中西医结合的优势和中医药的作用，全力以赴做好预防、救治工作。

六、做好物资管控，将防护物资上升到战略物资层面，加紧采购的同时，节约使用做好物资管控工作，确保一线工作人员的优先得到保障。

七、严格规范信息管控，禁止所有人员将医院内部运作信息、防控工作要求和疫情情况发上公众平台，对外信息统一由宣传科发布。

第二阶段　常态化疫情防控探索阶段

坚定信心、全力以赴、争创防控医疗双胜利
——近期新冠肺炎防控工作布置

刘瑞华　2020 年 7 月 14 日

（一）目前全国疫情形势

北京市新冠肺炎聚集性疫情发生后，广东省广州市花都区卫健委（局）快速反应，加强疫情形势分析研判，迅速部署召开各级会议研究、落细落实各项常态化防控措施，切实抓好"外防输入、内防反弹"疫情防控工作。

北京近期确诊病例增加较快，对北京疫情形势的基本判断：病毒是人传播或经物品环境的污染传播，以普通型、轻型为主，疫情基本可控，目前病例还在上升时期，排查还会持续一个时期，目前主要集中在与"新发地"市

场相关联人员。也有资料表明病毒基因序列来源于境外，也有可能是上一轮国外输入病例留下的。

（二）医院面临的形势

1.防控必须常抓不懈，零病例不代表无病例，可能有潜在的无症状感染者。

2.国门会不断地打开的，而广州作为主要开放性城市及主要入境口岸，未来肯定要担负更多外来人员的排查任务。输入风险始终存在，大家要时刻保持警惕性。

3.复工复产，人员流动是必须的，做好卫生运动。

4.尤其要注重在人多的地方，更应执行适当防控措施。

（三）近期工作布置

根据当前的疫情形势，广东省、广州市、花都区卫健部门等多次召开疫情防控会议，部署了六个"加强"，确保各项防控措施以贯之落实到位。

1.加强主动监测

充分发挥医疗机构发热门诊等的哨点监测作用，要求普通门急诊患者中有14天内中高风险地区旅居史的、发热门诊、新入院患者及陪护人员全部进行核酸检测，及时上报。

反复多次强调医务人员必须保持高度的警惕性，对发热或有呼吸道症状患者须引导到发热门诊就诊，先行核酸检测排查。充分发挥医院的哨点功能，如有遗漏，将倒查责任。

严格执行前期医院已制定的相关收治入院的标准和流程，严防死守不能让核酸阳性病例入院，但同时必须确保复工复产的进行，全面恢复医院的诊疗服务。

2.加强重点人群的排查和健康管理

要求各地对去过中高风险地区人员迅速逐一核查，落实健康管理措施，切断感染传播链条。这里强调医务人员须详细询问病人及防护人员的流行病学史，严防因陪人引发院感事件。

3.加强医疗机构院感防控

（1）按"应检尽检"的要求开展医疗机构工作人员全员核酸检测工作，6月30日前完成医疗机构医务人员（直接接触病人的一线科室医务人员）；7月15日前完成除医务人员之外的其他工作人员（含保安、保洁、输送等工作人员）核酸检测工作。

（2）严格落实医疗机构分区管理要求，严格预检分诊和发热门诊工作流程，及时排查风险并采取措施，严格探视和陪护管理，避免交叉感染。同时要加强对医务人员的健康管理和监测，落实全院工作人员健康日报告制度，对有发热或呼吸道症状的工作人员要及时开展核酸检测排查。在这里强调必须坚持医院实行的钉钉健康日报及钉钉考勤，医院将每周通报一次未按要求完成的人员及科室。

（3）强化住院病区的管理，严格陪护、探视制度的执行，尊重值勤的同事。再次强调不能在病区诊治门诊病人，所有进入住院病区的人员都必须核酸结果阴性。这里强调我们的科主任要带好头，所有的医务人员都有责任执行这一规定。否则，一旦发生院感事件，院方将首先对责任人停职或取消行医资格，然后再等待上级部门的处理。这是一条红线，不允许任何人踩踏抗疫的红线，因为一旦发生院感事件，医院将面临全面停诊的风险。所以绝不允许这种行为的发生！

（4）进一步强化感染防控培训工作，结合疫情动态变化情况不定期、及时开展全员培训，及时更新防控工作重点；掌握动态调整中高风险区，及时调整流行病学史询问重点，及早发现可疑患者并进行排查。要求全院所有人员都必须参加相关培训，未参加培训或未完成培训者将严肃处理。一旦发生"院感"事件将开除处理。

（5）新冠核酸检测将是一项长期的任务，按照上级的部署，医院已经基本完成了新冠肺炎病毒核酸检测实验室的建设工作，预计7月上旬可以投入使用。医院发热门诊的规范性改造也已启动，按要求在今年年底之前必须完成并投入使用。

4.加强重点场所、重点物品防控工作

要定期对医疗机构等集体食堂的冷冻生鲜食品加工、存储场所以及交通运输工具等开展检测，采购人员、食堂从业人员要及时进行核酸检测和健康筛查，严格落实"四早"措施，防止由物及人的疫情传播和扩散。

要督促指导密集公共场所经营单位精准落实各项防控措施，做到"四强化一提倡"，即强化场所清洁通风消毒、强化进门测温扫码、强化流量管控、强化员工健康管理和防控知识培训，提倡微信、支付宝等无现金支付，减少接触。

5. 加强爱国卫生运动

强调做好个人防护，如戴口罩、勤洗手、保距离，讲卫生等。各科要组织实施为期一个月的爱国卫生专项行动，重点加强人流密集场所的环境卫生整治工作，做好清洁消毒和病媒生物防治工作。各科定期做好卫生。要营造良好的卫生环境，从源头上切断疾病传播的途径。

6. 加强疫情应急处置

要求结合实际制定预案，并组织开展桌面演练，理顺职责和应急处置流程，做好各项应急准备，发现问题要及时报告。

7. 强化责任落实

随着疫情常态化，大家的防控意识有所减弱，思想有些松懈，特别是长时间无新发病例，但由于我们所处的广州是开放性城市，北京入境限制后，自然要分流到广州来，外防输入压力自然更大，我们的防控责任也更大，作为公立医院的一员必须挺身而出，认真做好自己的本职工作和上级交办的任务，认真落实好责任。在未来的疫情常态化防控战中，必须做到紧遵党和政府号号召，必须坚守到底的决心。在这里强调工作纪律，任何环节出问题都必须追查到底，落实责任，坚决不允许发生医院内人传人的事件，这是我们防守的底线。目前有些工作已强调多次，但仍落实不好，如有些患者门诊医师未按要求指引到发热门诊或未做排除性诊断，住院医师在病房诊治门诊病人，指引病人及家属有意规避防控措施者等，相关防控措施落实不到位的，一旦发生院内交叉感染并查实，先免职，再开除。

8. 树立信心

有中国共产党的坚强领导，有中国社会主义的体制，我们有信心、有能力打好此次"外防输入，内防反弹"的防疫战。时刻牢记我们两个核心的职责，哨点和防止院内感染。

（四）全面恢复医院、医疗服务。

随着进入常态化防控时期，按照上级的要求，在做好预警防控的同时，必须全面恢复医院、医疗服务，为市民提供全面、优质的服务。

今年由于疫情的影响，致使医院的门诊、住院量下降超过20%。医院的经济收入比去年同期也减少许多，加上疫情防控成本的增加，今年大家要做好过紧日子的准备。我院为了保障员工的利益，想方设法合理调控收支，未来会强调更加精细化的管理，拓展新的诊疗项目，提升治疗费用比例，按管理要求压低药品、耗材比例，各部门及科室要开源节流。

门诊部的工作一要挖掘潜力，多安排医生出门诊，特别是高年资医师坐门诊解决目前还有部分病人挂不到号的问题；二要拓展新的服务领域，医院去年以来开设皮肤美容专业，效果明显，其业务范围及业务收入有明显增加，正在逐步改变以药物治疗为主的新模式；三要合理安排人力，针对高峰就诊时段要强化力量。

近期医院将组织相关职能部门核查各专科医生下门诊的情况，特别是实行主诊医师组必须严格落实出门诊时间，确保病人就诊、治疗门诊住院一体化管理，持续性服务，提升服务品质。

住院部工作实行严格的封闭式管理，确保不发生新冠肺炎聚集性院内感染，要求严格落实以下防控措施：

一、在严把入院关的同时，仍然实行急诊过渡病房制度和流程，各科按规范收治急诊病人，不得以各种理由拒收病人。

二、各专业要拓展、调整业务范围，增加原来想开展未开展或开展少的、想多开展的项目。

三、要改变思维和习惯，目前全国已在普遍推行"全院一张床"的理念，我院也在推行，但遇到的阻力很大，各方面的问题都有，但关键是要突破现有体系，今后住院部将实行以基础护理为单元的病区管理制，病区实行病区主任和专业科室主任的双重管理，医生跟着病人走，医院将在顶层对相关内容进行设计，逐步推开"全院一张床"的理念，提升医院的病床使用率，促使病房管理再上新台阶。未来病区病床成本控制将成为今后各病区的主要任务，适度竞争。

四、各专业必须高度重视急诊、急救体系的业务，强化沟通，落实各专业中青年医师都必须到急诊和重症监护病房的轮转。医院急诊科已成立创伤中心并获得广东省交通事故应急救援点授牌。此举将对广州北部交通事故进行绿色通道的快速救治，有助于提升我院救治能力和水平，更要加强力量，确保急诊检查、手术快速通道的建设。

第三阶段 全链条防控的"动态清零"阶段

中层干部会议再动员讲话提纲

刘瑞华 2021 年 6 月 21 日

一、疫情形势

1. 当前疫情，看到曙光，依然严峻。

2. 院感大事件：省中医院（持续的损害）、市八医院。

3. 康复科病区出现密切接触者到病房，引发四个次密接触者隔离。

二、医院担负的任务

1. 医疗服务外，发热门诊、医院入口管控、病区陪护与探视的管控等。

2. 隔离酒店（入境、密接者酒店）直管两家、兼管两家。

3. 疫苗接种两个点加流动接种车。

4. 医院核酸采样。

5. 外出核酸采样（大型单位部门的采样与支援荔湾、白云、番禺等）。

6. 花都区全员核酸采样动员九百多人次各个部分抽调的人员很多，医院本着最大限度减少临床业务开展压力，职能部门、护理部等压的任务较多，许多职能中层干部在做登记等工作。

三、医院存在问题与漏洞

1. 防控措施执行不到位：科室、个人。

2. 没有全局观念，过于强调自身利益，服从及配合度不够。

3. 处理疫情防控与业务开展没有政治站位。

4. 个人防护意识弱，喜欢钻空子，走偏门，个人主义。

5. 全员核酸检测时暴露出许多员工防控知识培训少。

6. 人人都是院感督导员。

四、强调

1. 提高政治站位，保持高度的敏感性，科室负责人是第一责任人，近期以查漏洞、补短板为主。

2. 认真学习落实"三法一条例"，落实防控措施，落实首诊负责制，严格流程管理。

3. 党员、干部带头率先垂范并做好员工的思想工作。

4. 落实岗位责任制，认真履职，要为中医系统争口气。

5. 坚决服从组织安排，不打折扣。

6. 做好全员、全方位的培训，时刻准备着上一线。

7. 关心、关爱员工，排好班，安排好轮休，关心长期外出防控工作的员工家庭情况，切实解决他们遇到的问题及及时将信息报告，做好员工的健康管理。

五、工作安排

1. 本周开展爱国卫生运动周事项。

2. 关于疫情防控安全隐患大排查方案落实。

3. 关于疫情哨点工作，诊室如何改进。

4. 关于发热门诊存在问题整改，重症病人处置。

5. 关于医院感染控制工作布置：七个严格。

6. 关于两类隔离酒店的管理：入境者、密接者。

7. 核酸检测存在问题与整改如定期测、黄码。

8. 疫苗接种工作安排：定点与流动点。

9. 疫情防控知识全员培训。

10. 关于传达安全生产工作会议精神，全面排查安全隐患，及时消除隐患。

第三节　媒体报道弘扬正能量

医院报道战"疫"担当畅通绿道

刘瑞华

广州市中西医结合医院位于广州花都，近年随着花都的快速发展，医院正跨越式发展，特别是此次疫情中彰显医院的担当，也检验了医院近年进行现代医院管理制度改革的探索。

一、勇于担当多维抗疫

新冠肺炎疫情暴发后，医院领导班子研判形势、科学决策、及早部署，建立起院内与院外、领域内与领域外、线上与线下、疫情防控与医疗服务全方位、立体式的运行机制。医院除发热患者就诊排查等任务外，还承担机场、高铁站、集中隔离区等医疗及后勤等保障，以及工厂的复工、复产、复学等内容广泛参与。

（一）医院全力以赴抗疫

1.建立快速反应机制，医院领导班子天天有碰头会，领导值班双班制，领导靠前指挥，成立抗疫指挥部及时发布执行抗疫指令。在医院科室、个人办公系统建立防疫专栏，快速执行指令。

2.充分利用信息化手段，建立公开快捷机制，对内公开防疫信息，方便员工快速了解防疫信息，开展智能申报、巡查、传达、培训。先后有超百位医师参加网络咨询服务近千人次。开通互联网医院，线上、线下为群众提供医疗服务。全面启动网站、微信矩阵宣传防控信息。

3.医院根据定位，重点做好门诊关和入院关的严防死守。

一是春节后建立预分诊沉性，理一级刀沙付叮个件仕珍区域设立专用诊室，先将发热及呼吸道疾病先分开，再对发热病人再分流，相互配合诊治，最大限度减少漏诊。

二是建立严格的入院分级机制，区分平诊、急诊、急重症、急危症等，严格入院标准及处置方法，确保病区无疫情。

三是在二月中旬率先建立了各专业的收治病人的过渡（缓冲）病房，在医院层面将急诊科病房改造成医院的过渡（缓冲）病房，确保了急诊病人得到及时处置，也确保新、老患者的安全。

案例：随着抗疫工作的推进，至2月中下旬，市民经过近一个月的居家隔离抗疫历程后，已积累了相当大的就医需求，要做好新冠肺炎防控工作，又要解决病人的急诊就医问题，这是一个历史新难题！根据临床摸索，医院新冠疫情防控指挥部在二月十六日决定，率先推出过渡观察病房。并为此医院进行了详细布置。

其一是严格执行防控指南，强化预检分诊关，排查关口移到院前，一旦发现疑似病人后立即转至定点收治医院。非急诊病人在排除了新冠诊断流行病学史后，行新冠核酸检测、血常规及肺部CT检测结果均阴性的情况下，直接进入对应的专科病房住院治疗。

其二是针对急诊病人，医院给出了详细的指引，分三个层面解决急诊住院难题。层面一是每个专科均设立单独的过渡观察病房，以应对急诊病人的就医需求。把急诊病人细分为特别紧急、紧急、亚紧急等三种情况分级处理，做出详细的检测和治疗处理指引。对于无流行病学史、血常规及胸部CT检测正常的急诊患者，在新冠病毒核酸检测结果出来前，把病人安排在单间过渡观察病房进行紧急救治，每间过渡观察病房只收治一个病人，并在核酸检测结果出来前，避免在院内流动检查，待新冠病毒核酸检测结果阴性后方可转入普通病房治疗，既保障了每一位病人的生命安全，又预防其他病人发生院内交叉感染。层面二是将原来急诊病房改造成医院的过渡观察病房，分流各专科无法及时收治的病人，等核酸结果出来后再转入各专科。层面三是建立核酸急诊检测机制，快速引进设备，急诊病人核酸结果可在一小时内出报告，满足当天急诊入院病人及陪护人员需求。

此项措施在五月初的国家常态化防控文件中提及，要求各医院应设立过渡病房。我院在实施的两个多月，医院急诊收治量与去年同期相比相差无几，急诊病人占比明显升高，有效保障了市民的急诊就诊需求。2020年1至4月，我院高级卒中中心急诊静脉溶栓指标数量全省排名第一。

4.重点完善院感院科二级责任制，扩大院感督导员队伍，每日定期巡查，对存在的问题进行整改并及时通报。医院对关键岗位进行实时督导，强化院感培训到位及准确。

5.医院发挥自身特色，打出"中西医结合"组合拳，推出了提高免疫力的中医药"五大法宝"（六君防感汤、正气防感膏、防感香囊、辟秽药艾条、驱寒除湿沐足散），受到群众的好评，也成为抗疫的重要手段。医院为广东省赴湖北荆州医疗队捐赠了十多万元的中药防疫产品，受到双方指挥部的赞扬。也成为机关单位学校及医院员工防疫利器。

6.医院还被广州抗疫指挥部确定为广州市后备定点收治医院，医院一直在做积极规划，调整，采购防控物资，培训人员，确保紧急时能冲得上去并能圆满完成任务。

7.充分挖掘抗疫先进模范素材，记录医务人员在一线奋战情况，弘扬模范人物，医院详细记录援助湖北荆州医疗队员杨华帮，归队后医院还专门制作了抗疫英雄册。疫情发生以来医院先后有二百多篇稿件和报道，二十多篇被国家、省、市、区媒体录用。

（二）积极履行社会责任

疫情防控机制启动后，受行政部门委托采购全区防控物资，起草了全区疫情防控物资应急快捷采购管理办法，充分利用医院资源，医院先后采购口罩、防护服、救护车、医疗设备等，及时保障防控物资的到位与使用。针对疫情果断决策改装负压救护车三台，使区域内负压救护车数量位居广州前列，极大地保障了防疫任务的完成。

花都地处交通要道，医院承担了机场、高铁站等防疫任务，医院承担医学观察场所的医疗、后勤保障任务。医院目前外派专业技术人员超万工时。

（三）助力复工复产复学

医院还派出专业技术人员帮助企业生产医用口罩，从采购设备、材料到生产、定价，全流程参与，为新招企业员工提供免费入厂身体健康体检，为广州市、花都区的抗疫及复工复产做出了贡献。医院专业人员在湖北疫情最为严重时期，不顾个人安危，与公安同志赴湖北采购抗疫物资及设备。

医院率先在广州为公众开放新冠病毒核酸检测，做到愿检尽检，为复工复产复学提供健康保证。

案例：随着抗疫工作不断取得新成绩，二月下旬广州疫情得到有效控制，国内防控策略也已及时调整为"外防输入、内防反弹"指引上，全面恢复社会生产生活秩序、积极推动企事业单位和学校复工复产复学成为头等大事，但群体性、聚集性发病是新冠病毒感染的一大特征，无论对于社会团体还是个人来说，复工和自身安全同样重要，此时复工复产复学工作遇到了新瓶颈。

为积极推进区域的经济复苏工作，解决团体和个人的复工难问题，医院防控指挥部经充分研究后，慎密布控和及时调整业务场地，在二月中旬专门开设了复工复产复学门诊，是广州市、区内最早为市民和广大外来务工人员提供团体及个人新冠核酸检测服务"愿检尽检"的公立医院，积极承担筛查任务，全力推动花都区各企事业单位和学校的复工复产复学工作。甚至吸引白云、黄浦等地民众前来。为避免与六类重点人群、住院病人交叉问题，医院防控指挥部及时调整核酸采样地点，从源头上解决问题，既解决群众的复工复产体检需要，又全力严防院内交叉感染，至今无发生一例新冠病毒院内交叉感染。

医院积极落实国家号召"应检尽检、愿检尽检"的指导精神，至目前为止，我院共为市民完成超二万人次的新冠病毒核酸检测工作，严格落实各项新冠病人筛查制度，发现疑似病人立即转至定点收治医院，把院感防控关口前移，确保不发生一例疑似及确诊病人收治在院内，做到零漏诊、零走失、零交叉感染，确保花都区市民有一个安全的就医环境。

二、关键时刻方显本色

医院结合自身的功能定位，区位优势，医院确立以胸痛中心、卒中中心、创伤中心等建设标准为抓手，确立医院以急危重症救治的中西医结合特色的急救体系建设为目标，通过改造诊疗服务条件、改革诊疗模式、完善管理体系及畅通绿色通道，使医院整体服务水平明显提升，社会影响力日益显现。

医院近年对急诊科的投入，面积增加了两倍，并开设 EIU 和急诊病房，购置三台救护车，其中一台负压救护车，使急诊诊疗环境大大改善。今年疫情发生以来急诊病人的比重由原来仅占 11% 的病人快速上升到超 18%，急诊队伍得到了磨炼并形成了自己的"急、全、灵、智"急救特色。

"急"主要表现在医院对所有急诊病人进行急诊预检分诊，按需要急诊处理的病人的轻重缓急，区分红、黄、绿分级就诊，使真正需要急救的病人救治能"急"起来，对胸痛、卒中、创伤的院前急救体系以及院内的绿色通道，确保需要急救的病人能够得到及时救治。

"全"主要体现在医院建立了以心脑血管疾病、创伤等为主导的重症病人救治体系建设，医院建设了中心 ICU、EICU、NICU、CCU 等五十二张床，占医院总病床的 8%。同时完善院前急救、分科诊疗、多科协作救治、危重病人救治等体系功能建设。医院同时还建设了中医药特色救治的蛇伤处置中心。

"灵"主要体现在平时与战时相结合，对急诊的单个或群体事件处置均可，一是在平时急诊医师诊室设有两个门，一个通红、黄区可快速处置真正急的病人，空闲时可以分批处理绿区病人。二是平时急诊绿区人候诊病人可在大型公共突发事件时，设置群体事件紧急处置应急区域，在应急区域安装设备带，确保危急重症患者、群体性卫生事件伤者得到及时有效的治疗。该区域成功救治一次超三十人次的事件多次，在两个小时内处理完毕。

"智"优化院内绿色通道流程，有效缩短脑卒中患者、胸痛患者、多发伤患者的救治时间，将胸痛及卒中中心数据共享及绿色通道流程规范管理相结合，自主开发出一套广泛适用各个医院绿色通道的信息软件、硬件——"e路迅捷"。旨在提高胸痛、卒中、救治效率，该软件应用以来更快捷、更有效地救治病人，缩短救治时间，打造真正的"疾"速，减少致残率和死亡率，形成院前、院内、手术室一体化诊治。

2017年9月15日，广州市中西医结合医院由中国胸痛中心认证总部正式授予"中国胸痛中心"（标准版）牌匾。是广东省中医系统通过该认证的首家医院。2019年12月医院又获得国家高级卒中中心的建设单位，卒中病人的救治上了一个新台阶。在2018年公布的创伤中毒、多发严重伤、脑病（神经）学科建设系数上位列中医系统第一、第二、第三位。2019年医院在广州市卫健委举办的有七十七家大型医院参加的院前急救技能大赛上获得集体、个人二等奖。急诊科、重症医学科也获得广州市中医特色建设专科。

由于医院持续的关注质量安全体系建设并持续改进，近年也取得了一些成绩，医院门诊急诊人次，住院人次及经济体量已连续多年为广州市属中医院首位。在2018年广东省卫生健康委发布的全省住院医疗服务综合评价中，医院DRG能力指数评价，我院位列全省中医系统第八位，较上一年提升三位。学科能力建设3.5分，远超平均水平，其中18个学科中有7个学科建设能力进入前五位，位列第一区间，其中创伤中毒及药物毒性反应学科列第一位，多发伤、内分泌学科两学组第二位。质量安全指数评价，低风险组为零，其他如中低风险组、中高风险组、高风险组均远低于平均水平。医疗服务效率指数在时间消耗指数与费用消耗指数均处在均值附近的状态。医院被确定为国家重点中西医结合医院，第三次通过国家三级等中西医结合医院，医院在人民网，医信天下发布的2018年中国中医院综合实力排行榜，医院综合实力进入全国百强之列，排名第74位。医院在2018年被中国医院院长杂志社评为"中国医院医疗质量卓越奖"，2019年医院被确定为广州市中医治未病中西医协作指导中心。在未来医院发展的路上将更加砥砺前行。

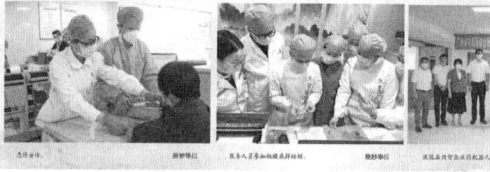

广东省广州市中西医结合医院抗击新型冠状病毒疫情纪实

抗击疫情　四"防"下功夫

刘瑞华　朱勇武　2020 年 7 月

　　进入盛夏，笼罩在人们心头的疫情阴霾渐渐淡去，但那段波涛汹涌、可歌可泣的全民投身抗疫的经历注定被铭记，而最让人不能忘怀的，当属那些奋战抗疫一线的白衣天使们。毫无疑问，抗击疫情的主力军正是医务人员，而抗击疫情的主战场是医疗卫生机构。

疫情就是命令，防控就是责任。抗疫期间，广东省广州市中西医结合医院坚决贯彻落实各级疫情防控指挥部以及卫生主管部门指令，勇于担当，在"防"上下功夫，在"控"上做文章，较好地实现当地政府赋予的保障老百姓有一个安全看病的地方的任务目标，未发生一起院内感染以及抗疫不良事件，经受了疫情大考验。

一、"防"御四道关口

疫情发生后，尽管停学、停工、停产，但医院依然是人员密集公众场所。加上医院开放式特点，出入口多，又涉及门诊就诊、住院治疗、探视等，防控难度不小，解决这一问题须把好四道关口。

1. 进院入口关

要减少人传人，必须尽可能早发现传染源。因此在医院入口设置哨点，开展体温监测以及个人信息登记十分必要。针对医院入口多达十余处的现状，院领导决策，该锁的锁、该封的封、该拦的拦，最后仅留两处入口，落实身份必问、信息必录、体温必测、口罩必戴，保证第一时间发现发热患者和掌握所有进入医院人员的第一手资料信息。

2. 门诊诊疗关

疫情期间，增设门诊预检分诊（二级分诊）流程，区分引导发热病人和非发热病人。在急诊区域设立呼吸内科专用诊室，区分发热及呼吸道疾病，对发热病人再分流，一旦发现疑似病人后立即转至定点收治医院，最大限度减少漏诊。门诊医生严格执行防控指南，该问的问题问到位，该填的信息填详细。

3. 住院收治关

建立严格的入院分级机制。先区分平诊、急诊分类严格入院标准及处置方法，平诊住院患者经胸片CT筛查和核酸检测方收治入院，确保病区无疫情。二月中旬医院首先针对急诊病人，再区分急诊、急重症、急危症紧急程度情况，首推出在各专业科室建立收治病人过渡（缓冲）病房，在全院将原来急诊病区改设过渡（过渡）病区，在血常规及肺部CT检测结果均阴性，采集核酸标本的情况下，分级进入对应的专科过渡病房对应急诊诊疗、介入、手术等，确保急诊病人得到及时处置，这一创新举措比后来出台的疫情诊疗规范要求提前了2个多月。另外，为保障急诊病人能得到紧急处理，专门购置了两台快速核酸检测仪,确保了急诊病人能够享受到绿色通道救治。在疫情防控以来,医院急危重病人救治同比上升近三成,医院卒中中心静脉溶栓数名列广东医院首位。

4.陪护探视关

为降低人员聚集带来的不必要风险,医院实施住院"一患一陪"制,同时加强对陪护人员健康监测与管理,陪护人员填写信息登记表及流行病学筛查表,必须提供核酸检测结果方可领取陪护证,凭陪护证进入病区,并配合病区管理,测量体温,陪护人员原则上固定,严格控制探视人员,避免流动造成交叉感染。

二、"防"止院内感染

抗击新型冠状病毒疫情对院感管理要求甚高,稍有不慎,就会造成医疗机构被迫关停的恶劣后果。

1.必须强化院感日常管理

加强手卫生督导检查,不断提高医务人员依从性和手卫生正确率。定期召开各类院感防控会议,解决院感管理中存在的问题,不断完善管理制度、规范、流程等。针对全国各地院感事件频发问题,加强重点部位、重点人群的管理,对照教训查问题,将隐患消除在萌芽状态。利用传染病报告系统上线,提高传染病报告卡填写的正确率及传染病报告的及时率。

2.必须强化院感技能培训

为确保抗疫期间院感防控工作落到实处,针对医院医务人员、后勤管理人员、保洁员等开展新冠肺炎防控知识全员培训8次,专项培训4次,全院新冠肺炎防控知识考核2次。培训内容涵盖新冠肺炎诊疗方案、病例发现、报告与标本采集、不同岗位人员防护、医疗废物处置、防护用品穿脱流程等。

3.必须强化院感督导检查

在日常检查的基础上建立院感督导员队伍,制定新冠肺炎防控督导表。定期不定期对全院新冠肺炎防控工作进行督导,避免院内感染的发生,编制院感督导简报3期。

4.必须落实院感防控制度

结合国家省市新冠肺炎防控相关文件精神,制定本院新冠肺炎防控工作制度,完善新冠肺炎应急预案、制定新冠肺炎个人防护要求、新冠肺炎医院感染防控清洁消毒规程、完善新冠肺炎疑似患者产生医疗废物处置预案等制度流程为新冠肺炎防控提供了有力的保证障。结合实际，医院进一步完善传染病预检分诊流程，改造发热门诊布局，规范发热门诊管理流程。

三、"防"备能力不足

新型冠状病毒肺炎疫情以传播速度快、感染范围广、防控难度大而"著"称，医务人员没有头脑风暴、不及时充电更新技能知识，势必无法完成抗疫任务。医院必须注重人员、设备、物资、场地等在应对疫情上能力不足的问题。

1. 提升应对疫情处置能力

一是组织新型冠状病毒防控应急演练，有效提高医护人员的综合防控技能。二是建立公开快捷机制，线上线下结合，充分利用办公 OA、手机钉钉的抗疫专栏、网络视频等对内公开防疫信息，方便员工快速学习了解防疫信息，开展智能申报、巡查、传达、培训。确保全体员工一个不漏进行培训等。三是建立核酸急诊检测机制，快速引进设备，急诊病人核酸结果可在一小时内出报告，满足当天急诊入院病人及陪护人员需求。四是发挥自身特色，打好"中西医结合"组合拳。在关键时刻敢于"亮剑"。医院药学部自主研发一套提高免疫力的中医药"五大法宝"（六君防感汤、正气防感膏、防感香囊、辟秽药艾条、驱寒除湿沐足散），成为机关单位学校及医院员工防疫利器。医院为广东省赴湖北荆州医疗队捐赠 10 多万元中药防疫产品，受到双方指挥部的赞扬。

2. 满足完成政府指令性任务需要

医院选派重症监护科护理组长杨华邦参加广东省第三批医疗队，承担荆州疫情最严峻地区防治及全市危、重症病人救治任务。杨华邦同志驰援荆州61 天，圆满完成抗疫任务，获评"广州好人"，其事迹被"新华社"、"学习强国"等国家级媒体报道。担负交通枢纽哨点值守任务。医院遴选 16 名优秀护理骨干紧急驰援广州白云国际机场海关，守住防输入"第一关"；选派多批次医务人员值守广州北站，严防疫情跨界输入。医院外派专业技术人员抗疫值守累计超万工时。

3. 助力复学复工复产

应市民强烈需求，医院在二月中旬即创新开设复学复工复产门诊，二月下旬即对群众开放开展病毒核酸筛查，确保愿检尽检的目标，解除广大老百姓复工复产复学后顾之忧，完成新冠病毒核酸检测超 4 万例。工会牵头组织 30 余人次抗疫英雄、专业骨干深入企事业单位、厂矿企业、学校，指导消杀、卫生、保持安全距离等事项，协助他们顺利复学复工复产。

4. 推进疫情期间智能化服务

二月下旬即推出免费"新型"线上问诊服务，超百位医师为近千人次用户答疑解惑，就日常防护给予专业远程指导。五月份又开通"互联网医院"，慢病患者可在线问诊、智能问药、药品快递到家，有效缓解缺医少药的问题。启用"智能送药机器人"，主要用于中心药房往各个病区配送药物，每次的载重可达 150 公斤，持续导航可达 18 小时，有效减少患者来院复诊和各病区间人员流动带来的交叉感染风险。

5. 保证抗疫物资供给

落实抗疫物资储备。医院在疫情初期预见性大量采购口罩、防护服，除了保障本院所有员工日常所需（2 只 / 人天）外，还向兄弟单位以及湖北前线提供捐赠献防疫物资。医院受区政府委托采购改装负压救护车三台，使区域内负压救护车数量位居广州前列。医院还派出专业技术人员帮助企业生产医用口罩，从采购设备、材料到生产、定价，全流程参与，为新招企业员工提供免费入厂身体健康体检。为保障花都区某劳保用品有限公司生产防护用品，医院派出医用设备专业人员参与区政府成立的五人物资抢运"小分队"，43 小时日夜兼程往返近 1000 公里外的湖北仙桃，采购生产防护用品设备和原材料，为广州市、花都疫情防控工作做出重大贡献。

另外，加强抗疫宣传。充分利用医院官网、微信矩阵及公众号、电子屏幕、视频播放点、宣传展架等宣传平台科普新型冠状病毒肺炎防治知识。累计播放新冠肺炎健康教育宣片、宣传标语 1.1 万次，张贴"防御新型冠状病毒"宣传画 30 余张，派发宣传折页、单张 900 余份，科室健康教育宣传资料架，保证每天有充足的抗疫资料供市民取阅。

四、"防"患执行不力

疫情发生正值春节前后，绝大部分人员思想停留在"休假"状态，抗疫期间每天都有规范、流程、指引更新，如何统一员工思想、积极完成抗疫各项工作任务，对领导决策是考验，对员工执行力也是考验。

1. 建立快速反应机制

医院成立以院长、书记为组长的院级新型冠状病毒防控工作领导小组，每两天召开一次工作汇报会，确保诊断治疗、院感防控、药品及防控用品供应等工作落实到位，及时根据疫情变化调整防控策略；每天召集领导班子碰头会，实行领导值班双班制，领导靠前指挥；成立抗疫指挥部及时发布执行抗疫指令。

2. 优化人力资源配置

医院将抗疫作为工作重中之重，一切资源以保障抗疫为主。为降低感染风险，医院决策关停部分门诊科室和辅助科室，并从关停科室中抽调高年资、高职称骨干组建"应急医疗队"，充实急诊、呼吸内科、核酸检测等"最险处"岗位力量。医院所有的一线岗位人员连续工作都不超过一周，医院内部设立了专门的休息住宿区域，有效地保障了员工的良好休息及工作效率。成立全院统一的人力资源调配办公室，不论党员干部，不论专业非专业，均可安排至出入口哨点等需要人员的岗位上去。

3. 健全落实抗疫激励和惩戒措施

一是开展人文关怀。责成工会成立全力做好一线医务人员及其家属保障工作组，30 余批次深入临床一线，开展需求情况摸底调查，全面了解掌握其在家庭生活等方面存在的困难和需求，有针对性地开展慰问送关怀，提供心理疏导，鼓舞医务人员克服畏难、畏惧心理，招募名店理发师团队为全体员工理发解决生活烦恼等。

二是努力改善医务人员的工作条件，动态调整疫情防控流程、布局，确保防护达到要求，在得知有移动式采样间后，限时与相关公司联合研制移动式负压采样间并推广，大大改善了广东火热时的工作条件。

三是开展宣传弘扬正能量。医院大力宣扬驰援湖北荆州医疗队员杨华邦的先进事迹，出版了援鄂英雄专辑，医院还连续推出 10 期《春节特辑》、45 期《抗疫特辑》，不间断报道全院员工坚守岗位抗击疫情的事迹，大大鼓舞了医务人员的抗疫士气。

四是强化责任担当，落实责任追究。责成纪检监察室会同质控等部门对抗疫期发生的执行规范不严、应对疫情不力、推诿病人等问题实行问责，共查处问题 8 起，处理责任人 13 人，在员工中形成履职尽责的高压态势。

应对新型冠状病毒肺炎疫情，对公立医院处置突发重大公共卫生事件能力、公益担当以及战备意识和水平是一次全方位检验。

正是由于近年来，广州市中西医结合医院结合自身功能定位，依托区位优势，借助努力构建"医院新基建"理念，打造以胸痛、卒中、创伤、蛇伤等急危重症救治为一体的"网格化、数据化、智能化"的中西医结合急救体系，通过改造诊疗服务条件、改革诊疗模式、完善管理体系及畅通绿色通道，形成了"急、全、活、智"急救特色，在使疫情期间确保了急危重症患者得到有效救治。

"急"，是对急诊病人进行预检分诊，按病人轻重缓急，区分红、黄、绿三个等级分派至相应等候区域，使真正需要急救的病人能"急"起来。急诊诊室设有两个门，一个门通向红、黄区可快速处置危急病人，空闲时分批处理绿区患者。

"全"体现在能够实施心脑血管、蛇伤、创伤等多学科的急危重症救治上，急诊科设有中心 ICU、EICU、NICU、CCU，床位 52 张。

"活"体现在平时与战时结合，急诊具备单体处置能力同时具备群体处置能力。在绿区设置群体事件紧急处置应急区域，周围隔壁安装拥有输氧、吸引等功能设备带，平时处置作为绿区一般急诊病人的候诊。一旦发生突发群伤事件，该区域可实施一次超 30 人的群体救治任务。

"智"，自主开发绿色通道的信息软件、硬件——"e 路迅捷"，将胸痛及卒中心数据共享及绿色通道流程规范管理相结合，形成院前、院内、手术室一体化救治，有效缩短脑卒中患者、胸痛患者、多发伤患者的救治时间，打造真正的"疾"速，减少致残率和死亡率。

广州市中西医结合医院为国家三级甲等中西医结合医院，国家重点中西医结合医院，国家中医住院医师规范化培训基地，国家中药临床药师培训基地，中国胸痛中心，广东省中医名院。在此次疫情中，作为广州市后备定点收治医院，他们虽然没有直面新冠患者，但在疫情防控上展示了公立医院应有的公益担当，助攻同样精彩。

第四节　管理创新　科技赋能

首创过渡观察病房，解决市民急诊住院。

首推公众检测核酸，助力复工复产复学。

2020 年的春节期间，新冠病毒突袭全国，广东省从 1 月 23 日起宣布进入重大突发公共卫生事件一级响应，随着抗疫工作取得阶段性胜利，2020 年 2 月 24 日 9 时起，广东省新冠肺炎疫情防控应急响应级别由一级响应调整为二级响应，广州市中西医结合医院新冠疫情防控指挥部，积极响应政府号召，在做好防护措施的情况下积极推动复工复产工作。

一、为保障花都区市民急诊就医安全，全国首创设立过渡观察病房

随着抗疫工作的推进，至 2 月中下旬，花都区市民经过一个多月的居家隔离抗疫历程后，已积累了相当大的就医需求，既要解决病人的就医问题，又要做好新冠肺炎防控工作，如何平衡好两者之间的关系，这是一个历史新难题！为此广州市中西医结合医院新冠疫情防控指挥部在二月十六日决定，率先在全国推出过渡观察病房。为此医院进行了详细布置。

严格执行当时最新防控指南新冠肺炎诊疗方案第六版，强化预检分诊关，排查关口移到院前，一旦发现疑似病人后立即转至定点收治医院。非急诊病人在排除了新冠诊断流行病学史后，行新冠核酸检测、血常规及肺部 CT 检测结果均阴性的情况下，直接进入对应的专科病房住院治疗。

针对急诊病人，医院给出了详细的指引，分三个层面解决急诊住院难题。

一是每个专科均设立单独的过渡观察病房，以应对急诊病人的就医需求。把急诊病人细分为特别紧急、紧急、亚紧急等三种情况分级处理，做出详细的检测和治疗处理指引。对于无流行病学史、血常规及胸部 CT 检测正常的急诊患者，在新冠病毒核酸检测结果出来前，把病人安排在单间过渡观察病房进行紧急救治，每间过渡观察病房只收治一个病人，核酸检测结果出来前，避免在院内流动检查，待新冠病毒核酸检测结果阴性后方可转入普通病房治疗，既保障了每一位病人的生命安全，又预防其他病人发生院内交叉感染。

二是将原来急诊病房改造成医院的过渡观察病房，分流各专科无法及时收治的病人，等核酸结果出来后再转入各专科。

三是建立核酸急诊检测机制，快速引进设备，急诊病人核酸结果可在一小时内出报告。

此项措施在五月初的国家常态化防控文件中提及，要求各医院应设立过渡病房。我院在实施的两个多月，医院急诊收治量与去年同期相比相差无几，有效保障了花都市民的急诊健康需求。2020 年 1 至 4 月，我院高级卒中中心静脉溶栓技术全省排名第一。

二、社会停转，推进复工复产复学工作迫在眉睫

随着抗疫工作不断取得新成绩，3 月底广州很多地区已由中风险降至低风险级别，但此时新冠病毒已席卷全球，国内防控策略也已及时调整为"外防输入、内防反弹"指引上，全面恢复社会生产生活秩序、积极推动企事业单位和学校复工复产复学成为头等大事，但群体性发病是新冠病毒感染的一大特征，无论对于社会团体还是个人来说，复工和自身安全同样重要，此时复工复产复学工作遇到了新瓶颈。

为积极推进花都区的经济复苏工作，解决社会团体和个人的复工难问题，广州市中西医结合医院新冠疫情防控指挥部领导班子，经充分研究后，慎密布控和及时调整业务场地，在三月初就专门开设了复工复产复学门诊，是区内最早为花都市民和广大外来务工人员提供团体及个人新冠核酸检测服务的公立医院，积极承担起新冠病毒无症状感染者的筛查任务，全力推动花都区各企事业单位和学校的复工复产复学工作，为推动花都区经济复苏写下不可埋没的一笔。

为解决分开六类重点人群、住院病人和复工复产复学人员体检新冠病毒采样点的问题，广州市中西医结合医院新冠疫情防控指挥部，决定把复工复产复学门诊设立在新住院大楼的一楼，重新规划健康人群由医院东侧路线进入医院，避免体检人员与门诊病人混合，从源头上解决人群在医院内聚集的问题，既解决群众的复工复产体检需要，又全力严防院内交叉感染，至今无发生一例新冠病毒院内交叉感染。

2020年5月9日零时起，广东省应急响应级别也降低至三级，目前全国已进入抗疫常态化阶段，广州市中西医结合医院积继续极落实中央应检尽检、愿检尽检的指导精神，至目前为止共为全区市民完成1.5万余人次的新冠核酸检测工作，严格落实各项新冠病人筛查制度，发现疑似病人立即转至定点收治医院，把院感防控关口前移，确保不发生一例疑似及确诊病人收治在院内，做到零漏诊、零走失、零交叉感染，确保花都区市民有一个安全的就医环境。

疫情下，脑病科"一招三步"优化预出院管理，有效提升服务效率

2020年5月

"护士，我的出院办好了没有？""护士，出院手续怎么办理，为什么还不通知我？""护士，我爸爸还没有打完针，我还赶着下午回去上班，这可咋整？""靓女，先给我办理出院，车已经在医院门口等了！""护士，我忘记带押金单了。"

每天早上10点至11点半，脑病科的护士站总是交织着南北口音，或焦虑或急躁或催促，目的均为办理患者出院，催促声、询问声、声声入脑，电脑班的护士总是焦头烂额，双手疾飞，恨不得一目十行，一分钟办理一个出院手续。这就是脑病科上午常见的工作场景。

脑病科的床位使用率很高，长期处于满床状态，而出院患者普遍离院的时间太晚，导致不能及时腾出床位，出现假性满床状态，使门、急诊病人不能及时住院，得到更有益的治疗方案。且患者离院时间太晚，会使新入院患者集中在下午及晚上医护人员人手较少的时候办理住院，大大加重了值班医护人员的工作量，无法保障医疗质量，增加医疗风险。

因此，如何缩短出院患者离院时间，减少门、急诊患者等床位的时间，提高医疗资源使用效率，使更多的脑病患者享受及时专业有效的治疗，是在现有条件下急需解决的问题。在当下疫情防控严格管理的情况下显得尤为重要！

传统的出院模式存在出院手续流程复杂、工作分配不合理、出院指导不到位、出院病历未及时书写、电脑对账时间过晚等问题。为了解决传统出院模式带来的问题，优化工作流程，缩短患者离院等候时间。脑病科陈朝俊主

任会同各区负责人及护士长，组织大家认真讨论，就如何在疫情严控情况下，充分利用既有资源，尽最大可能保证求治患者，尤其是急危重症患者的医疗救治工作。经仔细分析，出院患者离院逗留时间过长，是影响现有条件下资源利用效率低下的重要原因之一，于是对影响出院患者离院时候的各种因素与各个环节进行分析，提出进一步优化现有"预出院"管理流程，采用"一招三步"措施，使出院患者离院逗留时间明显缩短，取得明显效果。一定程度解决"疫情管控下入院难"的问题。

一、优化预约出院措施，提高计划内出院患者人数。出院前一天完成三准备，医生准备预出院计划，出院小结、病情证明、医患沟通等相关资料的准备；护士落实第二天的输液计划及出院宣教；患者准备，包括出院单据，健康知识掌握等。

二、预先给拟出院患者输液治疗。控制出院当天补液量，当班护士根据预出院登记，优先在交班前开始给预出院病人进行静脉补液，缩短护理晨交班时间，内容简明扼要，不影响患者的治疗。

三、预先电脑对账。电脑班护士根据患者住院期间开具的医嘱审核患者住院期间发生的治疗费用、检查费用、药物费用的发生情况，及时与相关科室协调解决记账问题，整理患者出院相关资料，告知患者办理出院的流程。

通过预约出院管理模式的实施，脑病科患者办理出院及离院的时间较前大大提前，根据统计，11点前离院患者比率从24%提升至92%。通过一个措施，实现两个缩短：患者出院等候时间缩短、新收患者等候入院时间缩短；三个提升：患者及医护人员的满意度得到提升、改善医护人员的工作模式及人力资源得到更合理的分配、减少值班医护人员的工作量。

"疫情管控措施必须严格执行，为了履尽天职，我们改变自己！"——脑病科陈朝俊主任如是说！

第五节　打造能打仗打胜仗的优秀队伍

持续提高员工思想认识，引导一线迎战态度积极向好，弘扬正能量，增强战役信心和决心，组建多批应急医疗队和护理应急队，院内多次开展新冠肺炎方面的相关知识及防控要点培训，做好随时投入一线的准备。选派多名业务骨干分别投入到广州白云机场、广州北站、定点隔离酒店的一线疫情防控工作中，不断学习最新的疫情防控指南，动态调整疫情防控措施，持续夯实疫情防控基线。

在旷日持久的疫情攻坚战中，医务人员充分展示了救死扶伤的白求恩精神，他们争先恐后、任劳任怨，他们不辞劳苦、攻坚克难，只为守护着我们这个健康幸福的大家园，在抗疫战场上一次又一次上演了让人动容的感人事迹，他们既普通又不平凡，为我国的抗疫工作写上浓墨重彩的一笔。

临床医疗篇

奔走在防疫前线的 70 后、80 后、90 后

2019 年 12 月以来，湖北省武汉市陆续发现了多例新型冠状病毒感染的肺炎患者，随后疫情逐渐蔓延至其他地区。本该祥和平静的春节背后暗流涌动，广州市中西医结合医院有一群医护人员积极参与医院发热门诊医疗队第一梯队，他们奔走在防疫最前线，他们舍小家顾大家，不分昼夜地与病毒抗争。让我们走进发热门诊，走进过渡病房，走近这些离疫情、病毒最近的 70 后、80 后、90 后。

1. 70 后优秀医务人员事迹

练志明，1975 年生，主任医师，急诊科主任。

身为门诊针灸党支部书记的练志明同志，带领科室成员，主动投身于疫情防控阻击战中，和他的团队始终一起奋战在战斗的最前线。2020年1月21日，他组织开展了新型冠状病毒感染防控的培训，急诊科全体医护人员及清洁工、护工、总务科后勤人员等50余人参加了培训。2020年1月22日，他带领团队在急诊应急处置区开展了"新型冠状病毒感染肺炎"防控应急演练。随着国家制定的诊疗方案和防控方案不断更新，他组织成员及时学习，更新理论知识。同时，在医院党委的领导下，不断完善诊疗流程和设施，及时调整人员排班。

练志明表示，面对严峻的疫情防控形势，作为急诊科负责人，肩上的压力不言而喻，但组织的信任在此，人民的安危在此，我们的团队义不容辞，必须冲在最前面，我们的党员必须做好表率，相信通过大家的齐心协力，我们一定会取得抗疫之战的胜利。

李显雄，1972年出生，急诊科副主任医师。

作为门诊针灸支部的资深老党员，年近五旬的李显雄听到医院党委的动员令后，主动请缨，不惧风险，要求参加发热门诊排班。在诊治过程中，李显雄对来诊患者进行认真规范的诊治，同时给予必要的心理辅导和防控建议。抗疫期间，他始终保持24小时的战斗状态，一方面主动担任节假日期间发热门诊的二线人员，指导并解决下级人员在诊治中遇到的难题，另一方面，积极配合上级部门督导，依据其建议及时落实抗疫相关工作改进措施。

李显雄说，疫情防控集结号已经吹响，医院就是我们的战场，我们要齐心协力奋勇作战，坚信在党中央的正确领导下，疫情一定会尽快过去，人民群众一定会平平安安。

2.80后优秀医务人员事迹

钱娟，1989年出生，急诊医师。

新型冠状病毒肺炎疫情发生后，急诊病区改为过渡病区，作为过渡病区暂时待排查新冠肺炎患者。她始终坚守在过渡病区的工作岗位上，严阵以待。2020年2月上旬，急诊病区收治一位急诊患者核酸检测初筛阳性，钱娟同志立即穿上防护服，近距离地接触患者，为其完善体格检查，再次留取咽拭子检查。当提出能否让同事帮她拍一张工作照时，她婉拒了，理由是没穿防护服的人不能进去隔离病房，穿了防护服又不能拿手机，因防护用品紧缺，大家都想尽可能地把防护服用在最需要的地方。第二天上午，趁着钱娟下夜班的间隙再次与她取得联系，才发现为了避免浪费防护服，她从前一天晚上开始就没吃晚饭、没吃早餐，穿了防护服后就一直待在污染区忙碌。

钱娟很认同新型冠状病毒肺炎上海市医疗救治专家组组长张文宏博士说的一句话，"党员冲在最前线，什么是最前线？现在就是。"于她而言，在发热门诊和临时过渡病区工作，是服从组织的安排，是她工作职责的一部分，任何一个人，如果身处她的岗位，面对同样的情形，也会做出一样的抉择。她觉得自己很平凡，不需要过度宣传。所以在她的朋友圈里，我们看不到豪言壮语，也看不到刻意煽情，但她之前写下的一句自勉的话却让我们泪目："在这里，我从未觉得我是在孤军奋战。虽然要租房子，虽然要交水电费，虽然觉得买房子遥遥无期，虽然会觉得可能大龄剩女这个称呼还会扣在自己身上，但是，为了自己的追求，自己的理想，为了实现自己的价值，为了自我满足感，有一群人和你一起闹，一起上进，一起奋斗，我们一直在路上。"

3. 90 后优秀医务人员事迹

江惠玲，1990 年出生，医师。

2020 年 1 月下旬，接到急诊病区收治了一名疑似新型冠状病毒感染病例的消息后，作为当晚值班医生之一的江惠玲毫不犹豫、冲锋在前，主动担任起该患者的主管医师，认真询问病史，详细查体、落实传染病排查工作，制定诊疗方案，并及时向上级和院感科汇报相关情况。然而患者因害怕自己一旦确诊就要被隔离，内心产生极大恐惧和不安，不愿意配合治疗和抽血、采样检查等。江惠玲动之以情、晓之以理，全程不断给予患者积极的心理安慰和辅导，最终患者在其耐心地讲解和劝说下答应配合治疗。第二天，按规定需对该患者留取咽拭子标本送检，江惠玲在连续工作 26 小时的情况下，仍扛住疲惫，坚持亲自为患者取样，最终在区疾控人员的指导下成功留取标本。在整个诊治过程中，她不忘初心，牢记党员医务工作者的使命，既治病又疗心，充分发挥了党员的先锋模范作用。

江惠玲说，这场战役是守初心、担使命的重要考场，身为年轻党员，我们更要冲锋在前，用实际行动守护好人民群众的健康。

陈爽，1990 年出生，急诊科中医师。

在广州市中西医结合医院部署发热门诊的相关工作时，陈爽还处于哺乳期，作为门诊针灸党支部的一员，她主动放弃休假，不惧风险，要求参与发热门诊的排班。科主任很犹豫，虽然陈爽是党员，平日工作积极，不怕苦不怕累，但这次发热门诊的排班任务比较重，可能会存在被隔离的风险，加上又处于哺乳期，家里的宝宝还太小。她却说："没有国家何来小家，身为共产党员，就是国家的一块砖，哪里需要哪里搬，在这来势汹汹的抗疫之战里，我一定会全力以赴地坚守在抗疫第一线。"

当所有人都密切关注着新型冠状病毒感染肺炎疫情的持续发酵，不断刷新着确诊病例和疑似病例数据的时刻变动时，我们也一直惦记着这一群不顾个人安危，冲在最前面的战士们。他们护目镜后的疲惫，面罩里的伤痕，口罩下的关切，为这个寒冷的冬天带来了一丝暖意，为这座城市平添了一份温情。为什么花儿这样红？因为无数共产党员的青春热血滋养了它，是无数医务人员的血肉之躯守护着它，是广大人民群众的众志成城捍卫着它。让我们向每一位奋战在抗疫战线，坚守工作岗位的人致敬，向每一位服从统一安排，阻断了疫情传染的人致敬！花都有你、有我、有我们每一个人的努力，一定能度过这个漫长的冬天，迎来春暖花开。

疫情就是命令——记急诊呼吸科故事

2019 年 12 月以来，湖北省武汉市持续开展流感及相关疾病监测，发现多起病毒性肺炎病例，均诊断为病毒性肺炎 / 肺部感染。新型肺炎存在人传人现象。国家卫生健康委决定将新型冠状病毒感染的肺炎纳入法定传染病乙类管理，采取甲类传染病的预防、控制措施。2020 年 1 月 20 日，习近平总书记对新型冠状病毒感染的肺炎疫情做出重要指示，强调要把人民群众生命安全和身体健康放在第一位，坚决遏制疫情蔓延势头。医院领导于 1 月 21 日现场办公，立即召集各个职能科室和呼吸科，成立急诊应急医疗队，分流呼吸科门诊发热的呼吸病患者，避免交叉感染。通过短暂的交流，门诊部郭雄图主任和呼吸科邱峻主任确定由呼吸门诊吴恩亭、田应平及张树涌三位高年资医师承担主要任务。任务下达后第二天他们就轮流上岗，几乎没有任何的动员讲话。到目前为止，组建急诊呼吸科已经将近 10 天，接诊人次达到 200 多人次，运作井然有序。由于防疫初期物资的缺乏，他们只是穿了简单的防护装备就上了"战场"，但各个医生都在坚守自己的岗位。

吴恩亭医生是中西医结合副主任医师，有近 30 年的临床经验。对咳喘病中医药颇有研究，致力于用中药调理呼吸道疾病，受到广大群众的一致好评。自跨入医学之门以来，一直很热爱本职工作。竭其心智、穷其心力地为人民服务且不计得失。在工作中，从来没有去计较过付出过多少，只是心无旁骛地把精力和智慧都用到医学治病救人之中，做到了不与他人争、只与自己比，一丝不苟地做好了治病救人的工作。在平凡的工作中匍匐前行，却又在平凡中创造了不平凡。此次抗击"新冠病毒肺炎"中，他作为一名老党员，主动申请参加抗疫一线工作，舍小家而为大家。面对发热患者，义无反顾地为他们诊治病情。运用中医整体观，在辨证论治的基础上调方遣药，体现中医专业素养的同时注重祛邪和胃辟秽化浊，为患者康复奠定了一定基础。在此次疫情后的诊疗过程中，他在病人配下合的前提基础，采用除口罩……——闭气——伸舌——戴上口罩中医望舌流程，减低了潜在新型冠状病毒飞沫传播风险。为群众、病人谋福利，谋健康而尽力。牢记吴又可《温疫论》所言："夫温疫之为病，非风、非寒、非暑、非湿，乃天地间别有一种异气所感……盖祖五运六气，百病皆原于风、寒、暑、湿、燥、火，是无出此六气为病。实不知杂气为病，更多于六气为病者百倍，不知六气有限，现下可测，杂气无穷，茫然不可测也。专务六气，不言杂气，焉能包括天下之病欤。"他希望可以利用好中医的优势，在抗击新冠病毒肺炎中贡献自己的一分力量。

田应平主任今年已经 51 岁了，有着十分丰富的临床经验。17 年前"非典"时期，她就参加了武汉当地医院发热门诊抗击非典的工作。2009 年在汕尾逸挥医院传染科病房的她，也主动参加抗击 H7N9，对呼吸道传染病一直保持高度敏感性。在 1 月 19 号确定有大爆发风险时，主动与科主任沟通，建议将发热病人与普通病人分开诊治，并且规定医生必须做好个人防护减少传染风险。田主任是湖北人，每年春节都会回老家过年，但是她知道新冠病毒传

田应平（前排左三）抗击非典时的照片

染性十分强，春节前及时做出了不回湖北老家的决定，因此也没有被隔离，而是在家养精蓄锐，随时待命，准备参加这一次抗击新型冠状病毒肺炎的战斗。现在院方决定让她重回一线抗击病毒，她作为呼吸科医生，做到了绝对服从医院安排，非常积极地投入到一线抗疫工作，并随时听候医院调遣。我院医生应该以田主任为榜样，主动在网上学习新冠状病毒肺炎的防控知识，并应用于临床试验，加强中医的学习，在抗击病毒的战斗中为医院、为社会、为祖国贡献自己的力量。我们医院的老中医都应在诊治过程中发挥中医药优势，帮助祖国度过这次的病毒难关。

张树涌医生，是广州市中西医结合医院呼吸科的骨干力量，去年刚刚评为副主任医师。平时临床工作中非常踏实，注重医患沟通，具有团队协作精神，得到了众多患者和上级领导的好评。由于呼吸科住院部刚成立不久，还有外出进修和扶贫的医生，科室人手不足。然而还需长期兼顾住院部及门诊部双重工作，敬业爱岗，无私奉献。面对这次新型病毒肺炎严峻形势，他义无反顾地响应医院领导号召，积极参加一线抗疫工作，深感作为一名党员及呼吸专科医师，更要勇于战斗在医院抗疫最前线，在医院最需要的时候发光发热。张树涌医生家里上有老，下有小，但他的工作得到家人的支持和理解。

抗击新冠肺炎，消化人在行动

突如其来的新冠肺炎疫情按下了 2020 年春节的暂停键，人们不再走亲访友，而是蜗居在家。疫情就是命令，医院就是战场，医务人员就是冲锋陷阵的战士。我们消化人在院领导统一部署及邱李华主任的带领下有条不紊地坚守工作前线，以实际行动抗击这场没有硝烟的战争。

一、坚守岗位，恪尽职守

新冠肺炎隐匿、潜伏期长，传染性强，除呼吸道飞沫传播外，消化道是重要的传播途径之一。而正值春节，又是消化系统疾病的高发期，如急性胃肠炎、急性胰腺炎、急性消化道出血等等。为了解决民众的"节日病"，同时又要防控疫情蔓延，邱李华主任，一名老党员，经历过 2003 年"非典"，对呼吸道传染病有深度的认知，他迅速组织全科开展新冠肺炎的培训，制定科室相关应急预案，暂停普通胃肠镜检查，同时带领科室员工穿着的隔离衣，坚持消化门诊工作，开展急诊胃肠镜服务，确保消化系统的急症患者得到最及时的诊治。

二、阻断传播，严防死守

为了增强消化科人员对新冠肺的防控能力及自我保护意识，定期开展医护防护培训，制定内镜室防控应对措施，设立急诊内镜操作专用间，每一例操作后，严格进行操作间清洗消毒，并且要求在门诊工作、内镜诊疗过程中，做好个人防护，保障患者健康与安全，诊疗结束后对诊疗场所及设备进行终末消毒。

三、最美逆行，为爱前行

特殊时期，消化科派出曾银枝护士支援发热门诊，并增援广州北站预检分诊，初筛疑似病例，尽早识别病源，以便做到早识别、早诊断、早治疗、早隔离。虽然病毒会通过呼吸道飞沫传播，我们仍然坚信中医中药有其特色优势，在做好自我保护的前提下察舌诊脉，辨证施治，调养脾胃，古人云脾胃内伤，百病由生，脾胃为后天之本，提高机体免疫力，正气存内，邪不可干。

疫情当前，我们定当上下一心，众志成城，坚守岗位，守护百姓，抱着必胜的决心，坚决打赢防控疫情阻击战。

"临危不惧，工作不乱"

一、新型冠状病毒感染肺炎疫情下的脑病科

2020年1月23日凌晨，武汉市新冠肺炎疫情防控指挥部宣布武汉进入封城，广东省启动重大突发公共卫生事件一级响应。

在这场没有硝烟的人民战争中，医院是这场战役中最为激烈的前线。广州市中西医结合医院在院党委及领导班子领导下，积极部署各部门积极开展防疫工作，为了维护人民的生命健康，落实四早：早发现、早诊断、早隔离、早治疗。脑病科虽然不是最直接的抗疫科室，但在这场举全国之力的抗疫战中，积极响应国家号召，扎实推进医院的各项防疫情工作外，稳步做好脑病科疫情期各项诊疗工作。

疫情期间的发热门诊和呼吸专科门诊，是重点防控部门和环节，工作具有高强度、高压力、高风险的特性。2月1日，为做好抗疫持久战，医院党委牵头组织第二支应急医疗队，脑病科的刘天福和刘媛副主任医师，主动请缨参加应急医疗队。其实此时脑病科也面对人员紧张的情况，抽调人员将会导

致病区值班医生更少，将面对由四人轮值变为三人轮值的困难，增加了其他医生的工作量和减少了休息时间。但面对如此严峻的疫情，陈朝俊主任表示举国一盘棋，科室的其他医生也表示以疫情控制、维护人民健康为首要职责，团结克服科内工作困难，以支援一线抗疫任务为先的高尚情怀。

在经过紧张严密的培训后，2月1日刘天福和刘媛正式参与发热门诊和急诊呼吸专科的抗疫工作，此时已是武汉封城第十天，全国新冠肺炎确诊人数在持续增加，发热患者在不断增加，情况相当严峻。刘天福说："此时更要特别提高警惕，要根据患者的流行病学史、现病史、症状、体征、肺部X片或肺部CT影像，新型冠状病毒核酸检测等，甄别出是否为新冠肺炎疑似患者，落实'四早'防控措施。对有一些刻意隐瞒流行病学史及部分新冠肺炎患者早期仅以轻微乏力、腹泻为表现的，更不能掉以轻心，一旦发现疑似病人立即转至定点收治医院。"

全副武装的刘天福，正在发热门诊当值，随时有可能接触新肺炎病人，面对有被传染的高风险，他最担心的是家中有年迈的母亲以及刚上幼儿园的孩子，并且妻子也在临床一线上夜班，但是他把这些家庭责任都深深埋在心中，作为一名白衣战士，无怨无悔地冲在抗疫最前线。

刘媛副主任医师在2003年非典疫情期间就已经奋战在本院呼吸内科临床一线，当时肺炎患者多、值班人员少，工作压力繁重，刘媛的父亲一直很担心她遇到传染性强的疾病。这一次新冠病毒肺炎疫情，刘媛决定向父亲隐瞒了自己去发热门诊工作的事情，主要是害怕年迈的高血压病父亲因担心自己安危而发生意外。

在发热门诊的工作中，一些患者因为对疫情的恐惧而表现得过度恐慌，刘媛总是耐心地向患者讲解新冠肺炎的临床症状和诊断要点，帮他们排除新冠肺炎的诊断，安抚患者的情绪及心理。所以刘媛也经常遇到患者及家属动情地表达对医生工作的辛苦和关怀，叮嘱她注意防护，让刘媛感到患者与医生在这艰难的抗疫期间，架起了一座互相关怀的桥梁。

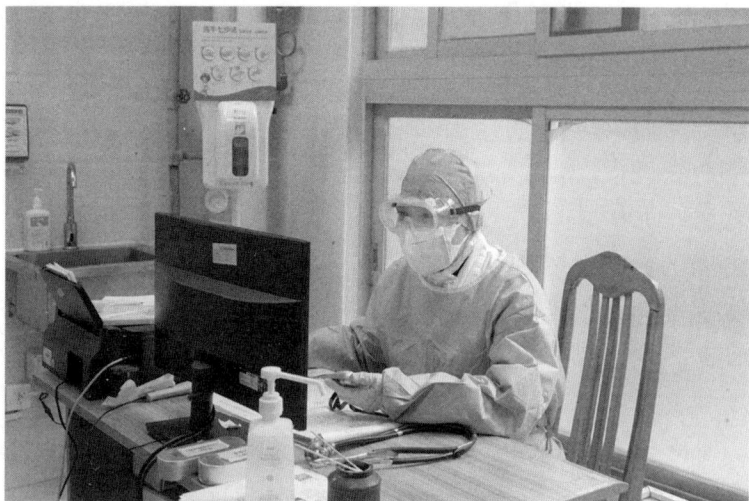

刘媛副主任医师在发热门诊

二、扎实推进抗疫工作的前提下，坚守率中治疗战线

在新冠肺炎防疫期间，恰逢年关也是中风病人增多的时候，脑病科在严格落实疑似病例排查制度下，从未发生推诿及延误患者诊疗的问题。在疫情高峰阶段，收治了两位年轻女性，她们看似常见的临床症状表现，却实则暗潮汹涌，如有诊断不清导致延误治疗，就会导致患者病情加重，甚至危及生命。

病案一：一位突发晕厥的女性来诊，她烦躁并呼之不应，无肢体抽搐及呕吐，持续约数分钟后可自行缓解，但不久后又再次发作。脑病科值班的郑友康医生赶去急会诊，排除新冠病史后将患者收入住院治疗。该患者入院前几日只是稍有头痛不适，结婚数年未育，均在广州上级医院检查治疗，但未再有其他病史。入院后行头颅 CT 未见明显异常。肝功：ALT190U/L，AST233U/L。初步西医诊断：1. 晕厥查因 2. 肝功能异常查因。

晕厥是常见的临床症状，可由多种原因导致。究竟是什么疾病呢？这个问题就连脑病科经验丰富的陈朝俊教授也倍觉困扰，患者是肾病综合征吗？或是 MELAS 线粒体脑病？还是病毒性脑炎？

家属对病情十分焦虑，也表示不理解，觉得她只是突发晕厥入院，竟然发现多系统功能受损的病情。陈朝俊教授和杨沛群主任立即组织科疑难病例讨论，大家各抒己见，经过激烈思想火花碰撞，大家一致认为应考虑为红斑狼疮！患者为年轻女性，虽然没有明显的免疫系统受损表现，但自

身免疫性疾病却往往是隐匿在众多普通症状之下的，红斑狼疮作为一种常

见的多系统、多器官受累的自身免疫性疾病，形式多样，急缓轻重不一，病情错综复杂，早期可仅侵犯单个系统或器官，缺乏可确诊的特征性，只可通过相关检查，如出现红斑狼疮四项指征阳性以上即可确诊。患者诊断明确，马上转专科治疗。

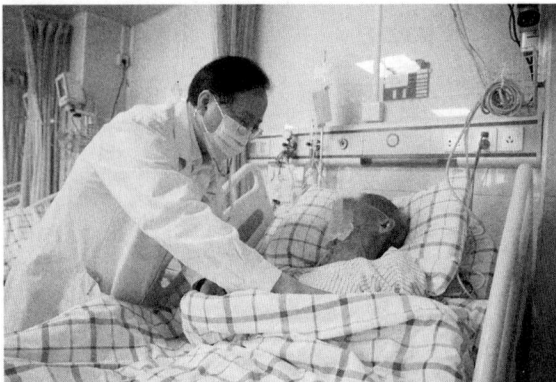

脑病科主任陈朝俊教授查房中

病案二：一名年轻女性患者因"肢体抽搐2月，再发9小时"来院就诊，排除新冠病史后收入脑病科。患者2月前曾因突发意识不清、四肢抽搐在广州医科大学第二附属医院就诊，诊断为癫痫。服用抗癫痫药物治疗，但病情控制不佳。此次入院患者呈全面癫痫持续状态，入院后予安定泵后患者四肢抽搐缓解。但随着患者癫痫病情控制，却发现患者出现了新的症状——认知障碍，伴随记忆力减退、反应迟钝及言语障碍等，与一般癫痫病情发作控制后恢复如常人的表现不同，说明患者必定有其他的病因根源没有发现，需尽快溯源。但头部ＭＲＩ、胸部ＣＴ平扫、消化系统及泌尿生殖系统Ｂ超检查等均未发现病因。为了尽快明确患者诊断，脑病二区胡建芳主任马上组织了疑难病例讨论。

癫痫作为一个古老的疾病，可有众多的病因引起，最常见脑实质病变或感染等。胡主任详细分析患者的检查结果，发现患者脑电图存在弥漫性慢波，尤以额区明显！"肯定存在脑功能受损。"胡主任确定地说。于是立即安排完善脑脊液常规及自身免疫性脑炎等相关排检。

自身免疫性脑炎是近年来临床上发现的一组以癫痫发作、精神行为异常和认知功能减退为特点的疾病，指一大类由自身免疫反应引起的中枢神经系统炎性疾病，如果失治、误治或治疗不当都会演变为重症，甚至有生命危险。

果然患者脑脊液检查结果提示：抗NMDAR抗体阳性，可确诊抗NMDAR脑炎。胡建芳主任指示：立即进行激素和球蛋白冲击治疗。患者经过规范的治疗后，认知障碍、记忆力减退、反应迟钝及言语障碍病情基本缓解出院，回家前患

者父亲紧紧握着胡主任的双手，眼眶红润地说："十分感谢、十分感谢！在广州经过几间三甲医院都没有发现病因，您帮我的孩子找到，能够让她在这么短的时间康复出院，恢复正常生活，您真是她的再生父母啊！"

在疫情之下，还有众多医务人员跟脑病科的医护一样逆风前行，我们坚信疫情一定会很快结束，梅花香自苦寒来，我们祖国大好河山仍旧一片昌明！

疫病无情　针灸有爱

中医是劳动人民在长期生产、生活实践中逐步积累和创造的，无论在人体结构、生理病理、诊法、辨证、治则、治法等基础理论方面，还是临床诊治等领域都有丰富的知识积累，张仲景《伤寒论》、吴鞠通的《温病条辨》等都是针对瘟疫和疑难杂症的著作，而中医在此次疫情中所发挥的重要作用，世人皆已有目共睹。

在徐丽华主任的带领下，广州市中西医结合医院针灸康复科二区一直保持与基层医院的沟通和帮扶，坚持以中医中药针灸为主，2020年1月至2月期间，共派出18人次的主治医师以上级别的科室骨干成员，通过开展专家门诊坐诊、病房查房、科室带教、现场示范等形式，结合基层医院自身优缺点及当地患者的特点，为基层医院"私人定制"结合中医药的预防疫情的措施，现场示范、指导社区卫生院工作人员如何规范、有效地在诊室、治疗室、病房、办公室等场所进行艾条、苍术等中药燃熏以助杀灭疫病，坚持为基层病患看诊及针灸治疗，同时加强基层医院医务人员的中医培训，进行"灸法在临床中的应用"的授课及操作示范，提高基层人员在针灸方面的技术水平，增强基层医师对中医治病的信心。

此次疫情期间，针灸康复科二区坚持下沉到基层医院的帮扶工作，提高基层群众对中医的认可及信心。面对今天的重大疫情，针灸团队坚持弘扬先人的智慧，重视和正视中医在防治此类传染病的价值和作用。

抗击疫情产科在行动

春节对于大多数中国的老百姓来说是一年中最期盼的时刻，期盼和家人的团聚，期盼欣赏各种民俗，期盼品尝各种中国的传统美食。然而2020年给了所以中国人一个最难忘的春节。一个陌生而又熟悉的词——新型冠状病毒肺炎。让我们再次想起 2003 年的非典，突如其来的新冠冲击了整个春节假期，尤其是医务人员，在疫情面前，医护人员面对的是没有硝烟的战场，面对的是死亡和危险。"所有热烈的生命都在向死而生"，此时此刻在医护人员身上体现得淋漓尽致——他们将自己活成责任的行使者，活成"无所畏惧"的逆行者，他们要做的便是挽留住一个个向死的生命，除此无它。

广州市中西医结合医院高度重视疫情防控工作，为做好新型冠状病毒感染的肺炎的防控，产科召开防控工作部署会，门诊及产房、爱婴区均采取行动，调派熟悉人员做好春节期间值班，配齐口罩、消毒防护用品和体温检测仪，专人负责，熟悉流程，必要时需经发热门诊分诊。

进行科室全院动员，全面防控，通过钉钉及微信群等向科室成员传达新的防治方案及救治流程。在孕妇的微信群中宣传产检的方案及就诊的流程及防治方法。严格执行发热病人接诊、筛查流程，加强发热病人预检分诊登记，落实报告制度。根据国家、省卫健委的部署，医院参照《新型冠状病毒感染的肺炎诊疗方案》《新型冠状病毒实验室生物安全指南》等对科室医务人员进行强化人员培训和应急演练。

原本认为离疫情最远的是产科，但事实证明产科是门诊就诊人数较多的科室，但分娩不能因为疫情而推迟。

这天产科医生就接诊了孕妇王某，她来自湖北黄冈的一个县城，众所周知，黄冈的疫情严重，因其中一位重症的孕产妇不幸死亡给她造成了心理阴影，原本打算在老家分娩的她，在 2020 年 1 月 22 日就匆匆返回广州分娩。孕妇来院产检时，已是她返回广州后的第 9 天，目前暂无明显症状。产科团队根据孕妇的情况进行流行病学调查后安排了适当的检查，在产检的过程中注意其他孕妇的隔离及医务人员的防护，考虑到孕妇已经怀孕 37 周，瘢痕子宫需要在接近 39 周进行剖宫产术。了解情况后，产科乾俊主任跟孕妇及家属耐心沟通，建议回家继续隔离至满 14 天后再进行剖宫产术，隔离期间通过电话及微信联系医务人员，指导进行胎儿及孕妇的自我监护，必要时来院复诊，指导如遇到紧急情况如何处理。

另接诊一孕妇邓某，她是花都区本地人，姐姐家中有从神农架返回的亲戚，姐姐和孕妇有过接触，孕妇已经 38 周计划行剖宫产术，但是距离隔离期满还有 5 天，产科韩俊主任经过检查后，确定孕妇目前情况稳定，可以将分娩定在 5 天后，孕妇及家属接受建议，在家中自我隔离 5 天后再入院手术。

类似的情况还有很多，在接诊的过程中不仅要保证孕产妇及胎儿的安全，同时也要避免疫情的传播，做好防护工作，这些都要凝聚产科全体医护人员的责任心，奉献精神及爱岗敬业的无私品格，抗击疫情我们在行动，我们一定要在这场无硝烟的战争中取得胜利！

血透室的逆行者

春节时期，新型冠状病毒侵袭，不少医院纷纷停诊、减少住院患者，并呼吁患者，尽可能减少到医院就诊，减少人群聚集和感染的概率。但尿毒症患者作为一个特殊的群体，血液透析是他们赖以维持生命的重要治疗方式。他们免疫力低下、抵抗力差，受感染概率较高，但又不得不定期到医院进行透析以维持生命。

面对新冠肺炎疫情，很多患者担心：血液透析中心会不会停止透析？来医院进行血透会不会被感染？

广州市中西医结合医院肾内科就此给出的答案是：不！

因为有一群特殊"逆行者"，他们用另外一种方式在抗疫，他们就是血透室的医护人员。因为透析时都是一大群抵抗力特别低下的人群聚集在一起，一旦排查不严谨，发生院内交叉感染，后果将不堪设想，所以自2020年1月疫情初期起，肾内科所有医护人员就放弃了休假的机会，在马振主任和刘淑军护长的组织下，就此次疫情中如何做好透析患者的分诊、接诊、医护人员日常防护、透析间每日消毒隔离等问题进行了讨论。

首先，严格监控工作人员体温。所有工作人员包括医生、护士、工勤人员，每日测量体温2次以上，定时上报体温情况，如发现异常体温将及时予以干预，对于有疫区旅居史者和接触史者的工作人员，则安排居家隔离休息。考虑到疫情的严重性和长期性，对医护人员进行合理排班，既保证医疗工作安全进行，又避免医护人员过度劳累，增加感染风险。

其次，透析前，所有患者进门排队时，安排专人在门口对就诊患者进行检测体温，避免发热患者进入透析室。对于有外出史而无疫区旅居史和接触史患者给予血常规、胸部CT、核酸等系统筛查，将隐患风险降到最低。如遇发热患者，立即启动应急预案，由专职医生将患者护送至发热门诊，由发热门诊完善相关检查并分诊治疗。透析结束后，加强环境消毒，透析间经常开窗通风，增加空气消毒次数及紫外线消毒，透析过程中不允许家属随意探视，一批患者透析结束后，保证至少开窗通风 30 分钟，同时安排保洁员对地面使用含氯消毒液进行消毒。

最后，加强对患者及家属进行新冠肺炎防控知识宣教及自我防护教育：包括正确佩戴、摘取口罩及手部卫生等，保证患者及家属正确的做好相关防护措施，避免自身感染。

通过医务人员细心排查，发现两位外地（非湖北和温州疫区）返回患者，经过新冠肺炎核酸及肺部 CT、血常规检查，排除新冠肺炎。一位发热患者，肺部 CT 为炎性改变，但核酸阴性，血常规白细胞升高，考虑肺部细菌性炎症，给予抗菌消炎治疗后症状消失。

疫情无情人有情！无论是阳光风雨，抑或新冠肺炎疫情，血液透析中心的医护人员始终坚守岗位，因为透析是血液透析患者的重要的生命保证，而医护人员则是疫情中的逆行者。在广州市中西医结合医院肾内科所有人员的共同努力下，至今血透室取得医护人员零感染和患者零感染的成绩。

口腔中心抗疫报道——停诊？这是对市民口腔颌面健康的守护！

根据当前新型冠状病毒感染的肺炎疫情防控形势，全国多地卫生健康委就疫情期间当地口腔医疗机构诊疗事宜发布通告，要求暂停口腔门诊治疗！2020 年 1 月 31 日，广东省卫健委发出相关文件，广州市中西医结合医院按文件指示精神对口腔门急诊做出调整。

2003 年非典，很多医疗机构口腔科一直开诊，那时口腔科没有隔离衣，口腔科也没发生医患之间交叉感染的情况。按照中华口腔医学会岳林秘书长的介绍，2003 年 SARS 期间北大口腔医院也坚持开诊。

那么，为什么要停诊？

首先从传播特点上来看，新型冠状病毒感染患者早期体温不高或正常，轻症病例较多，从观察情况来看，病毒潜伏期在 10 天左右（最短 1 天，最长 14 天），潜伏期已具有传染性（这与 SARS 有很大不同）。

其次口腔医师的主要工具是高速涡轮机，治疗过程中会产生大量水雾飞沫气溶胶，医、护、患、陪同家属处在这样的环境，这就意味着若有潜伏期患者在不知情的情况下就诊，气溶胶中的病毒颗粒会增加所有人感染的风险，易导致疫情蔓延。

那么，在这样的特殊环境情况下，如果一个普通患者牙疼，彻夜难眠，或者由于外伤面部一个大口子出血不止、牙齿也松了，要不要看牙、看面部外伤呢？对于任何口腔急症，如口腔颌面部外伤骨折、口腔间隙感染、牙髓炎、根尖周炎急性发作、冠周炎急性期、颞下颌关节脱位等，不能任凭出血、感染发展吧？不能任其疼到拿头撞墙吧？不能关节脱位下巴掉了不闭嘴吧？

所以，口腔急诊病人还是要看！

那么怎样在疫情发生时期，安全看牙、看颌面外伤？

对此，口腔中心邵军主任心急如焚：因年前返回湖北十堰老家探望年迈老人，至今滞留湖北居家隔离，无法返穗，面对重大疫情，科室如何做好院感防控、如何做好诊疗安排，邵军主任通过网络紧急召开钉钉会议、在科室微信群部署相关事项，对科室工作做出指示：疫情面前，一定要遵从国家指示，医院安排，坚决做好院感防护工作，服务市民于一线，作为花都区唯一一家实施 24 小时口腔急症救治中心，普通门诊停诊！口腔急危重症的救治严格按照疫情防控指南执行！

疫情面前，口腔中心医务人员众志成城、上下一心。2020 年 1 月 27 日，科室迅速开展《抗击"新冠"院感防护及个人防护培训》，制定了《广州市中西医结合医院口腔诊疗工作中新型冠状病毒防控要点》《口腔科"新冠时期"分诊流程指引》；2 月 1 日，迅速发出暂停口腔普通门诊公告；2 月 2 日，迅速开通口腔疾病免费线上咨询服务通道，每天安排工作人员 24 小时值守一线，完成口腔急重症的门诊诊疗工作及线上咨询服务工作。同时响应医院号召，抽调四名护士支援抗疫一线；除急诊值班人员外，口腔中心全体医技人员听从医院调遣，随时准备奋战一线。

优化分诊流程，加强患者管理。设立总分诊台，患者进入诊室之前先测温和初步分诊，对疑似病例做好发热门诊的指引工作。保证在通风良好的诊室诊治患者。凡是进入病人口腔内的水气枪头均采取一人一用一更换，各种物体表面使用消毒湿巾或 1000mg/l 含氯制剂擦拭消毒。治疗前再次确认患者的全身状况，排查新型冠状病毒临床特征及接触史。局部治疗前患者漱口，治疗过程中完全不使用高速涡轮、洁牙机头，使用橡皮障。治疗结束，立即更换综合治疗台防护套（膜），请患者立即离开诊室，尽量减少患者家属及陪护。

设立总分诊台、回答患者电话咨询

在抗疫期间，口腔科涌现出一批冲锋在前的党员积极分子。

老党员吴昌敬：春节期间在医院值守二线，疫情发生后更是每天在科室值守，代主任参加医院各项紧急会议，传达上级指示精神，实施科室诊疗安排，一线救治患者，增强大家的信心。

护士长林英梅：安顿好一双年幼的儿女，给科室紧急配套体温计、护目镜、医用外科口罩、快速手消毒液等防控物资，确保科室"空气净化设备"正常运转，严格按照 2016 年国家卫计委颁布强制性卫生行业标准 WS506《口腔器械消毒灭菌技术操作规范》，送医院消毒中心集中器械消毒，开展相关防护培训，确保患者和医务人员诊疗安全。

年轻党员黄春煌：出诊期间遇到一位老大爷假牙牙冠松脱，无法吃饭，他按照要求坚决不使用高速涡轮机去除冠内黏接剂，改用手用针挫去除，最大程度地保护了患者安全，帮老爷爷戴回牙套，老人家才又有牙齿吃饭。

姚钟雄主治医师：临近下班时间，紧急救治面部受到严重外伤的小朋友，患儿小配合度差，姚医生技法熟练，态度轻柔；年轻护士陈洁丽，几乎是半跪着帮助束缚住孩子的头部，配合医生手术，仅用 20 分钟就完成了一例漂亮的面部美容缝合术，并指导患者到皮肤美容科进行后续的抗疤痕治疗。

负责教学工作的党员贾晓威医生：通过微信平台对留滞在家的 29 名实习生进行健康排查和心理安抚工作，传达疫情相关文件，鼓励学生们战胜疫情的信心，并提供网络教学资源指导学生们进行口腔临床知识的学习。

远在外地进修的甄恩明医生，主动请示："我是共产党员，只要科室有需要，可以随时返回，支援一线！"

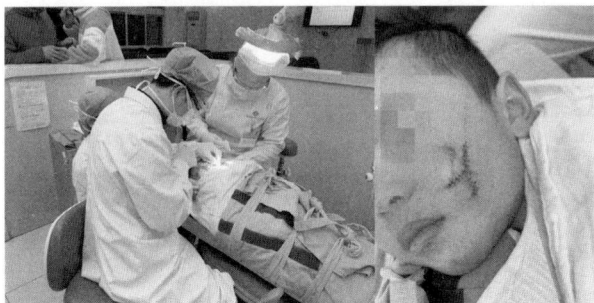

护士半跪着协助医生完成幼儿面部美容缝合术

实干兴邦！虽然不在疫情最前线，但广州市中西医结合医院口腔人仍在工作岗位上做好本职工作，守护市民口腔颌面健康。若有战，召必回！若有战，战必胜！

抗击疫情　我与祖国同进退！

今年的春节，注定是一个不平静的节日，也注定是一个令世人难以忘怀的日子。

2020年1月，新型冠状病毒肺炎疫情肆虐神州大地，人民群众的健康受到严重威胁，祖国山河在呜咽；1月23日，广东省启动了"重大突发公共卫生事件一级响应"。广州市中西医结合医院党委立即启动应急预案，组织了一支支应急支援医疗队，支援急诊呼吸科门诊和发热门诊，并加强疫情防控的技术力量。考虑到疫情的复杂性以及诸多不可预知性，医院党委组建这支应急医疗队伍，优先选择高学历、高职称的内科系统优秀医生进入医疗队伍，保证能做到"若有战、召必回、战必胜"。肿瘤科医师们全员积极报名，最终钟灼同志入选其中。

作为国家重点肿瘤专科的医疗骨干，钟灼同志能熟练处理肿瘤专科医疗难题，在面对繁忙的临床医疗、手术和科研工作时候，能高效率完成工作。但面对本次疫情的不可预知性，他心里难免会有忐忑；一名优秀医生应该具备的职业素养告诉他，医生的职责就是为人民群众解除病痛、排忧解难，医生的职责就是当面对疫情的疯狂，就算所有人都选择逃避，医者应做挺身向前的"逆行者"，当守护人民群众健康的坚强后盾，钟灼同志毅然选择向前行。

疫情防控任务一直都是紧急和争分夺秒的存在，当天下午接到通知，钟灼同志快速接受疫情防控的相关培训后，次日便奔赴"战场"。疫情防控工作不仅是医院的工作重心，也是国家大事，容不得半点马虎，必须要打起十二分精神将它无条件做好。要想做好防控，首先要做到的是对新冠病毒肺炎防控知识的详尽了解。

系统化的专业知识是疫情防控的前提，也为抗击疫情提供了强有力的保障。作为肿瘤专科医生，虽接受了抗疫前的培训，但钟灼同志仍然自觉知识不够，抗疫工作又很繁忙，于是他便利用抗疫间隙时间自学新冠肺炎最新知识，紧跟国家出台的最新诊疗指南，熟读目前相

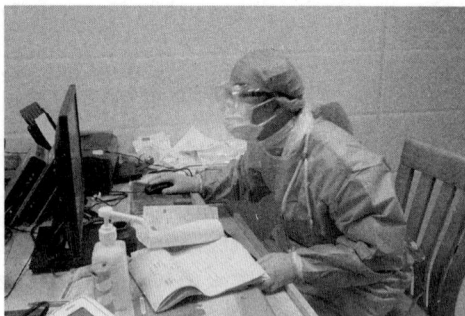

钟灼在发热门诊工作中

关研究的最新文献，并对指南当中的诊治重点掌握做到胸有成竹、融会贯通，遵照国家新冠病毒肺炎防治要求参与疫情的防控。

然后是疫情防控的具体措施落实。作为支援呼吸科门诊和发热门诊一线防控医师，其面对来诊患者均是高危人群；除了发热、咳嗽以外，新冠病毒肺炎患者临床表现还有多种多样，比如腹泻、腹胀、乏力等不典型症状，所以防控的工作是复杂而严峻的。如何做到既能有效防控、不漏过一例疑似患者，又能够使得病毒阴性患者得到有效的治疗呢？这是钟灼日常防疫工作中首要思考的问题，本着对工作高度负责的态度，钟灼给自己制定了程序化的防控工作流程，在遵照医院党委防控小组要求的基础之上再细化防控细节，对每一个接诊的患者，除了细致的查体外，均反复详细询问流行病史、疫区接触史、新冠或疑似新冠肺炎患者接触史等，避免疏漏，所有疑似病例，完善病毒核酸检测及胸部 CT 筛查后，均立即组织医院新冠肺炎防控专家组会诊、上报医院防控负责部门，配合相关部门采取隔离治疗、定点外送工作的开展。

已知新冠病毒肺炎传染性较强，在一线疫情防控工作当中，需要近距离接触大量疑似患者，个人的防控尤其重要，钟灼深知，医护自身的有效防控，是整个防控体系中最重要的一环，因为只有医护的健康和良性循环，才能更有力地保障疫情防控工作的可持续性开展和高效完成。所以他在整个疫情防控过程中自始至终均严格要求自己，处处做到规范化的防护。一线防控人员在接诊患者过程中需要穿上整套的防护物品，但每一次的脱戴都会耗费较大的工夫，尤其是上厕所，颇为不便且耗时，特别是遇到较多患者排队等待就诊的时候，每耽误一分钟都可能会带来多一分的延误治疗和疫情扩散的风险，为了节省临床工作的时间、提高疫情防控的效率，钟灼上班前尽量少喝水甚

至不喝水，这样就可以在工作忙碌时减少如厕的频次，提高了防控工作效率，往往一天工作下来，口干舌燥是经常，但能在国家需要的时候尽自己的微薄之力，他的内心是幸福和满足的。

面对疫情，钟灼同志从春节至今，每天仍然忙碌在临床第一线，忘我地工作；面对家庭，他已经有一月多没有回家，只是通过视频与家人简单问候和报平安，用行动诠释了一名白衣天使为人民服务的高贵品行，他说"时刻报效国家，才是爱祖国"，他的爱国之心，与祖国同在。

护理篇

新型冠状病毒肺炎袭来，全国医护人员纷纷勇战一线，为家人、为社会送去安康。广州市中西医结合医院护理团队在疫情来临之际，上下一心，一直坚守在抗疫一线！

1. 不畏病魔，支援前线

新型冠状病毒感染的肺炎疫情严峻，战役集结号吹响，广州市中西医结合医院护理后备人才群十分钟内即有数十人请求出战。考虑到湖北前线工作压力，最后推选重症监护科护理组长杨华邦参加支援湖北。陈碧贤主任亲自为杨华邦护士准备防护物资，在防护用品紧张的情况下，克服一切困难把最好的防护用品给他，就连成人纸尿裤、护手霜、男士润唇膏等都想到了，一一摆好装箱，让我们抗击疫情的勇者无后顾之忧，安心应战！并反复多次指导他穿脱防护服，一直叮嘱，强调"一定要做好安全防护，平安归来"。

2. 启动护理一级紧急方案，成立护理应急小组

充分发挥护理后备人才作用，短时间内组织自愿报名 60 名护士，成立院内护理应急梯队，部分未能选拔出征湖北前线疫区的护士积极报名参加，展现新时代护理人员无私奉献、呼之即来、来之能战的精神！为抗击疫情做好充分人力资源

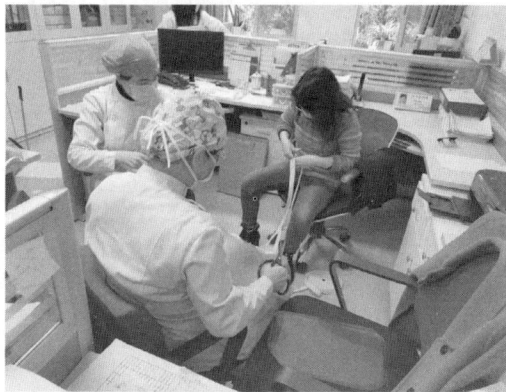

护理人员在自制防护面罩

准备。

3. 发动护理人员智慧，自制防护面屏

疫情初期，物资匮乏，陈碧贤主任带领护理部姐妹应用放射科影像片自制防护面屏，多名护长捐出家里的弹力带，在狭小的护理部办公室制作了40个防护面屏，保障了临床安全。按照陈主任的要求拍摄制作视频分享至院内及广大群众，缓解物资供应压力。

4. 优化发热分诊，建立疑似病例病房

优化门诊发热病人分诊流程，制作新型肺炎防控分诊护士培训PPT，并对护理部选出的12名后备分诊护士进行统一培训，做到每一位分诊护士都会分诊、分好诊。建立急诊病区应急隔离病房，并对布局进行重新规划，为发现疑似新型冠状病毒肺炎患者的隔离做好前期工作。

5. 做好全院护士新型肺炎防控培训

为加强每一位护理人员新型冠状病毒肺炎应对措施，护理部制作新型肺炎防控培训课件、制定防护服穿脱流程指引并拍摄视频。发布在医院钉钉全院护士群，通过线上视频教学和实时监控，保证全院护士学习率达100%，为战役做好准备工作。

肩负使命，勇担职责——抗疫战场上，我们在

春节本是家人团聚，举国欢庆的时节，然而今年的春节有些特别！

新型冠状病毒肺炎来袭，全国医护人员纷纷勇战一线，为家人、为社会送去安康，在我们身边也有着这样默默奉献的一群白衣天使。广州市中西医结合医院急诊护理团队在疫情时期一直勇战一线、恪尽职守！

一、闻令出动，我们一直在

广州市中西医结合医院门急诊科接到疫情防控通知，所有医护人员放弃春节与家人团聚的机会，全员轮流值班，高度警备站岗临床一线，坚守在急门诊的护理人员，细致专注、不畏艰险、恪尽职守，2020年1月26日至今共对300余名发热患者进行细致分诊、排查与登记。

急诊科住院病区被临时指定为住院患者过渡病区，接到通知后，门急诊科护理人员第一时间完善人力资源调配，并积极参与防疫工作，齐心协力仅用半天时间，从无到有高效完成病区布局规划。

二、积极响应号召，构建完善人才梯队

广州市中西医结合医院护理人员积极响应国家卫生健康局号召，踊跃报名参加疫情应急调配人员。

急危重症学科护理组长杨华邦护士勇于担当，积极递交报名申请，最后成为第三批广东医疗队救援队员，以支援湖北前线。

前线有人支，后盾不能懈，广州市中西医结合医院护理后备人才和临床一线护理人员在防疫应急人员征求中，仅半小时组建60名应急护理团队。哪里需要我们，我们就在哪里。"我是党员让我上""我报名""我要为家乡献一份力"这是我们听到最多的声音，一份份请愿书也接踵而至，更有甚者护理双职工两两报名，这一幕幕的举动充分展现了新时代护理人员无私奉献，呼之即来，来之能战的精神！

随后这60名护理人员分别编入护理应急第一、第二梯队，时刻处于备战阶段。

切断传染链是新型肺炎防控的重要举措，广州市中西医结合医院护理团队积极响应疫控方针，4名优秀应急护理人员被选派至机场执勤，配合工作人员初筛疑似病例，阻断病例流窜。

三、人人厉兵秣马，个个枕戈旦待

为解决临床物资紧缺问题，广州市中西医结合医院护理姐妹集思广益自制防护面屏，多名护士、护士长捐出家里的弹力带、海绵、固定胶等用物，制作了40个防护面屏，保障临床安全。

护理部积极做好人员培训工作，制作新型肺炎防控培训课件，制定防护服穿脱流程指引和拍摄视频。组织全院护士线上培训，全院护士积极响应，完成率、掌握度均达100%。此外，发热分诊也尤为重要，护理部对门急诊分诊护士进行针对性培训，所有护理人员认真完成培训，培训率达100%，并在工作中实时反馈解决问题，以缩短疑似病例确诊时间。

供应室作为全院物资供应科室也在此次战役中忙碌不停，工作人员加班加点轮班工作，做到时间不断，消毒灭菌不断，做好临床一线后勤保障，尤其是新到近500件防护服，供应室全员动工仅用1小时完成打包，为一线医护人员提供的保障物资供应。

作为一名医务工作者，在疾病战疫面前，必须奋战在临床一线，这是我

们必须要承担的责任。与新型冠状病毒肺炎疫情斗争到底，牢牢守住坚实防线，为广大群众送去安康。坚定执着、身先士卒，我们有信心，一定能打赢这场疫情防控阻击战！

新冠抗疫时期的应急过渡病房护理组

我们是广州市中西医结合医院外三科护理组，我们没能前往抗疫前线湖北，但是我们在广州市中西医结合医院的应急过渡观察病房也在战斗！

应急过渡观察病房成立于 2020 年 2 月 3 日，由原来的外三科病房临时改造而成，外三科护理组全体成员转为过渡病房护理组，医生由急诊科医生和各科室自愿报名抗疫的医生团体组成。一接到任务，说要成立应急过渡病房，我们立马把病人转回各科室原楼层，加班加点的布置和消毒病房，以备随时要使用病房。大家积极响应医院号召，成立应急护理小组，举科支持、全员报名！

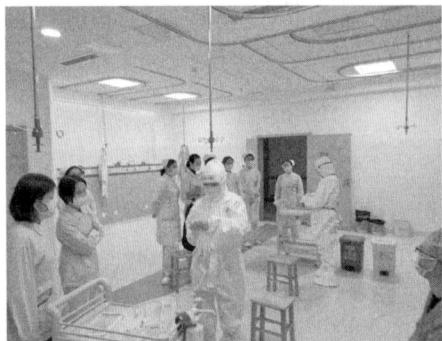

临时组建过渡病房深夜还在进行培训

我们做好穿脱隔离衣的步骤标识、进行防护服穿脱培训，要求人人考核过关，为了随时做好收治病人的准备，深夜 11 点我们还在消毒病房、准备好采样用的咽拭子、进行咽拭子采集的培训、给消毒过的护目镜穿上绑带，以备随时使用。

我们不是一个人在战斗，我们有随叫随到的队友！那天我们同事一个人值夜班，当听说第一病号准备入住过渡观察病房时，科室工作群里马上就沸腾了，纷纷说如果收病号了，随叫随到。

我们知道疫情早期的防护资源很紧张，所以如果遇到需要我们穿上防护服进病房护理的病人，我们就会尽自己的努力坚持，能在病房待多久就多久，以节省防护服。

早上来接班，看到奋战了一晚上的同事，她说那天住在病房里面的老爷子因为拉稀，弄得满床单、满裤子都是大便，她刚给清洁完。我们能想象得出来她弱小的身体，穿着厚重的隔离衣，给病人翻身擦大小便的情景吗？

在这抗疫时期，我们也是充满了"战绩"的。我们有些战友因为要给病房反复进行消毒、清洁而过敏的手，因穿着护目镜，额头、脸颊、耳朵上全是压痕。

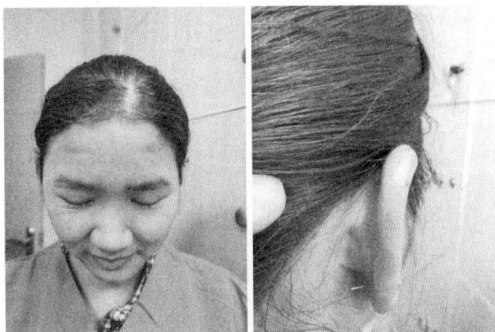

长时间戴护目镜后留下的压痕

同事们这样的压痕让我们很心疼，所以我们想了一系列的方法来减少这些"战迹"产生的抗疫小妙招。

在应急过渡病房工作，我们在有病人的时候是召之即来，来之即战。在没有病人的情况下，我们作为应急护理小组，四处支援核酸采样或哨点监测工作。细数我们支援过的地方有：ICU、呼吸内科、门诊抽血室、外二科、白云机场等。我们同事之间总会轻松调侃自己，说我们是社会的一块砖，哪里需要我们就往哪里搬。

虽然我们同事状似轻松的自我调侃，但其实我们都知道。之所以会让我们支援这些地方，是因为这些地方人手不足，劳动强度大，而且很多地方都是在抗疫一线。像ICU的病人病情严重，需时刻关注生命体征。像呼吸科在这非常时期首当其冲的科室，防疫和医疗任务沉重。像白云机场，这个是外防输入的第一道防线，支援这些地方能不危险，能不劳累吗？

可是她们没有任何怨言，没有任何疑问，只有一句"收到"！是真真正正的召之即来、来之即战，不辞劳苦，不计报酬。

我为有这样的队友而自豪，为有这样的团队而骄傲。

加油外三科护理组！我们从来不是一个人在战斗！

最后在这春暖花开之际，希望此次疫情早日结束！

愿世界各国都能国泰民安，否极泰来！

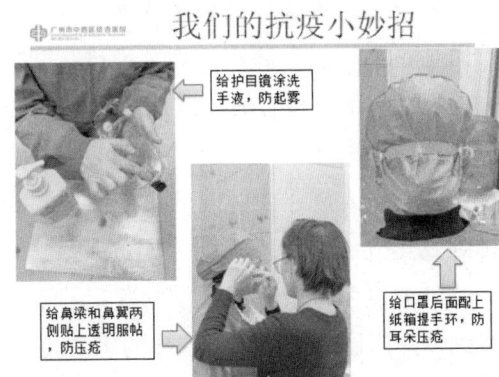

我们的抗疫小妙招

给护目镜涂洗手液，防起雾

给鼻梁和鼻翼两侧贴上透明服帖，防压疮

给口罩后面配上纸箱提手环，防耳朵压疮

门诊部篇

众志成城，共抗新冠

——记门诊部抗疫先进事迹

2020 年 3 月 19 日

2020 年确实是一个不平凡的一年，当大家都做好准备过年时，却突然来了一个新冠肺炎疫情。在春节前，从国家到地方都迅速出台了一系列应对疫情的政策。广州市中西医结合医院也制定了对有流行病史患者和无流行病史患者分开就诊管理制度，并要求 1 月 22 日立即安排急诊呼吸专科门诊，以应对无新冠流行病学史发热患者的就诊问题。

在医务科的指导下，门诊部、呼吸科和急诊科迅速集结医护人员并进行新冠防控知识培训。门诊部郭雄图主任表态将克服困难，周一至周六早上的白天班，由门诊部吴恩亭和田应平这两位资深副主任医师承担接诊任务；周日白天班由门诊部其他内科医师轮流顶替。这样门诊部医生基本承担急诊呼吸专科 60% 发热患者的接诊工作。

本院不是花都区指定收治新冠肺炎病例的定点医院，在做好疑似新冠病人的排查工作的基础上，保证花都区市民的基本就诊需求是我们的首要任务。门诊部作为一线部门，刚开始时觉得顶着极大的压力，其压力主要来源于对未知病毒传染性的恐惧。疫情伊始，部分患者为了规避被隔离会隐瞒自己的流行病学史，否认自己从湖北地区来的，医生和护士根本防不胜防。普通门诊医生也不可能全部按最高标准进行防护，但你永远不知道接诊的是一个怎样的患者。困难是有的，但是门诊部的每一个医生、护士从来没有后退过。

在门诊大厅，每个患者来院必先接受测量红外线测温，门诊部每天要安排 4 个工作人员守住医院的正门、西门和急诊科门口。发现发热患者立即安排到发热分诊护士处报到（配备 N95、护目镜、防护衣等），以减少院内交叉感染的概率，做流行病学的登记筛查和用水银体温表复测体温，专人带患者到发热门诊就诊，每天这样的患者会有 10~20 人次左右。

此次新冠肺炎属于呼吸道疾病，门诊部呼吸科是全院防控压力最大的部门之一。最开始由于有部分患者逃避分诊、隐瞒流行病学史等行为，可能有些患者不知道自己处于潜伏期等原因，就直接到了普通呼吸门诊就诊。从1月22日至3月13日，呼吸门诊量约2500人，普通呼吸门诊的坐诊医生依然是门诊部的田应平、吴恩亭、肖惠珍等三位副主任医师，他们承担了呼吸门诊80%的工作量。其他门诊部内科医生如：卢慕舜、陈国河、李佑桥、陈晚娇、赵影等高年资医生会接诊约10%~20%的呼吸道疾病患者。

有一次，吴恩亭接诊了一名疑似病例，被区疾控中心判定密切接触者，需要隔离14天，他表示严格执行隔离是对家人、对医院、对患者负责任，自己感染了并不可怕，最怕的就是传染给病人、家人和同事，所以自己必定会严格执行隔离管控措施。

田应平主任作为我院的呼吸科"元老人物"，她是毫不犹豫地第一个冲到前线去。我们医院第一例的新冠肺炎确诊者就是被田主任"抓住的"。一名黄姓的女性患者，因发热、咳嗽来我院急诊呼吸科就诊，她一开始就有意隐瞒了湖北旅居史。田主任给她做了胸部CT和血常规等检查，胸部CT提示病毒性肺炎可能。田主任凭着自己30年呼吸科医生的从医经验，马上提高警惕性，认为这是个疑似新冠肺炎患者，但是要确诊其流行病学史显得尤为重要。田主任是湖北人，在交谈过程中听出了患者的武汉口音，反复地向患者强调正确提供流行病学史对诊断的重要性，在她耐心细致的沟通下，患者最终承认了自己是刚从武汉回来的，符合疑似病例诊断标准，迅速联系把患者转送至定点医院做进一步诊疗，最后该患者的新冠肺炎核酸检测阳性而确诊。试想如果此患者漏诊，后果将会不堪设想！

门诊部主任郭雄图作为医院疫情防控指挥部成员之一，积极出谋划策，充分调动门诊医生积极性、主动协调发热门诊工作。在核酸检测初期曾出现因结果回复不及时、让部分患者空跑一次情况，这会导致患者不满并且增加了患者去医院的次数。郭雄图主任经过与信管科、医务科、急诊科和检验科的充分沟通、积极协调改进，促成开通短信发送检查结果通知，以达到信息管理手段利用最大化。后来部分工作人员出现恐惧、焦虑等心理问题时，他主动去谈心谈话疏导和缓解医护人员的压力。

门诊部副主任卢慕舜作为区卫健局的新型病毒肺炎救治专家组成员，多次参加卫健委防控会议，热心完成了有关部门转来市民关于中医药抗疫方面对"献方""献技"等问题，认真详细进行审核、沟通推介、答复解释，充分表示出中医人在疫期间对广大市民的关心和安抚之意，这也展现了他热心和无私奉献精神的一面，他还在抗疫期间积极撰写应用中医药抗疫报道3篇。

陈双燕护长协调分诊护士认真落实各类病人分诊工作，为确保每个分诊护士都可以很好保护自己，经常加班加点培训，组织学习院感防控知识，提高防护意识，做到凡上岗必先培训。同时有序安排测体温人员工作，充分向患者解释目前疫情情况特殊性，令患者理解。

肖惠珍副主任医师虽然已经接管营养科，但是作为呼吸专业方面人才，在疫情期间继续坚持出诊呼吸门诊，精神可嘉。赵影医生利用业余时间自制面罩22个发给其他工作人员使用。郑臻峰医生作为心理科医生，在钉钉平台直播《应对新冠疫情焦虑的调适》，并在医院公众号发表疫期心理疏导文章。李银玲、詹石榴两位副主任护理老前辈，坚持在周日轮流协助测体温。

随着疫情的进展，中医药的抗疫作用越来越受到重视，本院药剂科研制出抗疫"五大法宝"（驱寒除湿沐足散、六君防感汤、正气防感膏、防感香囊、辟秽药艾条）对抗疫情。医院发起线上和线下推广活动，门诊部医生积极配合药剂科大力推广应用，疗效显著、受到广大患者的好评，充分发挥我院作为花都区中医药龙头单位的领导作用。近日门诊部用中医药防疫"五大法宝"之一的"辟秽药艾条"，在门诊大厅、候诊室、门诊诊室、走廊通道等人流集中的地方进行熏艾消毒，门诊各处阵阵艾叶飘香，令人心旷神怡。既做好了院内空气消毒，又营造了浓厚的中医药抗疫氛围。

门诊部每天还需要负责对所有诊室的紫外线消毒、对患者的宣教、检查医疗废物分类处置等工作。2月份疫情不断升温，看着不断攀升的病例数，如何减少患者聚集，降低院内感染的风险了？为此门诊部想了不少办法：1.专门录制语音播报，让患者错峰就诊，就诊时隔位而坐，减少人群聚集。2.鼓励网上预约挂号、线上支付等，减少在院内逗留时间。3.让广告公司在缴费窗口和取药窗口印制相隔1米的脚印，提高患者自动相隔的意识。4.积极协助抽血中心搬迁到一楼，搬迁后更加宽阔和通风更良好，启用智能抽血系统，叫号抽血，减少人群排队聚集。

在本次疫情暴发至今，门诊部组织学习新冠病毒肺炎防控知识共6次；协调解决疫情相关问题20余次；疫情相关报道共撰稿近10篇。门诊呼吸科及普通内科医生的医护人员，都坚守在他们的岗位上，他们坚持站在一线，解决患者的痛苦。导诊及分诊护士平时不怎么起眼，但这次疫情期间，她们用勇气谱写了巾帼英雄的篇章。他们都是最可爱的人！

上下一心，共抗疫情

——日间手术中心抗疫实记

2020年，新型冠状病毒肺炎来袭，疫情当下，护理部立即启动护理一级紧急方案，组建一支新型冠状病毒感染肺炎防治护理应急队，广州市中西医结合医院日间手术中心全科上下一心，积极响应报名加入抗疫情。

1月29日起，为了应对节后门诊病人增加，做好发热病人严格规范分诊，缓解门诊分诊护士的工作压力，日间手术室全科4人积极轮流参与门诊分诊工作排班，主要负责协助一楼和二楼门诊分诊护士做好病人体温监测和询问病人流行病史，分流疑似新冠肺炎患者至发热门诊，指导患者填写知情承诺书，协助患者在自助机上报道、缴费等工作。

杜颖桃护士接受防控培训后，于2020年2月3日起连续两周被派往白云机场援助体温监测岗位，辅助检测机场来往人群体温和初筛疑似病例。由于国外疫情的加剧，我国面临着更大的输入性风险，为加强对境外人员的新冠筛查，及时发现境外输入病例，3月10日杜颖桃再次被派往白云机场T2海关安检援助，为重点国家入境人群进行采样和排查，执行最近距离接触疑似或确诊病例的工作。

在疫情期间全科室人员在积极参与各项疫情支援工作的同时，也做好科室患者的手术预约工作，积极配合医生完成科内手术。

坚守"哨点"筑牢防线

2021年7月1日，这是一个多么令人激动的日子！

这一天，伟大的中国共产党迎来了百年华诞，歌洪舞翩，举国欢庆。

经受新冠疫情洗礼的发热门诊医护人员，以更加饱满的激情，坚守"哨点"，筑牢防线，为伟大的中国共产党百年华诞献礼！发热门诊是筛查新冠肺炎感染者的重要"前哨"，也是确保市民就诊安全的重要保障。在预防、控制传染病及应对突发公共卫生事件和重大疫情方面起着重要作用。我院发热门诊按照国家卫生健康委下发的发热门诊建设标准，在医院的大力支持下，历经三个月的建设，于2020年12月15日正式开诊，新建成的发热门诊设置三区两通道，配备独立的挂号收费处、自助药房、CT室、化验室、核酸取样室，避免与普通患者共用设备导致的交叉感染，让发热患者就诊更加安全。

现发热门诊集筛查、诊察、检验、检查、留观和治疗等"六大"功能为一体，实现发热患者就诊救治一条龙服务。2021年6月10日发热门诊完成升级改造，增设了发热重症抢救留观室，穿脱区的空间更加宽敞，通道流程更加顺畅，为发热患者提供更加优质高效的服务，为院感防控筑牢了基础。

当你走过广州市中西医结合医院的时候，在大门的左手边，"发热门诊"四个大字会首先映入你的眼帘，在夜色的映衬下，发着红光的大字更显得醒目，透出温馨和热情。顺着指引标识，走进发热门诊的大门，那里灯火彻夜通明。身着蓝色隔离衣、头戴面屏、N95的预检分诊的姑娘们在仔细询问患者的流行病学史，认真检查健康码，指导患者流调表的填写、抽血、核酸取样，事无巨细，一丝不苟；医生在详细询问病史，对多系统、多学科的发热患者做出新冠筛查。开诊半年多来，共接诊发热患者8200多人次，排查红、黄码、高风险场所人员300多人次，核酸取样近8500人次，抢救危重发热患者10余人次，充分发挥了发热门诊的"哨点"作用，筑牢了疫情防线，为医院提供了安全的就医环境。

1.心事浩茫连广宇，无声之处听惊雷。

发热门诊组建之初，很多人对发热门诊退避三舍，一群"90后""00后"主动请缨，来到发热门诊，在火线上经受考验、接受洗礼，立下"随时准备为党和人民牺牲一切"的誓言！在这场与新冠病毒的遭遇战、阻击战、拉锯战中，埋头苦干，负重而行，不求索取。

他们坚守在疫情防控的第一线，承担了疫情防控的主要任务，白衣为甲，逆行出征，以对人民的赤诚和对生命的敬佑，承受着身体和心理的极限压力，战斗在预检分诊、核酸取样的各个岗位，为我院疫情防控筑牢了防线，经受住了疫情的考验，诠释了医者仁心和大爱无疆！以青春之我续写青春之华章。

5月21日荔湾区出现第一例新冠肺炎确诊患者，广州疫情防控等级升级至最高状态，我院发热门诊的疫情防控工作也承受了前所未有的压力。医院领导、院感科等多次到发热门诊检查指导感控工作，刘瑞华院长反复叮嘱："发热门诊责任重于泰山，不能有丝毫的大意和侥幸心理，多筛查一个患者，市民就多一分安全保障"。

心中有信仰，脚下有力量，发热门诊医护人员没有辜负领导的期望，在这场硬仗中，他们以实际行动践行了新时代医务人员的初心和使命，为花都群众筑牢了生命健康的坚强防线！

2.看似寻常最崎岖，成如容易却艰辛。

发热门诊的医护人员，一个班次下来，隔离衣下汗水湿透衣背，脸上留下深深勒痕，虽然口罩挡住了你们的脸，但人们永远记住了你们温暖坚毅的眼神，你们就是英雄！随着疫情防控的常态化，他们清醒地认识到，不能有半点的松懈和麻痹，牢记使命，慎终如始。

2021年7月1日是党的百年华诞，一个注定要载入史册的日子；广州已连续十余天无新增本土病例，广州全部为低风险地区，广州疫情防控迎来阶段性胜利！发热门诊姑娘们那一张张充满朝气的脸庞终于露出了笑意，她们给党的百年华诞送去了最美的祝福。"哪有什么白衣天使，不过是一群孩子换了一身衣服，学着前辈的样子，治病救人和死神抢人罢了"，那激扬无穷的青春活力，不正是我们伟大的党永葆活力的源泉吗？

医技医辅篇

协力抗"疫"，共盼春来

——记抗战在一线的影像人

携手抗"疫"，我们一起奋战！我们是广州市中西医结合医院影像人。

新型冠状病毒感染的肺炎诊疗方案（试行第五版）将"疑似病例具肺炎影像学特征"纳入COVID-19的临床诊断标准，即"临床诊断病例＝疑似病例＋影像学检查"，因此胸部CT成为战"疫"神器。

为了打赢这场抗疫硬仗，广州市中西医结合医院影像科全体医护人员做好了充足的准备：举措一，在院领导的统一部署下，由科主任夏学文带领的管理组，根据科内现有设备资源，在CT室及放射科设立了单独的检查机房，避免受检者在院内的交叉感染；举措二，由夏学文主任牵头，将科内资深的影像医师组成新冠肺炎阅片专家组，加强新冠肺炎诊疗新方案的学习，不断提高阅片诊断水平，确保胸部CT检查结果的准确性和及时性；举措三、在医院组织的新冠肺炎专家组会议上，影像科主任夏学文给大家解读了新冠肺炎的典型影像及鉴别诊断。

夏学文主任说:"自从全国暴发疫情以来,我院虽然不是定点收治医院,但是作为区内综合三甲医院,承担着新冠患者筛查、居民正常就医、复工复产体检等多项任务,CT检查的人数较去年同期明显增长,疫情发生至2020年3月中共做CT检查11302人次,日均接近300人次,其中100~200人次为胸部检查,基本上每天都要加班加点才能完成工作,我们科的医务人员在疫情防控期间都毫无怨言地坚守在工作岗位上。"

当被问到关于一些疑似病人的隔离、消毒处理时,影像科感控护士汤燕明说:"医院提供了必要的防护物资,但由于病毒突然来袭,各家医院都有防护用品存量不足的情况,部分隔离防护用品甚至在全国都成了紧缺物资,因此我们开动脑筋动手自制替代护目镜的防护面罩。医院及时多次组织培训国家新冠肺炎防控指南中消毒指引规范,我对消毒措施掌握比较清晰和熟练,戴上防护面罩、穿上防护服,及时对机器及机房消毒,不太担心自己会感染。"

疫情当前,作为影像科医生,他们激流勇进,更加谨慎、细致、精准地处理影像数据,做到"不放过任何一个可疑病例",紧追最新的《新型冠状病毒肺炎防治指南》,做到科室全员新冠知识库的实时更新,减轻了临床医护人员诊断和防控的难度和压力。

科室一线年轻技师,不辞辛劳,勇于承担责任,戴上防护面罩,穿上防护服,坚定扎根在CT2室及普放3号室机房,在封闭的防护服下大汗淋漓,却仍然岿然不动,乐此不疲地喊:"手举上去,手抱头,头放架子上!"

疫情在前,责任在肩,我们广州市中西医结合医院影像人并肩携手,坚定地打赢这场疫情防控攻坚战,愿春暖花开时,一切会更好!

体检中心在行动
为复工复产,勇于"逆行战疫"

买不到口罩这个问题,是很多人今年春节心中的痛!以前春节过年期间,大家都是忙活着相互祝贺或亲友之间相互走动庆贺新春,但由于疫情的流行期恰逢春节,很多生产口罩的工厂已经停工十余天,突如其来的疫情导致了全民缺口罩的情况严重,我们也经常在新闻见到大家排队买口罩或者在朋友圈见到感叹没有口罩出不了门的情况,可以说一个小小的口罩紧紧地牵动着大众的心。

2020 年 2 月 1 日，当天是周六，晚上 19：00 左右，接到了要在 2 月 2 日完成对广州保为康劳保用品公司 121 名员工进行了入职体检工作的紧急任务。广州保为康劳保用品公司是花都区内一间有生产一次性口罩资质的厂家，为了确保该厂家的员工能以最快的速度完成健康体检，投入到生产线上快速解决市民"一罩"难求的问题，广州市中西医结合医院体检中心的全体员工在接到任务后一小时内即完成集结，确认好第二天的到岗情况。

2 月 2 日是周日，这本来是休息日，但在疫情面前，体检中心各医务人员众志成城，上下一心，没有人对加班完成任务抱有不满或有怨言。由于此次体检是在疫情流行期间，考虑到这些返工的工人当中也有可能存在一些新型冠状病毒的感染者，广州市中西医结合医院体检科为了确保体检人员安全的情况下，高效完成体检任务，周日早上全体员工提前回到体检科内进行了体检流程的培训，为了及时准确甄别出新冠病人，在此次体检的流程中还增加了一些特殊的程序。

2 月 2 日 9 时第一批入职人员在到达体检中心后，导诊处医务人员立即安排体检人员开始分批量体温及填写调查问卷。与以往的体检不同的是，这次体检增加了对体温（正常 <37.3 度）、14 天内没有疫区旅游史、野生动物接触史、类似病人接触史等方面的内容登记，再进入常规的体检流程。由于科室已提前做好布置工作，虽然增加了流行病学史调查的环节，但是各个体检诊室依然井然有序，在各个诊台在体检过程中也都做好了消毒防护工作。为了减少人员聚集和停留的时间，特别增加了专人负责体检人员的引导与管理，以减少体检人员的等待时间，体检结束的人员快速疏散，保持室内空气流通。

为了使入职人员可以尽快上岗生产口罩，本次体检任务要在 12 时前圆满完成，体检流程结束后，放射科、检验科及体检中心相关岗位的医务人员仍坚守岗位出具体检结果。对此广州保为康劳保用品公司负责人及参与体检的工人都对本次体检表示感谢，并对整个流程安排感到很满意。

作为体检中心的工作人员，虽然我们不在疫情一线上抗战，但体检中心各医务人员仍在工作岗位上恪守职责，极速完成赶制口罩的入职人员健康体检任务，确保工人们能以最快的速度投入到生产工作中，为抵抗疫情做出积极的响应，也做出自己一份微薄的贡献。实现了"若有战，召必回！战必胜！"的诺言。广州市中西医结合医院体检科会始终团结一心战"疫"，在疫情期间无条件服从医院的工作安排，确保成功顺利完成抗疫任务。

穷尽办法保证驾驶员体检开展

面对新型冠状病毒肺炎疫情，为满足广大市民驾驶证换证需求，广州市中西医结合医院体检中心的各医务人员通过加强防护、减少接触、增加体检时间等措施，保证市民如期、安全完成驾驶员体检。

2020年2月伊始，体检中心就收到很多市民有临近换证的需求。驾驶员体检项目主要是身高、视力、辨色力、听力等，结合目前新型冠状病毒肺炎疫情的实际情况，体检中心科内立即做出了医务人员排班及体检流程调整，增加疫情期间驾驶员体检预检分诊流程，要求驾驶员体检人员入场前一定要做好测体温，以及14天内是否有疫区居旅史、野生动物接触史、类似病人接触史等方面的调查问卷。另一方面，为了减少人员聚集和停留的时间，同时方便市民自主选择体检时间，体检中心增加了驾驶员体检时间，目前市民周一至周五全天、周六上午均可进行驾驶员体检。

从2月3日至2月13日，体检中心共接待114名进行驾驶员体检的市民。虽然增加了测体温、流行病学调查环节，流程比既往烦琐，但市民均对此表示理解。完成体检的市民即可通过体检中心内的广州交警自助服务终端进行上传体检结果、拍照、填写新证邮寄地址等换证步骤，整个体检、换证流程都非常快捷，很多市民都表示可以免去拍照馆、车管所等公共场合，减少接触新型冠状病毒肺炎病毒机会，感到十分满意。

虽然我们不是全力奋战在防控、抗击疫情的第一线，但能保证市民驾驶员体检正常、有序地开展运行，即是做好体检人的本职工作。疫情还将持续，体检人将坚守岗位，继续以保障未感市民健康为前提，为市民的健康保驾护航开展。不忘初心，牢记使命，相信战"疫"春天很快到来！

抗疫哪里有需要，哪里就有他们

新型冠状病毒肺炎疫情已持续二十多天了，有些人刚刚复工，有些人还在居家隔离，而广州市中西医结合医院体检中心的医务人员，除了以保障未感市民健康为前提，坚守体检工作的岗位，他们还用自己的实际行动，积极参与到疫情下各相关工作岗位。他们有的是参与到抗疫前线工作的医生，有的是赴广州北站执勤的护士，还有支援兄弟科室协助配备防疫中药方剂的医务人员。虽然在不同的岗位，体检人都谨遵"若有战、召必回、战必胜"的信念，以最饱满的激情完成着各个抗疫任务。

2020 年 2 月 4 日早上，在接到医院需要医务人员参与医院过渡观察病区诊疗工作的紧急通知后，体检中心尹少林和劳敏莹两位党员医生就马上报名。他们负责的是目前抗疫最前线，也是抗击疫情最危险的工作之一，主要工作是门诊发热病人的咽拭子采集和病区所有住院病人新冠核酸检测的排查，以及疑似病例排除留观的收治。

尹少林，男，共产党员，是体检中心主治医师，硕士研究生，他说："我已为抗击疫情做好准备，为疫情冲锋在前。"在接到医院为过渡病区召集人员的通知后，距离居家隔离还有两天的尹少林毫不犹豫地报名了。他说："作为一名党员医生，我已为抗击疫情做好准备，为疫情冲锋在前。"2 月 6 日，居家隔离结束后的尹少林未来得及与妻子及不满周岁的儿子好好相聚，就马上投入到新冠过渡病区的工作中。核酸取样和发热病人收治工作需要近距离与病人接触，更易成为易感对象，但尹少林从未有过害怕的念头，"因为这就是我的工作，感谢家人对我工作的支持，这半个月以来我都在忙于工作，小孩也不带，家也不顾的，对家人也感到很不好意思。"

劳敏莹，女，共产党员，体检中心主治中医师，她说："抗疫情，不负盛世；负重任，不负韶华"

劳敏莹已是两个女儿的妈妈，尽管背后是一家老小，劳敏莹很快就平衡了家庭和抗疫工作，报名当天下午就接受了培训，并投入到过渡病区的工作中，空余时间她还参与到广州北站执勤。她说："说实话，女儿们都不喜欢我值夜班，听到我说要值夜班会有点不高兴，但我作为一名医生，尤其是党员医生，对自己肩负的责任有深刻的认识，也无怨无悔，会尽全力做到最好。"

还其他医务人员支援兄弟科室，协助配备防疫中药方剂，他们都积极完成组织交给他们的疫情防护任务。因为他们都相信，唯有在抗疫战中取得最终胜利，各个大家、小家才能回归原来有序、充满欢声笑语的生活。让我们一同为疫情冲锋向前，疫情的春天必会早日到来！

特殊群体篇

最浪漫的事，就是与你携手抗疫

在新型冠状病毒肆虐全国的形势下，广大医护人员挺身而出。其中，有不少"夫妻档"在抗击肺炎的战线上，他们分别坚守岗位，用实际行动谱写出最美的"战地爱情"，与你一起"逆行"，就是最浪漫的事。

丈夫：刘云心，胸外科，主任医师。

妻子：田应平，门诊呼吸科，副主任医师。

田应平主任今年已经51岁了，有着十分丰富的临床经验。17年前"非典"时期，她就参加了武汉发热门诊抗击非典的工作。2009年在汕尾逸挥医院传染科病房她也主动参加抗击H7N9，对呼吸道传染病一直保持高度敏感。在1月19号确定有大爆发风险时，主动与科主任沟通，建议将发热病人与普通病人分开诊治，并且规定医生必须做好个人防护减少传染风险。

田应平是湖北人，每年春节都会回老家过年，但她凭着作为一名资深呼吸科医师的敏锐直觉，此次武汉的疫情比较严重，所以自觉选择留在花都，随时待命上班。她虽然已年过五旬，但春节期间仍坚持在呼吸专科门诊坐诊，一直积极奋战在"抗新冠"的最前线。

田应平的丈夫刘云，是广州市中西医结合医院心胸外科主任医师，虽不在抗疫最前线，可是也积极服从医院的调配，从1月26日大年初二起自觉复工开诊，最大力度做好疾病救治和疫情防控工作。

刘云主任说："这次疫情来势汹汹，田应平也跟我说，她作为高年资的医生义不容辞，她不上谁上，能够在抗疫战场上贡献自己的微薄之力，也是一次难得收获。我们作为家属，能做的就是叮嘱她做好防护，帮她照看好家里的事情，让她没有后顾之忧。"

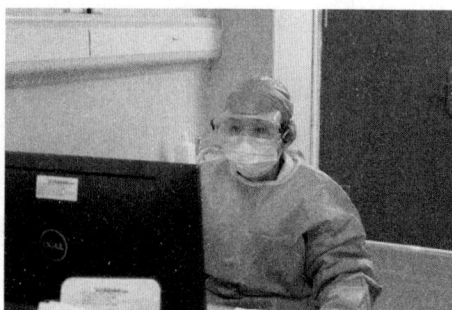

刘云（左）和田应平（右）分别坚守在各自的工作岗位上

丈夫：邱峻，呼吸内科，主任、副主任中医师。

妻子：麦燕芳，产科，主管护师。

新型冠状病毒肺炎主要是通过飞沫等途径传播，归属呼吸道疾病。作为呼吸内科主任，邱峻总是冲在最前线，带领团队承担起诊断、排查、会诊等主要工作。

"呼吸科在疫情期间真的很不容易，都是咳嗽的患者，有时候很难鉴别是否新冠肺炎，疫情早期，看上去每个病人都可疑，都是那个'万一'，但是又必须解决市民的就医需求。"邱峻主任如是说。

邱峻主任身先士卒，带领团队逐一排除新冠肺炎，本着以病人为中心的理念，只要有会诊都会亲自查看患者的结果，仔细分析。1月下旬疫情暴发至今，基本没有休息日，期间还因为参加了高度疑似病人会诊，留院隔离了一周，"他一直劳心劳力的，真的很辛苦，有时候忙得太晚了就干脆在医院过夜，主任总跟我们说，这些事情是分内事。"呼吸内科护士长黄淑娴说。

邱主任的妻子是医院产科护士麦燕芳，"我们护长都很照顾我，知道我们家情况特殊，尽量不给我安排夜班。"但麦燕芳也一直奔忙于新冠疫苗接种场上，大部分时间，家中两个小孩只能交给年过七旬父母帮忙照顾，她说觉得最亏欠的是一对儿女了。

她说："我女儿今年10岁了，她还给我们写了一首诗。"

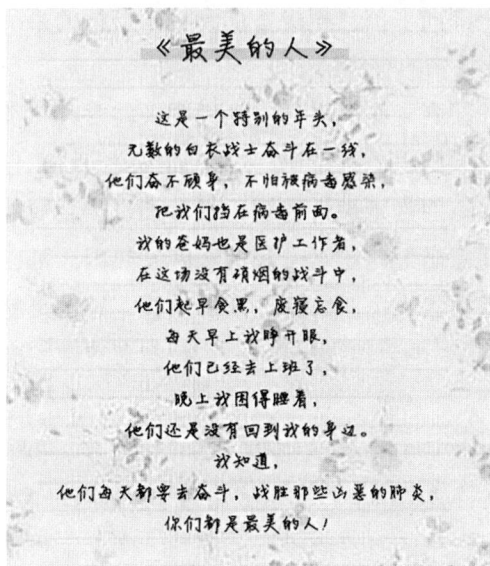

邱峻女儿写的诗

战"疫"任务繁重,夫妻俩只能趁着夜里稍有空闲时和孩子们视频聊天,这深夜里的一通电话成了联系亲子感情的唯一载体。

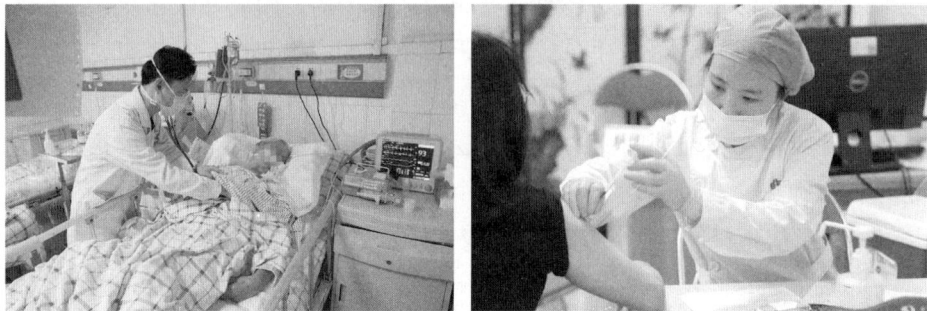

邱峻(左)和麦燕芳(右)在各自的工作岗位上

丈夫:秦丰伟,脊柱科,主治医师。

妻子:张彩霞,新华社区卫生服务中心,内科护士。

"当时医院发布通知征集志愿者时,我第一反应就是我是共产党员,应该起到带头作用,第一时间就报名了,是我们科第一个报名的。"从刚接到通知说要自愿报名参加抗击新冠支援队时,秦丰伟脑子里第一反应就是我是共产党员,我必须报名。在他看到自己带头报名后,其他同事陆续都报名参加时,他表示觉得自己带头报名是正确的,作为一名党员就应该起到先锋带头作用。他相信全部同事都会积极参加到抗击疫情的第一线,因为只有这样才对得起当初救死扶伤的誓言!

秦丰伟说当我接到老婆的电话,她说明天就要去花都区人民医院新冠病房工作,她告诉我说她也是科里第一个参加抗疫一线工作的护士时,我心里既兴奋又紧张,兴奋的是她被选为第一批参加抗击新冠的护士,紧张的是想嘱咐她工作时要注意做好防护。"我们医院发热门诊都已经给我排好班了,可是我老婆也坚持要去人民医院新冠病房支援,她也是新华医院第一批仅有的四个人之一。没想到她会和我抢着去一线,我尊重她的决定,全力支持她!"秦丰伟如是说。

他们家里有两个宝贝,一个三岁半,一个两岁半。"两个小家伙都很听话,一直坚信妈妈像奥特曼一样去打坏蛋战病毒了。妈妈每天都会给他们汇报'战况'。"看到妈妈发来的身穿防护服的照片,两个宝贝说:"妈妈变身穿上盔甲了,一定要打赢坏蛋病毒哦。"

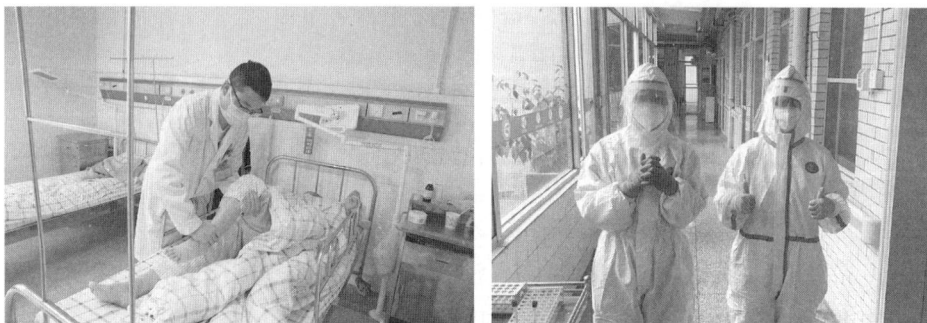

秦丰伟（左）和张彩霞（右图右一）在各自的工作岗位上

丈夫：利国添，骨一科，主治中医师。

妻子：林观康，呼吸内科，住院医师。

林观康是呼吸内科骨干，自春节至今，她一直在防疫工作的前线。"作为一名医生，这些都是平常工作，是职业赋予我们的使命与责任，我作为党员，更应该冲锋在前。"

骨一科利国添医生是林观康的丈夫，同为医务工作者，利国添内心既理解又揪心。"作为同事，明白这是医务人员的职责，还是支持她到所需岗位去工作；但作为家人，内心总是担心，只能不断提醒她做好防护，承担好照顾家庭的责任，减轻她生活的压力和顾虑。"利国添说。

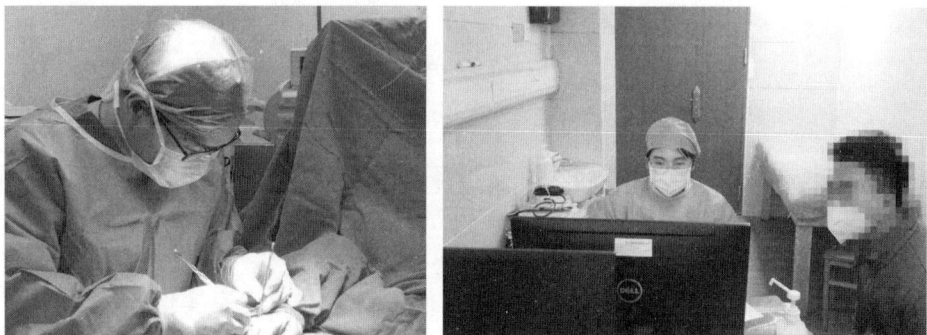

利国添（左）和林观康（右）在各自的工作岗位上

在抗疫战场上，像他们这样的夫妻还有很多很多，只是万千中国医务人员家庭中一个缩影，他们是孩子的父母，是老人的儿女，是伴侣的牵挂，是家里的顶梁柱。在风暴来临时，无数个"他们"舍小家为大家，勇敢地贡献自己的力量，聚沙成塔，铸就一堵坚不可摧的城墙，才有了百姓的平安，城市的安宁，社会的稳定。正如邱峻主任女儿的话，"你们都是最美的人"！

为年迈患者送药上门平凡中的不凡坚守

"疫情无情人有情，感谢宿主任！感谢中西医结合医院全体医务工作者！"近日，一面写着"医术精湛，医德高尚"锦旗送到了广州市中西医结合医院眼科宿玉芳主任医师的手上，并对她致以高度赞扬。

原来，锦旗的背后是这样一个故事。家住花都区云峰社区的王叔今年已过八旬，身患眼疾的他常年年需要到医院开药。王叔的独生子不在广州，其他亲人也都不在身边，"在全国抗疫情的日子里我行动不便，还要去开药，非常困难。"王叔说。

今年初，宿玉芳主任偶然得知王叔这个情况，便主动伸出援助之手，为其排忧解难。王叔说："两个月来送医送药到小区家门口，尽心尽责,情暖人心。"

为表感谢，王叔的家属特意赶制了一面锦旗，收到锦旗的宿主任表示，自己只是举手之劳，看到王叔病情好转，感觉十分高兴。

鲜艳的锦旗，传递的是不仅患者对医生的感激之情，更是对医务人员一点一滴付出的信赖和认可，鼓励和鞭策医院的医护人员们更加努力工作，为更多患者提供更专业的技术和贴心的服务。

后勤保障篇

市疾控中心专家来院督导新型冠状病毒感染肺炎防控工作

2020 年 1 月 28 日，广州市疾病预防控制中心防疫专家一行三人对医院"新型冠状病毒感染的肺炎"防控工作进行督导，专家实地考察了预检分诊、发热门诊、留观病房，并对发热患者预检分诊，发热门诊就诊流程进行现场模拟。

焦锋副院长陪同广州市院感督导专家检查急诊留观病房

医院组织医护人员三级防控培训

2020年2月3日，广州市中西医结合医院设立应急过渡患者观察病房，做好应对疫情的准备工作。为提高新冠肺炎疫情防控业务能力，增强医务人员对疾病预防与控制的意识和业务水平，广州市中西医结合医院护理部、院感科组织科室医生、护士及护工参加三级防护技能培训。

当日上午，护理部与急危重症杨华邦组长依据最新防护服穿脱指南，结合医院实际情况制定院内防护服穿脱流程指引。

下午广州市中西医结合医院护理部、院感科组织举行防护服穿脱培训。培训开始前，护理部陈碧贤主任对本次培训目的进行解说，并对科室医务人员积极参加培训表示感谢；随后急危重症杨华邦护理组长在新开病房进行了防护服穿脱操作演示，并对操作分解动作逐一解释；最后护理部将防护服穿脱流程制成教学视频，给更多医护人员提供教学资源。

此次培训提高了医务人员新冠肺炎安全防护意识与技能，为有效应对疫情打下良好基础。

为了加强医院的院感防线建设，院感科还分批对医院的保洁员、保安及其他后勤工作人员，分批进行了院感防控措施培训，确保医院每一个工作环节预防交叉感染感染的措施都落实到位，不断夯实医院的疫情防控基线。

"抗疫特辑"吹响战斗号角

广州市中西医结合医院宣传科科长熊妙华，2020年从除夕起，就放弃休息，奔跑在各个科室中，用照片和录像记录着每一个坚守在工作岗位上医务人员的工作情况，为了保证信息发布的及时性，每天晚上加班加点保证通讯稿在当天晚上就发出，让大家及时了解医院的动态。

在医院的微信公众号和订阅号推出"新年特辑"和"抗疫特辑"，详尽地记录了医院各个部门在这个春节期间的工作情况。

在整个春节期间，她几乎没有休息过，一共拍摄了两千多张照片和多个视频记录各个科室的工作情况，基本上春节期间有上班的科室她都有到访过，短短的几天之内，她的足迹遍及医院的每一个角落。

这个春节已经过完，她已经从"春节特辑"转战到"抗疫特辑"中去，当她跟儿子说："我觉得这个春节最对不起的人就是你了，没人陪伴还食不定时。"她在读医学院的儿子说："我已经长大可以照顾自己了，倒是你要照顾好自己，做好防护，我只想要一个普通的妈妈，不想要一个为工作牺牲了的英雄妈妈。"

熊妙华（右一）

在这个特殊的春节里，熊妙华为大家留下那么多宝贵的影像资料，最后才发现，她自己却仅留下一张捐赠支援湖北抗疫物资的照片。

抗击疫情，医院保卫科在行动

2020 年 2 月 7 日下午，广州市中西医结合医院开展疫情防控期间消防安全专项检查。

保卫科向全体安保人员强调疫情防控期间消防安全的重要性，重点针对医院的消防安全管理和消防设施设备完好情况开展专项检查，对疫情防控点的消防通道、楼层消防设施、用火用电、消防维保、货物堆放管理和消防控制室人员值班情况等逐一进行检查。对检查发现的问题落实了整改措施，及时消除消防安全隐患。

此次消防安全检查，切实加强了医院的疫情防控火灾防控能力，保障了春节期间的消防安全，确保"防疫、防火"工作齐头并进。保卫科将继续毫不放松地抓好各项安全责任落实，坚决遏制重特大事故，为坚决打赢疫情阻击战创造良好的消防安全环境。

2020 年 2 月 8 日上午，花都公安分局新东派出所领导到医院督导疫情期间安保防控工作。医院要切实落实安全主体责任，增强安保力量，发热门诊等重点部位要安排保安员定点值守和设置警戒区域，落实完善一键报警装置和视频监控全覆盖，加强与属地公安机关协调联动。扎实做好疫情期间应急保障和社会维稳等重点工作，维护正常的医疗秩序，为打赢疫情防控阻击战创造安全稳定的社会环境。

2020 年 2 月 10 日上午，花都区治安大队到广州市中西医结合医院检查指导疫情防控工作。实地检查了医院发热门诊和隔离区等重点部位、人防物防技防措施，以及现场询问保安应对疫情突发事件的处理流程。

保卫科严格落实医院防控防疫各项要求，召开新型冠状病毒肺炎疫情防控工作部署会议。在医院各出入口设置体温检测点，严把进出关口，同时对发热门诊、隔离区实行护卫，严格执行隔离措施。对医院执行 24 小时不间断布控巡防，确保无疫情突发事件发生。

一群坚定的安全"守护者"，以顽强的信念始终坚守在医院防控前沿，用行动诠释了"医院的安全，我们的责任"的核心宗旨。疫情面前，平凡的保安员像勇士一样，义无反顾地冲在抗击新型冠状病毒肺炎的第一线。

开展反恐防暴演练　　提升疫情处突能力

2020 年 2 月 21 日下午，医院保卫科开展疫情期间反恐防暴演练。

演练前刘志军副院长强调疫情期间各岗位的注意事项以及防护措施。演练设计情景为下午 15：00，一名患者不戴口罩不配合测量体温，欲强行进入医院。保安阻拦并告知患者，公众场所必须佩戴口罩，进行体温测量，体温在 37.3 以下方可进入。随后此人辱骂保安、吐口水，保安立即通过对讲机向医院防控指挥部汇报，启动应急预案，随后保安利用钢叉、盾牌将其控制，并迅速报警，移交当地派出所。

演练结束后，保卫科对演练过程中防暴器械的使用、防卫、抓捕控制等战术进行了总结。同时提醒保安在控制不配合患者时，需注意个人防护，不能直接与病人身体接触，可使用长钢叉控制。

通过此次演练，提高了安保人员对暴力恐怖事件的应急能力，确保了就医患者和医务人员的生命安全，为更好地维护医院正常就医秩序和医疗开展提供了保障。

医院开展疫情期间安全保卫自查工作

2020年3月10日医院开展疫情期间安全保卫检查工作。

疫情防控工作开展以来，医院多次召开会议，进行再动员再部署。保卫科严格落实定岗、定人、定时值守，深入开展安全隐患排查，加强发热门诊、集中隔离观察场所等重点部位的安保工作，主动排查调处化解各类因疫情引发的矛盾纠纷，及时消除各类安全隐患，确保疫情防控期间医务人员安全，维护良好医疗秩序。

同时，保卫科协调属地公安派出所、街道、居村委会等多种巡防力量，共同参与做好医疗机构安全防范工作，形成驻点守护、周边巡逻、视频巡查相结合的立体防控网络，确保一旦发生涉医警情能够及时联动处置。

通过此次自查自纠，医院压紧压实工作责任，找准补齐疫情防控工作中的薄弱环节，确保各环节严格有序、不出纰漏，做到守土有责、守土担责、守土尽责，为打赢疫情防卫战保驾护航。

第六节　关键节点显身手敢于亮剑

我院血液透析全力确保居民透析需求

广州市中西医结合医院肾内科和血液透析中心自2022年3月下旬搬迁至总院3号楼11楼后，无论是住院条件还是透析环境，都得到了全面改善提升，尤其是血液透析中心，搬迁后床位增加了近30张，透析容纳能力得到极大的提升。

在环境改善后，我院近期血液透析病人大量增加，现有透析患者近350人，因为疫情防控需要，透析前要增加很多疫情防控方面的排查工作。

医院在积极响应广州市的疫情防控政策、认真落实广州市及花都区政府的疫情防控指引、对血液透析患者严格执行各项疫情防控措施的前提下，全力解决市民的透析安排，为此肾内科的全体人员也起早摸黑、加班加点，只为让每一位有需求的患者都按时完成透析。

肾内科的马振主任表示："近期突然间增加了近百名血液透析患者，完成医疗任务的难度肯定是有的，但我们有信心也有能力解决这些患者的透析需求，请把他们放心地交给我们吧。"

为了解决透析机位的问题，医院专门开辟了绿色通道。紧急购置血液透析机，并临时增派医务人员支援，全力以赴让血液透析火力全开，解决市民的医疗需求。

为了提高透析效率，让每一个需要的慢性肾功能衰竭患者，均能得到及时的透析治疗，肾内科的医护人员每天早上六点多就到科室，准备开始一天的血液透析工作，每一个人进入透析中心前，均要进行严格的防疫排查，以确保所有患者的安全，直到晚上12点多，她们才帮最后一个透析患者下机完毕。

广州市中西医结合医院党委非常重视血液透析中心的管理工作，医院党委副书记、院长刘瑞华看望并慰问了血液透析中心的患者和员工，他表示医院一定会竭尽全力为他们提供医疗保障，让他们放心安心地在我院进行透析治疗。

打造广州北部地区中西医结合的应急、预防、诊疗、康复的花园式医学中心及高端医疗集团，服务辐射广州北部地区居民，一直是广州市中西医结合医院的发展愿景。

刘瑞华院长表示："现在是考验我院血液透析和综合医疗应急能力的时候，突然大量的血透增容，必定会让医务人员的工作压力多倍增加，肾内科经过多年的沉淀积累，现已达到一定的能力和水平，但工作再繁重也不能放松各项防疫政策，医院相信在全体人员的齐心戮力下，一定能打赢这场疫情攻坚战，保障花都区市民的生命安全！"

◎第四章

医院感染控制

第一节　抗击疫情感控争分夺秒在行动

新型冠状病毒感染的肺炎疫情发生以来，医院感染防控形势严峻。新冠疫情期间，感控科第一时间对全院感染控制工作进行多次培训，同时制定医院感染预防控制相关方案、预案及工作流程，并每天到预检分诊点、发热门诊、隔离病区、检验科、医疗废物暂存点等现场指导、监督各项流程和个人防护执行情况，对发现的问题及时进行整改，确保院感控制措施有效落实。医院感染管理科用实际行动全力以赴，切实扛起阻击疫情的责任，为全院疫情防控保驾护航。

2020 年 2 月 3 日按照医院疫情防控工作会议关于组建新留观病区的精神，医院紧急把原来的外三科改造为过渡观察病区，感控科、护理部、医务科立刻行动起来，院感科陈小平科长、感控专员阳艳、护理部陈碧贤主任、医务科郭奕文科长、立即到现场对区域进行安排规划，严格按照院感防控要求布局，规划三区两通道，并规范流程，护理部按要求连夜在划定区域张贴醒目标识，同时对病区进行清洁消毒，当天晚上准备工作就绪，为接收病人，做好一切准备。

当天下午，护理部联合院感科对新过渡观察病区护理人员及保洁员进行穿戴防护用品培训，并现场演示穿脱防护服；院感科联合医务科对抽调到新增病区工作的应急梯队医生进行诊疗方案及疫情防控知识培训，为进入新留观病区的医护人员做好诊疗及防控准备奠定基础，消除大家的紧张情绪，为做好工作提供保障，接下来感控科将加强对新增病区的防控技能的督导，确保院感防控措施落到实处。

为进一步做好新型冠状病毒感染预防与控制工作，有效降低新型冠状病毒在医院内的传播风险，规范医院保洁员消毒、隔离以及个人防护，感控科还分场次、分部门、下科室多次对保洁员主管以及重点部门保洁员进行培训以及穿脱防护服的实操演示。

医院从加强个人防护、提高医院保洁质量、加大医院环境卫生消毒工作、规范收运处置医疗垃圾等方面，做好疫情期间全院环境卫生工作，切实保障医院清洁、消毒安全。全体医务人员既要充分认识疫情防控工作面临的严峻形势，通过系列的培训坚定了后勤保障人员战胜疫情的信心，克服过度的恐慌。

第二节　首创过渡观察病房，解决市民急诊住院

2020 年的春节期间，新冠病毒突袭全国，广东省从 1 月 23 日起宣布进入重大突发公共卫生事件一级响应，随着抗疫工作取得阶段性胜利，2020 年 2 月 24 日 9 时起，广东省新冠肺炎疫情防控应急响应级别由一级响应调整为二级响应，广州市中西医结合医院新冠疫情防控指挥部，积极响应政府号召，在做好防护措施的前提下积极推动复工复产工作。

一、为保障花都区市民急诊就医安全，全国首创设立过渡观察病房

随着抗疫工作的推进，至 2 月中下旬，花都区市民经过一个多月的居家隔离抗疫历程后，已积累了相当大的就医需求，既要解决病人的就医问题，又要做好新冠肺炎防控工作，如何平衡好两者之间的关系，这是一个历史新难题！为此广州市中西医结合医院新冠疫情防控指挥部在二月十六日决定，在原过渡观察病区的基础上，率先在全国推出过渡观察病房，为此医院进行了详细工作部署。

严格执行当时最新防控指南新冠肺炎诊疗方案第六版，强化预检分诊关，一旦发现疑似病人后立即转至定点收治医院。非急诊病人在排除了新冠诊断流行病学史后，行新冠核酸检测、血常规及肺部 CT 检测结果均阴性的情况下，直接进入对应的专科病房住院治疗。

二、针对急诊病人，医院给出了详细的指引，分三个层面解决急诊住院难题

1. 每个专科均设立单独的过渡观察病房，以应对急诊病人的就医需求。

把急诊病人细分为特别紧急、紧急、亚紧急等三种情况分级处理，做出详细的检测和治疗处理指引。对于无流行病学史、血常规及胸部 CT 检测正常的急诊患者，在新冠病毒核酸检测结果出来前，把病人安排在单间过渡观察病房进行紧急救治，每间过渡观察病房只收治一个病人，核酸检测结果出来前，避免在院内流动检查，待新冠病毒核酸检测结果阴性后方可转入普通病房治疗，既保障了每一位病人的生命安全，又预防其他病人发生院内交叉感染。

2. 外三科恢复原收治病种诊疗病区，将急诊病房改造成医院的过渡观察病房，分流各专科无法及时收治的患者，等核酸结果出来后再转入各专科。

3. 建立核酸急诊检测机制，快速引进设备，急诊病人核酸结果可在一小时内出报告。

此项措施在五月初的国家常态化防控文件中建议全面推行，要求各医院应设立过渡病房。我院在初始实施的两个多月里，医院急诊收治量与去年同期相比相差无几，有效保障了花都市民的急诊需求。胸痛、消化道大出血、外伤及卒中等绿色通道运作成熟完善，尤其是卒中绿色通道抢救中风病人快捷高效，在 2020 年 1 至 4 月，我院高级卒中中心静脉溶栓技术全省排名第一，确保了在疫情防控期间危重症患者及其他特殊患病群体的救治工作顺利进行。

第三节　疫情期间的院感防控守护者——院感督导员

有人这样描述院感防控工作："如果说一线医务人员所进行的是一场极限蹦极，那么院感感染防控人员就是蹦极运动员身上的那根绳索。"新型冠状病毒爆发以来，广州市中西医结合医院将新冠肺炎院感防控工作放在各项工作的首位，为做好新冠肺炎疫情防控工作，医院感控科联合护理部、医务科从 1 月 25 日起建立了院感督导小组，每天对全院感染防控管理、医务人员个人防护、消毒隔离、医疗废物处理等工作进行全面督导。3 月初根据《广东省卫生健康委办公室关于建立医院感控督导员制度的通知》文件精神，进一步强化医疗机构感染防控工作，确保各项措施有效落实，最大限度确保医务员与患者的健康和生命安全，结合实际情况，在医院原有的院感督导小组的基础上紧急成立了感控督导员队伍。

感控督导员队伍是由 18 名从各临床科室感控员中抽调出来的优秀感控员组建而成。这 18 名感控督导员不仅要完成日常诊疗护理工作，还需承担科室院感防控相关管理及督导工作，平时工作烦琐而忙碌，从接到任务那刻起，无一人退缩，只有一句"好的"！他（她）们无任何怨言，无任何疑问，以饱满的工作热情和高度的责任心参加完院感科开展的多次疫情防控相关知识培训及考核合格后，全身心投入工作中。

院感科陈小平主任说过：院感无小事，细枝末节的地方都要检查到位了，才能确保不会出现一丁点儿纰漏。在疫情防控中，感控督导员一直秉承"慎终如始，则无败事"的工作态度和精神，每天对医院内各科室医务人员防护情况，感染防控危险因素等方面进行监督和巡查，积极反馈问题，提出改进意见或建议，特别注重对发热门诊、预检分诊、门急诊、隔离留观病区、手术室、ICU 等重点科室的督导。现场指导医务人员根据不同岗位、不同风险区域按要求做好个人防护，指导医护人员穿脱防护用品，及时发现和纠正错误行为及错误流程；现场观察、监督和纠正医务人员各项操作行为时的危险因素；现场督促医务人员按规范要求做好手卫生；监测医护人员职业暴露情况，发生职业暴露时及时干预，指导医护人员紧急进行有效处理，评估暴露风险并及时上报；督导落实空气、物表、环境消毒和医疗废物处理等工作。

第四节　多方共建夯实院感防控基线

随着新冠疫情防控工作进入拉锯战状态，医院仍把疫情防控作为开展医疗业务工作前的首要事务，为了继续夯实疫情防控基线，广州市中西医结合医院持续在硬件设施改进、院感防控、再培训再演练等方面持之以恒、不断改进，确保工作人员思想不松懈、疫情防控工作不放松。

（一）开展市继教学习班，提升医疗集团感控管理水平

2020 年 10 月 21 日，由广州市中西医结合医院院感科主办的广州市继续教育项目"紧密型医联体下院内感染管理培训班"顺利开班，广州市中西医结合医院医疗集团专职、兼职感控员及临床医护人员参加了此次培训班。培训班开始前院感科陈小平主任介绍了全球新冠疫情流行状况，国内防止疫情反弹的复杂性，详细讲解了如何将十大常态化防控措施落到位。

护理部陈碧贤主任从医联体消毒供应中心质量管理组织架构、质量管理原则与标准、优化基层医院消毒供应中心格局、加强消毒供应中心人员培训，提高工作人员专科技术、医联体内无菌物品统一消毒灭菌等方面详细讲解了医联体模式下消毒供应中心管理。

护理部杜敏副主任分析了国内外医院感染管理现状，强调护理管理在医院感染防控工作中的作用，指出医联体目前护理管理在医院感染存在的问题并提出改进措施。

院感科阳艳结合案例生动讲解了发生暴露的危险因素、锐器伤职业暴露的防范策略以及血源性职业暴露的评估与干预。院感科毕思明用数据剖析了目前严峻的耐药形式，从感控的角度详细多重耐药菌预防与控制相关知识，强调遏制耐药，关键在于各部位联合落实相关干预措施。

（二）强化感控知识和技能，做好疫情常态化防控

为积极响应上级号召，有效防范和积极应对秋冬季可能出现的新冠肺炎疫情，做好医院感染预防与控制工作，2020 年 11 月 17 日下午，医院举办"广东省新冠肺炎院感防控指引（第二版）及防护用品穿脱"培训，各科室感控护士、感控医生、质控员，各职能科室的代表及众安康后勤公司的保洁、护工、保安的主管参加此次培训。

培训会上，院感科陈小平主任和阳艳分别从不同角度对广东省疫情院感防控指引进行深入解读。陈小平从落实预检分诊制度、疑似病例和确诊病例的转诊转运、标本采样及送检、重点科室新冠肺炎疫情防控工作等角度解读《指引》，并传达其他新冠相关上级文件精神。阳艳从医务人员的防护及监测、医务人员职业暴露处置指引、环境的消毒和污衣处理、医疗废物的管理等方面解读《指引》。此次培训还邀请了重症医学科援鄂抗疫护士杨华邦现场展示穿脱防护服，杨华邦熟练演示穿脱流程的同时细致讲解每一样防护用品穿脱技巧及需注意事项，参会人员聚精会神观看演示，认真做好笔记。

（三）开展新冠个人防护理论及防护服穿脱技能比赛

为进一步提高医院护理人员的疫情防控意识和操作能力，做好突发公共卫生事件应急响应，特别是新型冠状病毒感染的肺炎疫情防控工作，保障医护人员身体健康和生命安全，有效预防、应对和控制院内感染。广州市中西医结合医院护理部主办，工会协办了护理人员新冠个人防护理论知识竞赛。

理论竞赛题型主要包括单选题、多选题和判断题等。内容涵盖国家防控新冠肺炎疫情的政策、病毒概念、传播特点、临床表现、检测方式、治疗方法、预防措施等各个方面，题目和实际防控息息相关，可操作性强，指向性明确。2020年11月18日进入决赛的54名临床护理人员同场竞技、大展身手。

2020年11月19日，医院护理部举办了2020年新冠肺炎防护服穿脱技能比赛。本次技能比赛共有27名护理人员报名参加，充分体现了我院护理人员的参赛热情。

所有参赛选手现场抽签决定考场及考试顺序。比赛设有两个考场，每考场设有3名评委老师。考核中均模拟护理人员进入隔离病房实战流程，严格按照现场实际工作要求进行，内容涵盖用物准备、手卫生、穿脱步骤、注意事项、防护要点等具体细节。

选手们精神面貌良好，训练有素，一丝不苟，严格按照防护服穿脱程序规范操作在规定时间内完成比赛，3名评委针对性地对操作细节进行点评和建议，评选出优秀获奖人员。

通过此次比赛，规范了防护用品的穿脱流程，大幅提高了护理人员的科学防护意识、应急处理能力及综合素质，达到了以赛促学、以赛促练的预期目的，确保更规范、更安全地保护患者及医务人员生命健康与安全。

（四）医院新建发热门诊正式启用

2020年9月4日上午，广州市卫生健康委副主任、组长陈斌，规划建设处处长苏晓琦，副处长侯剑云等一行到花都区调研发热门诊规范化建设工作情况。花都区副区长蒋福金，区卫生健康局局长曹扬，区卫生健康局副局长任伟俱等陪同参加调研。

调研团先后到花东镇北兴卫生院、区人民医院、市中西医结合医院的发热门诊进行现场调研，随后在市中西医结合医院举行了发热门诊和发热诊室规范化建设工作调研督导座谈会。花都区卫生健康局局长曹扬简单报告了汇报花都区发热门诊建设情况，区人民医院院长叶家骏、广州市中西医结合医院院长刘瑞华、花东镇北兴卫生院代表分别汇报了医院发热门诊建设的推进情况和具体困难。

广东药科大学附属第一医院院感科科长易文华、广州医科大学附属第二医院院感科科长林红燕分别对现场调研情况做出调研，并根据各医院发热门诊的不同情况提出相应建议。

广州市卫生健康委副主任、组长陈斌肯定了花都区的疫情防控工作组织有力、工作成果有成效。强调要高度重视发热门诊改造建设工作，意识到紧迫性，严格按照时间节点加快建设；要保质保量完成工作。花都区副区长蒋福金对调研团莅临花都指导表示衷心感谢，花都区将根据调研团的建议对下属医疗机构继续进行检查，加强整改力度。并从时间、财政、质量等方面表达了工作推进决心。

根据调研建议，广州市中西医结合医院按照国家卫生健康委下发的发热门诊建设标准，医院斥资 1500 万元历时三个月的建设，于 2020 年 12 月 15 日正式投入使用。新建成的发热门诊设置规范的三区两通道，配备独立的挂号收费处、自助药房、CT 室、化验室、核酸取样室，避免与普通患者共用设备导致的交叉感染，让发热患者就诊更加安全。

发热门诊集筛查、诊察、检验、检查、留观和治疗等"六大"功能为一体，实现发热患者就诊救治一条龙服务。与原旧的发热门诊比较，增设了发热重症抢救留观室，穿脱区的空间更加宽敞，通道流程更加顺畅，为发热患者提供更加优质高效的服务，为院感防控筑牢了基础。

开诊以来日均接诊发热患者 300 余人次，承担排查红、黄码、高风险场所人员、抢救危重发热患者等防疫任务，充分发挥了医院的"哨点"作用，筑牢了疫情防线，为医院提供了安全的就医环境。

（五）医院再次组织新冠疫情防控演练

目前新冠肺炎疫情防控进入"外防输入、内防反弹"的常态化防控关键阶段，为了更好地做好新冠肺炎防控工作，使员工熟练掌握新冠肺炎防控要求，广州市中西医结合医院于 2021 年 1 月 26 日下午再次开展了"新冠肺炎"防控应急演练，疑似病人发现及转运，涉事诊室终末消毒三方面的内容，为进一步做好新冠肺炎常态化防控奠定坚实的基础。

本次演练由刘瑞华院长作总指挥，门诊部郭雄图主任主持，参加演练的有门诊部、发热门诊、呼吸科、院感科、护理部、医务科、放射科、检验科及各临床科室等代表人员。

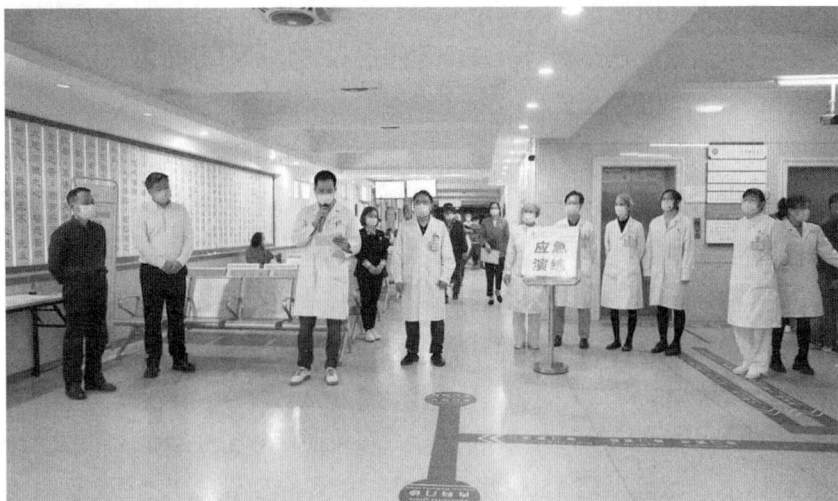

演练现场

演练模拟患者进入二次分诊，经过流行病学调查，发现患者 5 天前从中高风险区回来，并有咳嗽症状。分诊护士马上通知门诊部，门诊部立即组织人员疏散周边患者，同时通知保安封闭楼道，由预检分诊护士带患者到发热门诊。患者离开后，工作人员开窗通风，分诊护士做好个人消毒，更换工作服、口罩，消毒耳道及鼻腔。

总务科负责场地终末消毒，封闭通道及楼梯，并做好转移患者至定点医院的准备，保证患者转移时通道内无其他病人。楼道封闭后，预检分诊护士带患者到发热门诊下一步治疗及检查，患者在发热门诊完成抽血及取核酸、胸部 CT 检查等。专家组根据检查结果会诊，不排除患者是新

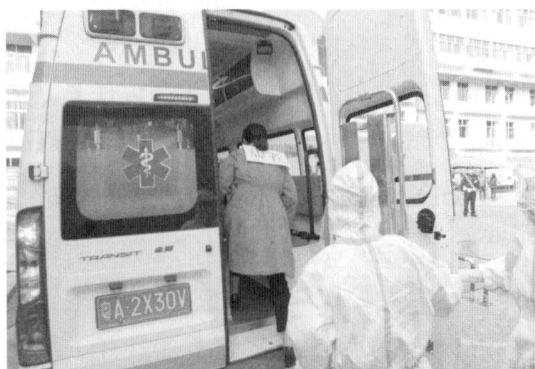

模拟转移疑似患者

冠肺炎疑似病例，按流程用负压救护车把疑似患者转定点医院，然后完成终末消毒。

最后演练总指挥刘瑞华院长点评，他指出本次演练的目的，就是通过演练让医护人员熟悉对"发热患者或疑似患者"的就诊处置流程，各级岗位防护指引、各级防控监测指引落实到位了没有，检查医务人员常态化防控下培训的效果体现，还有检查医院多部门联动配合的效率。通过演练也发现医院管理仍存在的一些问题，包括一些工作人员对流程不熟悉、指引不到位等问题，进行演练的意义就是在于及早发现问题并解决问题。总的来说，这次演练锻炼了医疗队伍，以后可以多开展类似的演练，这次演练的过程、流程不应该只是局部的人员知道，应该转化为规范化管理流程，并且让全院医护人员都知道，加强队伍建设。

第五节　全员全过程院感培训

开展新冠防控知识培训，扎牢常态化疫情防控安全网

为了进一步做好新冠肺炎疫情常态化下医院感染防控工作，2021年2月5日下午，广州市中西医结合医院举办"新冠肺炎预防与控制相关知识"培训，各科室兼职感控专员以及急诊科、发热门诊、门诊部负责人参加此次培训。培训会上，院感科阳艳从加强个人防护与手卫生、医务人员职业暴露处置指引、严格环境清洁消毒、严格医疗废物管理等四个方面，详细讲解新冠肺炎常态化疫情下医院院感工作重点及日常工作注意事项。随后，院感科陈小平主任就如何落实预检分诊制度、疑似病例和确诊病例的转诊转运、标本采样及送检、重点科室新冠肺炎疫情防控工作进行讲解；并布置工作任务，院级培训结束后，要求各科室在2月8日前完成科级培训，科级培训要全员覆盖，100%考核合格。

最后蒋守涛副院长结合目前的疫情防控形势进行总结并布置下一步防控工作。他对近期的疫情防控工作提出了以下几点要求：一、疫情防控工作不

可松懈，坚持"一个强化、六个坚持、十不打折扣"方针，把防控工作压实做细。二、继续加强重点部门、重点岗位、高风险科室医院感染防控知识培训和日常的督导检查，严把"四个关口"，对发现的问题及时协调指导，督促整改到位，防范院内感染发生。三、加薄弱环节监管，工勤人员为非医学专业背景，院感防控知识不足，跨区域工作交叉感染风险高，要强化工勤人员管理，重点加强个人防护和院感知识培训。

进一步强化医院工勤人员疫情防控相关知识培训

疫情期间，有一群默默无闻、甘于奉献的工作者，他们一直坚守岗位，他们是临床医务人员重要的辅助者，是医院不可缺少的一部分，这个群体就是保洁、护工、安保等工勤人员。

疫情防控，人人有责！与一线医务人员相比，后勤人员的文化程度相对不高，为了进一步增强医院工勤人员疫情感染防控意识，提高医院工勤人员疫情防控技能及执行力，2021年6月16日下午，广州市中西医结合医院感染管理科联合众安康后勤集团有限公司在医院临床技能培训中心会议室对医院全体工勤人员及各部门主管组织开展了疫情防控相关知识培训。

本次培训，由院感科阳艳授课，培训内容包括现阶段疫情防控各岗位人员管理重点、个人防护要求、环境卫生清洁消毒要求、医疗废物的管理及职业暴露处置等，并在授课过程中多次反复强调工勤人员在工作中要严格执行标准预防及手卫生。经过课后反馈，达到培训的预期效果。

医院召开后勤部门疫情防控专题会议

近期南京、江苏等地相继出现新冠肺炎感染病例，防控形势严峻，为做好疫情防控，2021年8月3日广州市中西医结合医院总务科联合医务科、院感科、护理部、保卫科，召集后勤管理部门各主管一同召开后勤部门疫情防控专题会议，探讨现阶段医院后勤人员疫情防控过程中存在的问题及解决方案，进一步强化疫情防控。

会议上，院感科陈小平主任提出疫情防控应先注重个人防护，保洁人员、陪护人员、安保人员应正确佩戴口罩，根据防护风险等级配置塑胶手套、医用口罩、防护衣、隔离衣等防护用具。强调尤其要注重手卫生，手卫生是防止交叉感染的重要措施之一，是医院感染控制的重要手段，是预防院内感染最简便有效又成本低廉的方法。其次，保持医院环境卫生也是防控疫情的重要措施之一，对病区的卫生应做到"一床一巾"，确保病区清洁。最后对保洁员应定期进行院感管理知识和保洁知识的培训，提高保洁人员医院感染知识的认知水平，掌握保洁工作的方法技巧。

护理部陈碧贤主任针对院内陪护人员日常陪护过程存在的问题，提出要加强住院病人陪护和探视管理。护工应做到"一患一陪一证"，更换病人时应重新持7天内核酸阴性报告申请陪护，疫情期间不随意带患者出去与家属好友会面。在病房内照顾病人时应佩戴好口罩，不扎堆聚集聊天。

医务科按照上级要求对后勤人员每周检测核酸，重点岗位人员每三天检测一次。保卫科要协助院区各出入口的人员排查，到我院就医的市民必须查验健康码和行程码，绿码才可进入医院。

院感科阳艳对后勤部门各主管进行进一步强化疫情防控相关知识的培训，培训内容包括各岗位人员管理重点、个人防护要求、环境卫生清洁和消毒要求、医疗废物的管理及职业暴露处置指引等。培训过程中多次强调手卫生的执行，手卫生的"五个重要时刻"：接触患者前、无菌操作前、接触患者后、接触患者环境后、接触患者血液体液后，后续也将加强对员工手卫生的监督。

最后，邵军副院长对此次培训会进行了总结，他指出当前疫情防控形势严峻复杂，全院员工要提高政治站位，时刻绷紧疫情防控这根弦。后勤管理部门要规范化管理，后勤人员要高度重视疫情防控，将疫情防控日常化，保持医院环境卫生，不放过任何死角。

第六节　开市继教班升集团感控水平

为贯彻实施做好院内感染管理工作，强化新冠肺炎常态化工作，提高各级各类医务人员院感防控能力，2021年9月14日，由广州市中西医结合医院院感科主办的广州市继续教育项目"紧密型医联体下院内感染管理培训班"顺利开班，广州市中西医结合医院医疗集团专职、兼职感控员及临床医护人员参加了此次培训班。

本次继续教育学习班内容丰富，讲者授课精彩，会后学员们纷纷表示通过此次学习不但提高了院感防控的责任心，同时还夯实了院感防控基础知识，提高了院感防控技能，为提升紧密型医联体下院内感染管理水平打下坚实基础。

第七节　强化院感督导

一、院感无小事，感控常态化——医院开展内科系统院感防控工作督导检查

为了做好院感日常化防控及疫情常态化防控工作，2021 年 6 月 2 日，广州市中西医结合医院院感科陈小平主任带领医院感控督导员对内科系统院感及疫情防控工作进行了督导。

督导组主要查看了住院患者、陪人管理和防护用品使用情况，并对部分科室存在的问题指导，提出改进意见，能当场解决的当场解决，无法立即解决的，要求相关科室限期整改并再次组织"回头看"及时了解其动态整改情况。

在疫情反复的态势下，院感工作是重中之重，通过此次督导，大家进一步明确了目前感控风险防范的紧迫性和严峻性，进一步提高了医务人员对院感工作重要性的认识，强化了责任意识。院感督查是医院常态化工作，医院将持续不断扎实做好感染防控工作，切实保障医疗质量与安全。

为了进一步夯实医院疫情防控基线，回头看院感督导中发现问题的改进情况，2021 年 6 月 11 日上午，由蒋守涛副院长带队，院感科、护理部、纪检监察室等部门负责人检查住院科室新冠肺炎院感防控工作。

二、提升院感督导员队伍能力助力防控坚实堡垒

广州市中西医结合医院根据考核情况对医院感控督导组成员进行调整，并于 2021 年 9 月 14 日下午召开新一届感控督导员工作暨培训会议，邵军副院长及医院感控督导队伍全体成员出席了此次会议。

邵军副院长充分肯定医院感控督导员队伍在新冠疫情防控工作中更是发挥了主力军作用，承担了院内督导隔离酒店督导、核酸采样队院感指导等重任，用责任和担当牢牢把住防"疫"的第一道门。医院感控督导员是一份荣誉、一份责任，更是一份担当，感控督导员要以高度的责任感、事业心，加强学习，熟练掌握感染防控制度和标准，督导到位，务求实效，真正将院感理念落实到每位医务人员的医疗行为中，把我院的院感水平提高到一个新的水平。

院感科陈小平科长讲解督导组工作成员主要职责和工作内容，ICU 丘文军副主任医师分享感控督导经验。医院感染控制工作任重而道远，医院感控督导员队伍将继续充分发挥作用，更好履行职责，督促各科室落实各项感控工作，持续提升医院防感控能力和水平。

◎第五章

核酸检测，抗疫的精准武器

自新冠疫情发生以来，广州市中西医结合医院共为市民进行新冠核酸采样超过450万人次。精准的核酸检测能力，是抗击新冠疫情防控最有效的精准武器！及时排查出新冠感染患者，才能实施早发现、早诊断、早隔离及早治疗的疫情防控措施。为了应对疫情，广州市中西医结合医院也是花都区内最早为市民提供核酸检测服务的医疗机构之一，2020年春节后为了助力复工复产工作，医院率先在区内推动复工复产的核酸检测工作，助力广州地区的复工复产复学。而大型核酸检测检验能力则是考验医院应对大型传染病导致的公共卫生事件应急处置水平，在防疫进程中医院不断进一步完善各项应急机制，全面提升医院的综合应急处置能力，开启全方位疫情防控能力新时期。

第一节　复工复产核酸检测

社会停转，推进复工复产复学工作迫在眉睫

随着抗疫工作不断取得新成绩，2020年3月底广州很多地区已由中风险降至低风险级别，但此时新冠病毒已席卷全球，国内防控策略也已及时调整为"外防输入、内防反弹"指引上，全面恢复社会生产生活秩序、积极推动企事业单位和学校复工复产复学成为头等大事，但群体性发病是新冠病毒感染的一大特征，无论对于社会团体还是个人来说，复工和自身安全同样重要，此时复工复产复学工作遇到了新瓶颈。

为积极推进花都区的经济复苏工作，解决社会团体和个人的复工难问题，广州市中西医结合医院新冠疫情防控指挥部，经充分研究后，缜密布控和及时调整业务场地，在三月初就专门开设了复工复产复学门诊，是区内最早为花都市民和广大外来务工人员提供团体及个人新冠核酸检测服务的公立医院，积极承担起新冠病毒无症状感染者的筛查任务，全力推动花都区各企事业单位和学校的复工复产复学工作，为推动花都区经济复苏写下不可埋没的一笔。

为解决分开六类重点人群、住院病人和复工复产复学人员体检新冠核酸检测采样点的问题，广州市中西医结合医院新冠疫情防控指挥部决定把复工复产复学门诊设立在新住院大楼的一楼，重新规划健康人群由医院东侧路线进入医院，避免筛查人员与门诊病人混合，从源头上解决人群在医院内聚集的问题，既解决了群众的复工复产体检需求，又全力严防院内交叉感染，至今无发生一例新冠病毒院内交叉感染。

2020年5月9日零时起，广东省公共卫生应急响应级别降低至三级，全国已进入常态化抗疫阶段，广州市中西医结合医院继续积极落实中央应检尽检、愿检尽检的指导精神，至目前为止共为全区市民完成1.5万余人次的新冠核酸检测工作，严格落实各项新冠病人筛查制度，发现疑似病人立即转至定

点收治医院，把院感防控关口前移，确保不发生一例疑似及确诊病人收治在院内，做到零漏诊、零走失、零交叉感染，确保花都区市民有一个安全的就医环境。

第二节　核酸采样队的成长历程

在新冠疫情席卷全球后，疫情防控工作由内防反弹，重点转移至外防输入，在疫情防控的初始时期，对于什么才是标准防控措施，并没有一个准确的答案，大家都是在摸着石头过河，在工作中不断积极疫情防控经验，不断修改制定越来越精准和行之有效的防控措施。广州市中西医结合医院的核酸采样队伍，也是从 0 开始，逐渐成长为能随时出发负责整个街区、训练有素的队伍，成长的历程伴随着阵痛，付出了汗水，但也收获了成功。

我是咽拭子采样员！我骄傲！

疫情肆虐，武汉告急，全国驰援！在这场没有硝烟的战斗中，医务工作者用自己的行动践行着初心。如果武汉是主战场，广州地区是分战场。由于专业限制，口腔医生虽然无法亲临一线抗击恶魔，但随着医院发热门诊病人越来越多，广州市中西医结合医院口腔中心的五名医生承担起了咽拭子取样工作。

随着疫情的蔓延，全院上下均众志成城要求参与到抗疫战斗中来。抗疫压力刚开始时集中在急诊科，为缓解急诊科的压力，2020 年 2 月起，医院从处于停诊

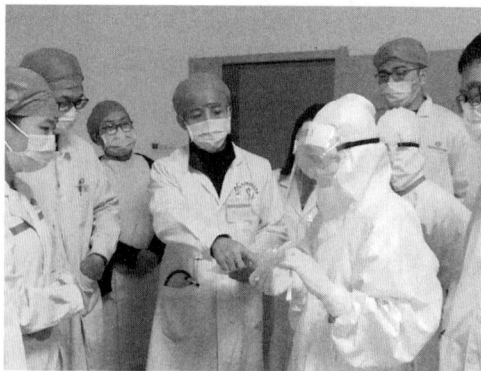

熊承文主任培训咽拭子采集工作

状态中的口腔中心、耳鼻喉科、体检中心等抽调医生组成战疫第二梯队，九名医生逆行而上，由急诊科的熊承文主任带队，成立了过渡观察病区和咽拭子取样小组，主要负责过渡病区病人的收治工作、发热门诊病人和住院病人的咽拭子取样工作、院外复工企业人员、监狱人员的咽拭子采样任务等。

疫情当前，咽拭子采集被认为是最容易发生职业暴露的高危操作之一。采集人员要凑近患者面部，看清其双咽侧扁桃体及咽后壁，再拿棉签采样。这一操作过程，患者会对采集人员哈气，或因为棉签擦拭咽喉不适而引起干呕、咳嗽、飞沫四溅而增加呼吸道疾病的传播率。上岗前熊承文主任对医护人员进行了严格的培训和考核。"尤其是脱防护服，要避免感染，一个规范步骤都不能少！"熊承文主任的话犹然在耳。

妇儿五官党支部书记、口腔中心邵军主任接到任务后，对抽调的同事做指示："大家一定要不辱使命！做好防护！打赢这一战！"

"大家只要做好防护，不用怕！"

刚开始采样时大家都难免紧张，口腔科吴昌敬医生总是这样给大家打气，讲段子缓解大家的恐惧心理。2020年2月5日17时43分，一位男士因发热、咳嗽症状加重来医院发热门诊就诊，该患者没有流行病学史，专科就诊前要先排除是否新冠感染，吴昌敬为他采集了咽拭子。吴昌敬拿一根长长的棉签与上颚平行伸入患者咽喉部，轻轻拭擦，停留5秒吸附分泌物。那位先生马上出现咳嗽和干呕状，飞沫直接溅到他眼罩上。"没事，别紧张，马上好了。"他没有退缩，反而轻声安慰患者。

心内科病房里，吴昌敬医生在耐心地为每一位住院病人采样，一名住院病人追着他，生怕错过采样。"别担心！国家不会忘记你的！"吴医生笑着和病人聊天，幽默的话语把整个病房的人都逗乐了！原本因恐惧疫情而变得寂静的病房里笑声一片。

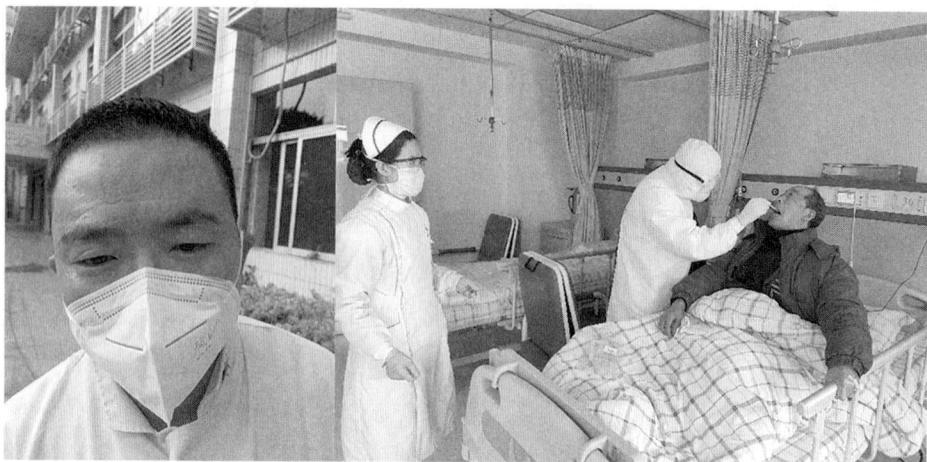

吴昌敬医生头上的压痕　　　　　吴昌敬医生在病房采样

"能到发热门诊工作！感觉很自豪！"

口腔科贾晓威医生接到任务时，巾帼不让须眉，充分发挥女医生工作细心、耐心的特征，在工作中发现问题，完善采样流程，增加采样效率和精准度。

在采样的 4 个小时里，严密的防护服下，里面的衣服早已湿透。医用口罩、N95 口罩、防护服、护目镜、防护面屏、鞋套和手套等等，都是标配！院感科陈小平科长反复到发热门诊督导院感防控工作，帮助大家配全防护用品，关心一线医务人员的健康状况。

"第一次采样后，核酸检测结果没出来，不敢回家，在医院待了两天两夜。家里老人快 80 了，孩子才上一年级，主要是怕影响到他们。邵军主任还特意打来电话鼓励我，帮我联系住宿问题。最开始没敢告诉老人，把孩子、老人托付给老公就出门了，老公出门时还给了我一个大大的拥抱！开玩笑的要我背一下《医学生誓言》，我说'我会用实际行动来践行誓言！'老公很支持我，白天上班，晚上带孩子上网课、家里买菜都是他，婆婆更辛苦，帮我们带孩子还要烧饭，后来知道我在医院现在承担采样工作，婆婆让老公送来一堆吃的，还说'多吃点，要增强抵抗力'"。

贾晓威医生聊起第一次采样时的心情，眼里泛着幸福的泪花。

"现在采样快 1 个月，已经是老手了！当初的担心都是多余的，医院给我们配全了防护用品、安排了合理的休息时间、提供了中药抗感药包、香囊、喷雾来提高我们的抵抗力，还有急诊科护士姐妹们的配合、医院安排的心理咨询，家人的支持，现在我们都在比谁采得多。大家都说要坚决和疫情抗争到底！"贾晓威医生坚毅地说。

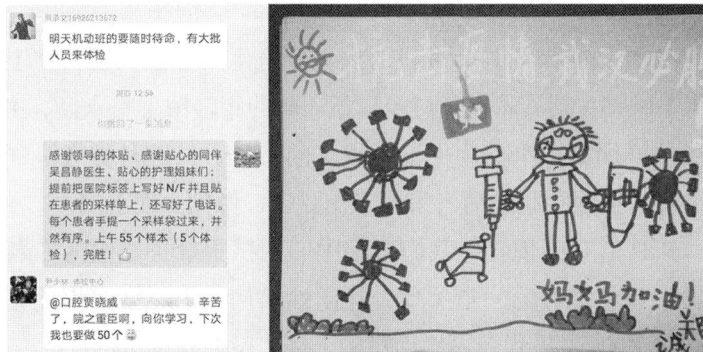

贾晓威医生的儿子给妈妈画画打气

"严防死守，最怕的就是阳性病例漏诊。"

"我们口腔科医生，每天都在和患者牙齿和口咽部器官组织打交道、最熟悉口咽部解剖，一定保证采样的准确性，减少核酸结果假阴性出现。"口腔科黄春煌医生严肃而又认真地说。这位刚刚入职不久的90后党员，是采样小组里年纪最小的医生，已经担当起了时代的重托。"刚开始负责这项采集工作，我会感到紧张有压力，采集时屏住呼吸，满头大汗。""现在淡定多了，看清位置再行动，确保取样的深度和转动时长，基本一击命中！"就是在这种责任与担当下，黄春煌采到了一例核酸结果显示阳性的病人，广州市中西医结合医院第一例新冠确诊病人被他成功"捕获"！凭着过硬的专业防控技能，黄春煌并没有因此而被感染。

"我是党员我先上！"

口腔科赖世翔医生也是一位90后，瘦瘦的小伙子接到任务后，立即参与到工作中来，除了保质保量地完成了发热门诊病人和住院患者的采样工作外、还承担了体检人员及返程务工人员的体检采样工作。曾创下一下午采样65个的记录，是我们小组的"采样冠军户！"

145

"我年轻，让我多干点！"

这个憨厚不善言谈的小伙子目光坚毅！口腔科新入职医生周星赟主动请缨。

2020年2月底，因为耳鼻喉科的周星赟医生紧急调回原科室上班，采样团队出现人员缺口，周转不畅。口腔科新入职的年轻医生韦永涵，主动请缨，要求参加到采样团队中来。为保证新战友的安全，口腔科的老采样员们主动为新成员讲解防护服穿脱技巧、采样工作要领、做到火线上岗。

从2月4日值守到现在，我们口腔中心咽拭子取样小组的5名小伙伴无惧感染风险，只想守好第一道关口，让阳性病例一个不漏，累计完成咽拭子采样1000余人次，采集到新冠确诊病例1例，疑似病例1例。

同样致敬采样小组的另外四名战友：耳鼻喉科的陆奇胜医生、周星赟医生、体检中心的尹少林医生、劳敏莹医生！你们无畏风险，勇敢向前！致敬队长熊承文主任！危急时刻，挺身而出！致敬过渡病房林燕群护士长和全体护理姐妹们！默默无闻、敬业奉献！你们是最美的人！

我们的咽拭子采样员，只是抗疫团队中的一颗小小螺丝钉，华邦兄弟逆行而上的壮举让我们热泪盈眶！急诊护理姐妹们不分昼夜地辛苦令我们心潮涌动！发热门诊和急诊科、呼吸科、检验科、CT室等等兄弟科室的同事们在高风险下的兢兢业业令我们钦佩不已！在这里，我们感受到了院领导对防控疫情的一次次周密部署和亲情关怀！我们感受到了来自社会各界爱心人

过渡病区医护人员及第一批咽拭子采集
小组人员

士的支持与鼓励！我们感受到了广州市中西医结合医院人战胜疫情的勇气与担当！

他们说："我是咽拭子采样员！我骄傲！作为一名普通医生，这将是我们终生难忘的记忆。"

风雨送春归，飞雪迎春到。

待到山花烂漫时，她在丛中笑。

战斗还在继续，我们坚信，一定会打赢这场防疫攻坚战，不获全胜绝不轻言成功

第三节 规模核酸检测起步

一、完成临床一线医务人员新冠核酸检测工作

根据广东省新型冠状病毒肺炎疫情防控指挥部办公室转发关《强化防控措施坚决防止疫情反弹的通知》[国卫明电（2020）336 号] 要求，各地各部门要时刻紧绷疫情防控这根弦，坚决克服麻痹思想、厌战情绪、侥幸心理、松劲心态、慎终如始地做好疫情常态化防控工作，要认真吸取近期发生聚集性疫情地区的经验教训，举一反三，加强疫情监测和信息报告，对各项防控措施进行再评估，对防控漏洞再排查，对防控重点再加固，对防控要求再落实，坚决防止疫情出现反弹。

刘瑞华院长要求，在广州市中西医结合医院新冠疫情防控指挥部的领导下，医院必须严格对照通知中的要求，认真细致逐条落实，坚决执行相关防控措施，查漏补缺，杜绝院内交叉感染的发生，责成医务科和院感科牵头，按通知落实医务人员健康监测和管理，对全院工作人员全员分期分批进行新冠核酸检测，确保医务人员不会成为医院感染暴发的源头。

在医务科和院感科牵头组织下，广州市中西医结合医院对全院 1400 余名工作人员进行分期分批完成新冠核酸检测工作，第一批 965 名临床医务人员已于 2020 年 6 月 28 日前全部完成咽拭子采样工作，全部检测结果阴性。

计划第二批非临床工作人员新冠核酸检测工作将于 7 月中上旬完成。刘瑞华院长表示，做好职工的筛查工作，完善疫情防控策略是一项重要的政治任务，全院员工必须无条件配合和执行，以确保本院新冠疫情防控工作不会产生漏洞。吸取其他同行医疗单位的教训，大部分的院感暴发均发生在住院部，下一步要同时要继续加强探视陪人管理，严格执行标准防护和分级防护，

充分发挥医院的哨点作用，最大限度降低院内感染风险。

按照国家新冠疫情防控要求，广州市中西医结合医院严格落实"应检尽检"防控原则，决定在 2020 年 12 月 3.4 日两天对全院 1500 多名职工进行核酸采样检测。

本次检测人群覆盖全院所有职工，为避免人员聚集、提高工作效率，8 名核酸采样人员身穿隔离衣、面罩等防护装备并准时到位，在 3 日下午 14：30 开始为医务人员进行采样。在采样现场，人员调配合理，核酸检测进展井然有序。在各科室通力配合下，短短两天内 1500 多名医务人员已全部检测完成，所有职工检测结果均为阴性。

医院 PCR 核酸实验室已正式启用，已经可以满足每天院内核酸检测量，为医院常态化防疫和临床精准治疗提供有力的基础保障。接下来，医院也决定在每月对全体医务人员进行一次核酸采样检测，这既是医院积极响应新冠疫情的具体行动，也是为群众营造良好安心诊疗环境的有力举措。

二、记 2020 年 10 月核酸检测工作——战疫 36 小时

2020 年 10 月 15 日，广州市花都区对隔离酒店工作人员进行定期检查，发现 1 例新冠无症状感染者，广州市花都区新冠疫情防控指挥部立即启动应急响应，开展流行病学调查，对密切接触人员进行医学隔离观察，根据该无症状感染者的活动轨迹，确定对周边 12 个重点场所的居民进行新冠核酸筛查，并对重点场所涉及的 5 个村、1 个景区和 1 个居委会开展了排查。

广州市中西医结合医院新冠疫情防控指挥部接到了排查任务后，立即启动应急预案，再次召开了全员抗疫的动员会，会上刘瑞华院长强调了必须统一部署、全院一盘棋、服从调配全力支持花都区打赢这场疫情阻击战；黄红柱书记再次强调要严格按要求管理好疫情相关信息。

医院积极配合花都区的新冠核酸筛查工作，快速调配医务人员及各类防控物资支援，在凌晨 5 点多接到防疫任务后，在半小时之内完成第一批 12 名医护人员集结。在 10 月 16 当天即派出了 60 余名医务人员支援此次的重点人群新冠核酸筛查工作。

除了到相关重点筛查区域进行采样调查外，广州市中西医结合医院内外兼顾，对大批涌往医院进行核酸检测的居民采取了紧急应对措施，医院领导班子与相关部门负责人召开临时会议，讨论对突然暴增检测人群快速妥善处理的策略。

通过调整采样流程、改进采样场地、临时增派大量人手开通过更多采样通道、加强检测人流管理等措施，广州市中西医结合医院对 5 千余名来院检测的人员进行了快速采样检测，无一例阳性病例，落实了中央的"应检尽检、愿检尽检"防控指导精神。

在此次战"疫"过程中，广州市中西医结合医院自主研发的中药抗疫产品，发挥了重要作用，制剂室人员加班加点，赶制出一批中药抗疫制剂，至目前为全区提供了约 6 千余人次的中药抗疫成品，给全区隔离酒店医务人员、工作人员及重点人群提供了保障，充分发挥了中医药在抗疫过程中的重要作用。

作为此次应急处理的总指挥，刘瑞华院长表示：以前的应急演练只是模拟训练，但这次的应急预案启动就是实战！经过前期的充分准备，广州市中西医结合医院早已做好长期作战及突发紧急情况的各种准备。在这次的疫情实战中，医务人员训练有素、忙而不乱，物资准备充足、部门调配顺畅，突发疫情处理流程快速畅通，对舆情信息掌握充分、反应及时，充分体现了广州市中西医结合医院的整体应急处置能力强大，广州市中西医结合医院新冠疫情防控指挥部有信心、有能力继续打好这场疫情阻击的硬战。

第四节　大规模核酸检测应急演练

2021 年 1 月 12 日广州市中西医结合医院再次举行了大规模核酸检测采样反复应急演练。

此次演练由广州市结合医院党委副书记、院长刘瑞华担任总指挥，黄华副院长任副总指挥，医务科、院感科、护理部、设备科、总务科、保卫科等职能科室及护理核酸应急采样队等共 20 余人参加了应急演练。

16：30 黄华副院长接上级部门电话通知：紧急调动医务人员，前往 XX 社区进行大型核酸采集，黄华副院长立即上报刘瑞华院长并启动核酸应急采样预案，通知护理部、医务科等。

护理部陈碧贤主任接到通知后立即电话通知两名核酸采样队组长，组长接到任务后，立即召集核酸采样队队员，并电话通知设备科、总务科、保卫科做好相应物资及交通准备。

16：50分，核酸采样队员身着手术衣并备齐物资，整队出发。根据应急预案，采样队到达现场后各司其职，很快进入了模拟工作状态，场面有条不紊、井然有序。采样完成后，采样队员认真核实采样人数，并逐层上报。

至17点10分，演练结束，由总指挥刘瑞华院长对此次演练进行了总结：

此次应急演练各部门、科室反应迅速、行动快捷，各项工作有序开展、环节承接到位，但也存在部分问题，要求相关科室对演练中暴露出的不足及时梳理和整改，进一步完善各项应急预案和制度，切实提高医务人员应对新冠疫情的应急处置能力；三军未动，粮草先行，战役前准备工作最为重要，设备科、总务科在实际工作中清点500人核酸采样物资用物，以从容应战。目前，年关将近且新冠疫情形势复杂，又一度挑战即将来临了。作为医院，我们当以要立足最坏情况，做好战役准备，时刻动员，以保障人民群众以及医务人员的生命安全。守望相助，众志成城，共渡难关，我们一直在努力！

为检验医院全员核酸检测经过第一次演练后的改进情况，广州市中西医结合医院再次于2021年5月14日和2021年5月20日，一周内连续两次举行了大型核酸检测标本采集应急演练。

此两次演练跟之前一样，同样由院长刘瑞华任总指挥，黄华副院长担任副总指挥，护理部、医务科、院感科、设备科、总务科、保卫科等职能科室及护理核酸应急采样队共近百人参加了应急演练。两次演练目的都是为了让各部门、科室，练就反应迅速、环节紧凑的大规模核酸检测标本采集的应急流程。

演练于16：30开始，黄华副院长接上级部门电话通知：紧急调动前往××社区进行大型核酸采集，黄华副院长立即上报院长并启动核酸应急采样预案，通知护理部、医务科、院感科等。

护理部陈碧贤主任接到通知后立即电话通知两名核酸采样队组长，组长接到任务后，立即召集核酸采样队队员，并电话通知设备科、总务科、保卫科做好相应物资及交通准备。

16点50分，核酸采样队员身着手术衣并备齐物资，整队出发。根据应急预案，采样队到达现场后各司其职纷纷进入了工作状态，场面有条不紊、井然有序。采样完成后，采样队员认真核实采样人数，并逐层上报。

至 17 点 10 分，演练结束。黄华副院长对此两次演练进行总结：此两次应急演练与第一次演练相比较，启动更有序、更迅速。但仍存在部分问题：比如第一次演练的时候，收到需要紧急采样的通知后，队员没有及时给予反馈，组长也没有及时掌握和跟进本组人员的情况，针对第一次演练中暴露出的不足及时梳理和整改，经过三次的演练后，前面存在的问题已有所改善，但仍要演练的原因是为了进一步完善了各项应急预案和制度，通过演练不断发现问题，例如这两次演练就发现物资准备不足方面的问题，应该立即对应急预案进行调整，切实提高了医务人员应对新冠疫情的应急处置能力。

演练总指挥刘瑞华院长表示，新冠疫情在国际上持续传播，疫情防控将是一场持久战、耐力战，我们要做好长期作战的准备，时刻准备好打大仗、打硬仗，这样的演练非常好，可以及时发现一旦启动全员核酸检测时存在的问题，现在就进行查漏补缺，避免真正上场时的忙乱，通过演练不断提高医护人员的实战能力。相信我们在钢铁一般的意志下，一定能打赢这场疫情攻坚战！保护好人民的生命健康安全。

医院再次组织全员新冠核酸采样培训

2022 年 4 月 16 日，广州市中西医结合医院由医务科、护理部和院感科共同组织，分批次对全院医务人员再次进行新冠核酸采样理论和操作培训。参加此次培训的人员包括医生、护士、医技及药剂的全体人员，含临床、医技科室及职能部门所有相关的医疗人员，要求全员参与、人人过关。

培训由 27 病区谢燕婷护士长进行主讲，她从理论入手结合实操经验，生动形象地讲述了穿脱防护服、新冠核酸咽拭子和鼻拭子采样等操作要领。

培训采取线上线下相结合的方式，全程在医院的钉钉职工群里进行直播和回放，以方便当天不能到现场参与培训的员工在线上完成培训。

在完成理论培训后，谢燕婷护士长还演示了穿脱防护服的全过程，向参与学习的医护人员详细讲解了穿脱防护服过程中的要领和注意事项。

医护人员在完成理论和操作培训后，还要现场再进行实操培训和考核，当天共有近 550 人次医护参加了此次培训和考核，全部考核合格，下一步将进入医院的复工复产门诊中进行采样实训。

此次培训的目的，是为了响应上级部门近期疫情防控政策部署、做好全员参与核酸采样的准备，提升医院对大型核酸采样的应急和后备人员储备能力，实现全院全员均可参与核酸采样的目标。

很多参与了此次培训的医务人员纷纷对此举给予赞誉，表示通过这种理论加实操培训的方式，不但有效提高医务人员的理论水平，还能通过操作考核提升医务人员的动手能力，在进入下一步的临床实践训练时更有自信。

广州市中西医结合医院在两年多的疫情防控工作中，在大规模核酸检测中承担着花城街全员核酸二十多万人次采样，医院的复工复产核酸检测门诊，最高峰时一天采样量高达近2万人次，承担着花都区相当一部分市民的检测任务。

为了切实执行各类疫情防控政策、按指南落实疫情防控措施，医院会定期组织各级员工、按工作岗位分层级进行针对性培训，培训覆盖率达100%，医院领导班子一直以来十分重视医院在大型公共卫生事件方面的应急能力，定期举办各种类型的培训及演练，致力于提升医院综合服务能力。

第五节　驰援兄弟区

火速支援荔湾区核酸检测，她们一夜未眠！

2021年5月26日，荔湾区新型冠状病毒肺炎疫情防控指挥部发出公告：将定于5月26日至27日对全区户籍人口、暂住人口开展全员核酸检测。此公告一出，各卫生部门积极响应，花都区卫健局紧急号召区内医护人员前去支援。5月26日15：51分，广州市中西医结合医院收到通知，立即响应号召，集齐32名医护人员迅速集合，深夜出动，分两批前往支援，到达指定地点后，迅速开展核酸采集和分流工作。团队和街道紧急合作，高效开展采样工作，截至5月28日0点，前去支援的团队已完成荔湾区桥中街和大坦沙社区全部的采样任务。

历时 18 个小时的核酸采样队"累累战绩"，全身湿透的战衣、脸上布满辛勤的汗水和勒痕。

2021 年 5 月，广州市中西医结合医院紧急核酸采样梯队，除了连续两天的荔湾区核酸采样支援，还承担着花都区的紧急核酸外出采样任务。已连续 3 次快速响应号召，快速集齐人马，整装出发，每次均能又快又好地完成应急采样任务，都发挥着她们召之即来、来之即战、高效、迅速的团队作风。

为了快速遏制疫情的发展，广州市中西医结合医院的核酸采样应急队伍，在 2021 年 5 月和 6 月期间多次支援了广州荔湾、越秀、白云及番禺等区的全员核酸检测工作。她们异口同声地说："疫情防控我们一刻都不敢松懈，随时待命，随时出发。"

支援白云核酸检测，我院应急队伍又双叒叕出发了！

2022 年 4 月 12 日 0 时至 24 时，全市新增本土确诊病例 20 例（其中 9 例为此前已公布的无症状感染者转确诊）和本土无症状感染者 2 例。新增境外输入确诊病例 1 例和境外输入无症状感染者 10 例。

此次广州疫情防控政策的关键是力争尽早尽快发现感染者，全力阻断传播链条。到今天白云区有 3 个中风险区，为了打赢这场疫情攻坚战，广州市中西医结合医院接到了支援白云核酸采样任务。

在 4 月 12 日晚广州市中西医结合医院才完成了花都区的全员核酸检测工作，负责花都区 22 个核酸检测点外，还临时增加了区内的 5 个支援点，从早上 08：30 起一直工作到晚上 23：00，加上来院检测的黄码人员，合计为市民采样 20 万余人次。

医院派出 35 人应急采样队火速支援白云区，在接到支援白云的任务后，她们任劳任怨，在 13 日早上 08：00 即完成 35 人的第一支援队伍集结，赶赴支援白云的江秖汇市场和江南市场核酸采样点。

在出发前，医院党委副书记、院长刘瑞华对应急队员们进行了叮嘱，此次支援采样的感染风险较高，交代她们一定要严格做好自我防护措施，合理安排好工作和轮休，确保医务人员的安全，保质保量地完成支援任务。第一支援梯队 35 人分为 5 个小分队，她们到达支援点后迅速展开采样工作。在当天下午，第二支援队 35 人准时出发，接替第一梯队继续支援白云区的采样点。

广州市中西医结合医院的核酸采样应急队伍，经历过各种大小的疫情考验，曾多次执行支援越秀、番禺、白云等地的核酸采样工作，每次均能出色地完成各种应急支援任务，是一支训练有素、管理严谨的优秀采样队伍。

我们坚信，在广州市政府的正确领导下，全市人民听从指挥、统一战线，我们有信心也有能力，打赢这场疫情攻坚战！

支援白云区核酸筛查，我们连续第二天再出发！

2022年4月13日15时至14日15时，本次疫情我市新增28例新冠病毒阳性感染者，其中确诊病例23例，无症状感染者5例。

为了全力支援白云区的抗疫工作，广州市中西医结合医院于4月14日，共派出50人分上下午两批再次支援白云，今天是我院连续第二天派人支援白云区。总结了多次的支援经验，医院应急医疗队越来越有范了！

跟以往的支援工作比较，虽然近两次支援的地点都是疫情防控的重点区域，但训练有素的队伍显得更从容、更高效了。

应急医疗队到达白云区后，迅速有序展开了核酸采样工作：天气炎热，为医护人员喷洒酒精降温

广州市中西医结合医院总结了前期的核酸大筛查管理经验，为了确保医务人员的身心健康，保证医院有长久作战的能力，对各个核酸采样应急队伍实行梯队管理，规定每个采样队员的工作时间不能过长，保证医务人员的休息时间，一到工作时限即有下一梯队接替采样工作。

随着新冠疫情历程的推进，广州的市民们也越来越适应在疫情下正常开展工作和生活，此轮疫情并没有出现过度恐慌现象，我们坚信，在全体市民们的共同努力下，我们的社会一定会变得越来越好！

医院完成广州市工商学院全体师生核酸采集任务

根据疫情防控工作要求，花都区定于3月21—25日开展全区师生核酸抽测工作，每天按全区各级各类学校师生员工总人数的20%抽测。3月21日下午广州市中西医结合医院核酸采集应急队接到花都区卫健局安排的核酸采集支援任务，负责广州工商学院全体师生近14000人的采样任务。一接到任务通知，核酸采集应急队总指挥陈碧贤主任立即部署此次任务，联系学院对接

工作人员安排核酸采样区的布置准备，指导确定选择粤核酸小程序采样点和标本转运相关工作，与实验室沟通确认标本检测机构，事无巨细安排好采样前的工作。

3月22日08：10核酸采集应急队第二梯队全体队员集结，设备科、总务科准时将物资装车出发。到达学校采样点，学校学生处孙洪波处长现场协调核酸采集工作安排，按照核酸采集场地安排要求，设置10个采样位，执行队列间距2米，受检者间距1米贴标识并拉好警戒线，学校团支部安排志愿者负责核酸码扫码信息上传工作，09：00准备就绪开始核酸采集工作。学校师生人数多，采样量大，操场等候采样人较多，校方按照学院有序安排学生采样。在不停课不影响学生上课的前提下，经协商增设3个采样位专门为学校教职工进行核酸采样。

经过严谨有序的工作安排，28名队员历时5.5个小时，于下午15：00顺利完成全校13417名师生的核酸采集任务！学校领导充分肯定此次采样工作的高效快捷，并对全体队员的辛苦付出表示感谢！我院核酸采集应急队队员训练有素，技术过硬，先后顺利完成上级安排支援区外、区内、机场的核酸采集任务数十余次，应急核酸采集团队始终如一做到召之即来，来之能战的工作作风！为疫情防控工作贡献自己的微薄之力！

第六节　科学调度应对潮汐式核酸检测

火速提升核酸检测能力！全力为民解决难题

因疫情防控需要，有很多市民需要新冠核酸检测结果，近日大批市民涌到广州市中西医结合医院新冠核酸检测点内进行检测。为了解决民众的实际需求，广州市中西医结合医院党委多次研究调整，按医院的最大负荷量增加核酸采样窗口，尽全力为应检尽检、愿检尽检的群众提供检测服务。

为了提高采样速度，医院把2个采样窗口临时增加至6个。因自2021年

5月30日起离开广州市的民众需要提供3天内的核酸检测结果，下午大批民众赶到医院的核酸采样点排起长队，为了让来到的民众都能检测，广州市中西医结合医院核酸采样点由原来的2个临时采样窗口马上增加为6个，但仍需加班加点才能满足群众的检测需求。

由于近日天气炎热，为了解决核酸采样人穿着防护服后气温过高的问题，医院于2021年6月1日冒雨连夜火速建成了带冷气的舒适核酸采集房，采样窗口同时开通可增加至15个。为了解决采样人手的问题，5月30日晚又紧急从各个科室抽调人手并经过规范培训后，于6月1日早上准时为一早前来排队等候的群众提供核酸采集服务，医务人员终于可以在有冷气的环境下为市民采样了。

为了抗击疫情，广州市中西医结合医院全体员工众志成城、全力以赴确保新冠核酸筛查工作有力推进。为保证能为市民提供更大规模核酸采集工作的持续性，原新冠疫苗接种专班工作人员，经过严谨培训后全部转战至核酸采样场上。两天医院一共培训了四批次工作人员，包括护士，医生和住培生。来自港、澳、台及国内的暨南大学口腔医学院的16名学生，主动要求参加集训，准备新冠核酸采样工作。他们激动地说："我们一直都希望能为国家的抗疫出力，今天我们终于可以上一线了！"为提高检测速度，职能部门人员协助提前准备大量核酸检测试管。

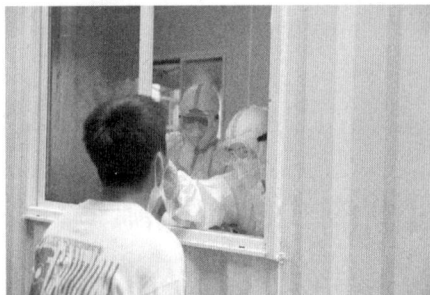

建好后带冷气的核酸采样房间

经过调整，3个核酸采样房同时全开后，医院的核酸采样效率得到大大的提升，6月1日采样数量提升到每天1.3万余人次，大大提高了我院的核酸检测能力，为广大市民解决实际难题。

第七节　大规模核酸检测纪实

2021 年 6 月 5 日　召必回，战必胜！

2021 年 6 月 5 日中午，广州市中西医结合医院新冠疫情防控指挥部接到上级通知，花都区计划开展大规模核酸检测排查，医院负责花城街 32 个采样点近 20 万人的核酸采集工作。针对近期区内疫情防控形势，医院前期已多次组织大规模核酸采集演练并储备了相应的后备梯队及物资。

接到通知后第一应急梯队迅速集结，每支队由党员干部带队迅速奔赴 32 个采样点后，开展核酸采集工作。

当天下午 400 多名工作人员分批前往指定的采样点，与公安干警、当地街道、村委干部及志愿者等一同开展大规模核酸采集工作，各采样队伍到达采样点后克服重重困难迅速投入工作。

来自韶关及广州等省内各地的支援队伍随后也陆续加入了核酸采集队伍当中。

由于时间紧、任务急，部分采样队伍从当天晚上 5 点持续工作到次日凌晨五点多，园玄小学采样点由于所辖居民众多，更是通宵开展核酸采集工作。

第二天一早，为了全力组织第二批核酸采样队伍支援大规模核酸采集工作，医院除了发热门诊及急诊外，普通门诊史无前例地停诊了一天。经过一天一夜的持续奋战，医院共出动医务人员 978 人次，共完成 18.4 万余份核酸标本采集。

为将会及时总结大规模核酸检测工作经验教训，医院组织各队伍负责人、疫情防控指挥部联系人、各后勤保障部门负责人牵头分别征集和总结本团队的经验教训，作为下次同类工作的参考和持续改进依据。

"召必回，战必胜，我们一定不负重托！"

坚守市民的安全是我们的职责，

在这场没有硝烟的战争中，

全院员工同心协力、昼夜兼程，

用实际行动守护花都人民的健康。

2021 年 12 月 16 日　党旗所在，民心即安！

2021 年 12 月 16 日凌晨，花都区在对国际货运航班机组人员例行新冠病毒核酸检测中，发现 1 例初筛阳性，经市疾控中心复核阳性，即闭环转运至广州医科大学附属市八医院进行隔离医学观察，经专家组诊断为境外输入无症状感染者。

为进一步强化新冠肺炎疫情防控管控措施，保障人民群众健康安全，根据市疫情防控工作统一安排，花都区新型冠状病毒肺炎疫情防控指挥部办公室于 12 月 16 日发布了关于开展全区全员核酸检测工作的通告，花都区定于 12 月 16 日至 17 日对全区户籍人口、异地来花人员开展全员核酸检测工作。

在接到采样任务后，广州市中西医结合医院 35 支核酸检测采样队火速完成集结，立即奔赴 22 个核酸采样点，迅速而有序地开展全员核酸采样工作，前来采样的市民也十分配合防疫措施，自觉保持距离、全程配戴口罩。

当天晚上突然下起了中雨，但医务人员风雨无阻，依然坚守在岗位上继续为市民进行采样。医院内同时开放黄码专用通道，为花都区内大量的黄码居民迅速提供采样服务。当天共外派 500 余名医务人员，其中党员 105 名，广州市第一人民医院派出89名医务人员支援，共为近16万名居民进行了采样，院区内共为1800余名黄码居民进行采样。

为了完成余下的采样任务，12月17日早上，我院的采样队伍再次踏着晨曦出发，在百合社区、紫荆社区、公益村及罗仙村四个点为昨天未参加检测的市民进行补采样，他们一直坚守到最后。医院内08：00各科室也准时开诊，保证患病的市民及时就诊。

前来采样的市民说："只要看到飘着党旗的地方，我们就觉得安全放心了！"广州市中西医结合医院党委始终以守护市民安全为己任，连夜作战、无惧风雨、内外兼顾，为居民的健康全力以赴，为健康花都保驾护航！

2022年3月16日　他们是你可以永远相信的"大白"！

2022年3月16日广州市花都区在省外来穗人员排查中发现一例新冠肺炎确诊病例，为迅速响应上级部门对花都区新华街及花城街进行全体居民核酸检测的号召，广州市中西医结合医院的22支核酸采样队伍400余人半夜完成集结，迅速准备好采样物资后于17日凌晨，奔赴至22个遍及城区、学校及乡村的采样点。

广州市中西医结合医院大规模核酸检测工作指挥部

一支支训练有素的队伍打着手电筒准备、踏着晨曦出发，在居民朋友们还在睡梦中即做好准备，早上07：00准时进行核酸开采。

除了医院外的 22 个核酸采样点准时迅速开采以外，医院里的黄码采样点也火力全开，为了让我区的黄码居民能迅速完成检测，医院把黄码采样窗口临时增加至 6 个，时至 16：00 院内采集黄码标本近五千人次。为确保有出行需求的市民能顺利取得核酸检测结果，医院还同时开放了自费检测通道及重点行业检测通道，保证满足市民的各种检测需求。

为了不耽误普通市民的就诊，即使在外派了 22 支采样队伍的情况下，医院的各个门诊仍于早上八时准时开诊，住院部、手术室及血液透析等部门也全部正常开展诊疗工作，妥善接收并处理好从其他医院临时转至我院的血液透析患者，今天共接收近八十人次的血液透析患者，直至晚上仍在加班透析中，确保区内医疗诊治工作紧密衔接。

为了充分发挥中医药在抗疫工作中的作用，广州市中西医结合医院新冠疫情防控领导小组决定，近期在院内为前来就诊的市民们，免费赠饮"粤抗一号"，有不少市民前来试饮后对此举表示赞扬。

其他疫苗接种、隔离酒店管理等日常疫情防控管理工作也照常进行，多管齐下，共抗疫情。

广州市中西医结合医院的全体员工，在两年多的疫情防控工作中，一直把市民的安全放在首位，齐心协力、众志成城共抗疫情，为确保花都区市民的安全全力以赴。

你们可以永远相信这些"大白"！

2022 年 4 月 28 日　我们又孖叒叕去采核酸啦！

根据花都区新冠疫情防控指挥部办公室关于开展全区全员核酸检测工作的通告，2022 年 4 月 28 日在全区范围内启动全员核酸检测。

广州市中西医结合医院负责花城街 20 个核酸采样点、11 间学校的采样工作。医院大规模核酸检测指挥部闻令而动，于 08：00 即进入运作状态，同时收到指令的其他职能部门也迅速进入工作状态，各核酸采样队也按既定的时间完成集结，到达对应的核酸采样点，按花都区新冠疫情防控指挥部既定的时间进行开采。

花都区交通局很给力，调配了 10 辆公交车，协助运送采样队到各个点。为积极配合全区采样安排，广州市中西医结合医院的应急后备队伍处于随时待命状态，医院大规模核酸检测指挥部于10点多接到指令，增加对区内24间学校和幼儿园的采样任务，医院立即派出应急队伍奔赴各校进行采样。

应急采样队整装待命

根据前几次的全员核酸检测经验，广州市中西医结合医院大规模核酸检测指挥部为了保证医务人员的休息，规定每个医务人员采样时间不超过4小时，领队要做好队员们的轮换休息安排，让每个医务人员的身体都保持在健康状态下作战。

今天天气炎热，医务人员跟社区也是很给力。社区为医务人员准备了大冰块和风扇进行降温，不过即使如此，穿着密不透风的防护服在闷热的天气下工作数小时，医务人员还是全身湿透了。此次采样工作，我院得到了广州医科大学附属第二人民医院的大力支持，共派出50名医务人员到支援学校的采样点。采样工作一直持续至晚上，第二批医疗队员接过了接力棒，继续努力完成采样工作，在兄弟医院的鼎力相助下，双方全力协作、圆满完成了35间学校近3万名师生的采样工作。

医院内的黄码采样通道、门急诊、发热门诊、住院等医疗业务如常开展，确保花都区市民的就医需求，为了快速有序完成采样任务，医院决定下午取消所有择期手术，手术室的医务人员除应急手术人员外，其他人全力支援此次全员核酸检测工作。

广州市中西医结合医院在此次全员核酸检测工作中，在驻点隔离酒店、外出支援人员隔离及机场相关家属居家隔离减员百余人的情况下，仍派出了近 700 名医务人员外出到社区、学校及村委等 55 个采样点，合计采样 20 万余人次。在区委区政府的领导下，能如此迅速有序地完成所负责街区的全员核酸检测工作，充分体现了医院在数次实战中，积累了丰富的宝贵经验，现已成长为一支训练有素、忙而不乱、内外兼顾的高效优秀团队。

2022 年 4 月 30 日　闻令出队！火速支援核酸采样有我们

2022 年 4 月 30 日，这本是今年五一长假期的第一天，但为了响应广州市花都区新型冠状病毒肺炎疫情防控指挥部办公室关于组织新雅街、花山镇、花东镇全体居民群众开展核酸检测工作，广州市中西医结合医院在收到负责花城街四个街区及支援白云机场、花东镇的紧急采样任务，紧急抽调 5 支大规模核酸采样队，共 200 余人在 40 分钟内迅速完成集结并赶赴各个采样点。

5 支大规模核酸采样队完成集结后分别奔赴了花东镇、百合社区、杜鹃社区、紫兰社区及桂花社区进行全员核酸采样。我院 30 名应急队员在卢绮妮、汤倩文及潘艳红三人的带领下，分别守住白云机场的各个入口进行新冠肺炎抗原快速检测及核酸采样，确保疫情不外溢。此次支援白云机场计划持续工作一周。

支援花东镇的第九队、第十一队 30 名应急采样队员率先到达现场并迅速开始了采样；负责百合社区的第三队队员也迅速到达现场并开始核酸采样；负责杜鹃社区的第四队队员同样迅速到达社区并立即展开了采样工作；负责紫兰社区的第十一队因为一早被抽调支援花东镇，但后备第二梯队同样毫不逊色迅速完成补位并立即开启核酸采样；负责桂花社区的第十二队火速到位进行核酸采样。为了提高采样速度，第十二队的领队、医院第十三党支部书记郭雄图也穿上白色战袍上场采样，副领队温迪夫接过领队指挥棒出色完成领队任务及协调工作。

在采样现场表现同样出色的还有各个社区及基层的工作人员、党员干部、来自各个不同系统的志愿者等，在医务人员迅速出击战疫的

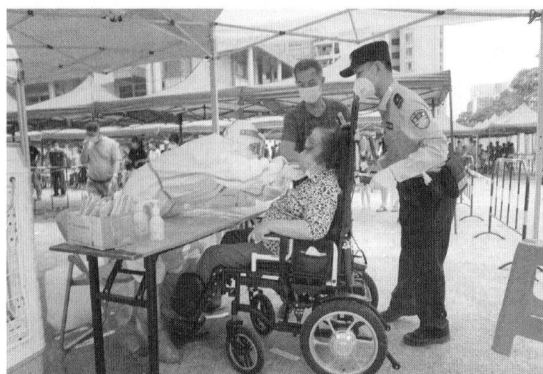

背后，正是这些坚强的后盾为他们提供了布置场地、维持秩序、降温、提供餐饮等后勤保障服务。

广州市中西医结合医院的 16 支护理应急采样队及 22 支核酸大采样队，无论是第一梯队还是第二梯队，在医院大规模核酸检测指挥部的领导下，经过多次大战、实战的考验和训练，早就成长为一支支来之能战、战则必胜的队伍，但我们仍然期待着在来自各路"大白"的共同努力下，早日消灭疫情，迅速恢复正常工作生活下的健康美丽花之都！

2022 年 4 月 28 日 "大白"又出发 连续奋战在防疫一线

2022 年 4 月 28 日 12 时至 29 日 12 时，广州本次疫情新增 20 例新冠病毒本土阳性感染者；其中，确诊病例 12 例、无症状感染者 8 例。在花都区政府的统筹安排下，全区于 2022 年 4 月 29 日开展第二轮全员核酸筛查。

广州市中西医结合医院大规模核酸检测指挥部自 4 月 27 日晚上 11 点接到花都区全员核酸检测任务以来，主要负责花城街道核酸检测采样点。医院疫情指挥部的工作人员几乎是 24 小时轮流工作，在指挥部通过远程监控，实时了解医院门急诊、发热门诊、住院部、核酸检测点等重点部位人流情况，及时与居委街道负责人进行沟通与调整，统筹确保各项工作顺利进行。

4 月 28 日第一天采样工作，在医院统一指挥下，按指令迅速集结队伍。通知医护人员各自带上前期筹备分派的物资，当日 10：00 前分别赶到各个采样点，顶着 32 度的烈日，开始采集工作。到晚上 10 点左右结束，结束后进行消杀、盘整物资，有些采样点的工作人员甚至需要忙到夜里 11 点多。

4 月 29 日所有采样队伍依然按时出发。今天室外最高温度达依然在 30 摄氏度以上，天气相当闷热，医务人员穿着紧密不透风的防护服，戴着防护面罩和防护手套，光穿着这套装备就已经汗流浃背了，但他们和现场及社区工作人员、警察、志愿者等依然保持良好的工作状态，兢兢业业，恪尽职守，努力完成检测和保障工作。

在各个核酸检测现场，"大白"们坚守一线，不厌其烦地为群众扫码、采样。每一位市民都积极参与全员核酸检测。兄弟医院南方中西医结合医院及广州市红十字会医院也派出医护人员支援我院，4 月 29 日广州市中西医结合医院核酸检测派出了 21 支采样队共约 400 余名医护人员，在十余小时内完成花城街人员核酸采样，加上来院检测的黄码人员，合计为市民采样 20 万余人次。

此外医院继续派出应急采样队员 30 人支援白云机场进行新冠抗原检测及核酸采样。派出 61 人支援基层医疗机构的黄码、重点行业人员及高速出口核酸检测。

医院作为疫情防控的重要组成部分，核酸检测点每位医护人员都深知核酸检测工作对于疫情防控的重要性，他们将继续在医院的带领下，团结协作，以专业严谨的工作态度和敬业奉献的医者仁心，牢牢坚守疫情防控"前哨站"，守护花都市民的身体健康和生命安全。

2022 年 5 月 1 日　弘扬工匠精神，致敬劳动者！

2022 年 5 月 1 日是国际劳动节，在这个国家法定的假日里，广州市中西医结合医院的医务人员仍然继续奋战在抗疫一线或坚守在工作岗位上，展示了中医人执着专注、精益求精、一丝不苟、追求卓越的工匠精神。

今天医院的大采样队要继续完成百合、桂花、紫兰、杜鹃等 8 个街区的全员核酸检测；今天已是连续第三天派出 30 名医护人员支援白云机场核酸检测及抗原检测；凌晨两点多医院又陆续派出 30 名应急队员支援各个街区管控区域人员上门采样；另外还派出了 4 支采样队分别支援梯面镇、秀全街、炭步镇及芙蓉管委会的核酸采样工作；继续派出六十多人支援六个基层医疗单位黄码、重点行业、高速公路检测点；今天上午和中午连续分三批派出 30 人支援新雅街豪利花园排查任务。今天天公不作美，时而狂风暴雨，但无惧风雨的大白连续四天继续奋战在抗疫最前线。

虽然今天是法定假期，但广州市中西医结合医院的其他临床医护人员继续坚守在门诊、急诊、住院部或手术台上，后勤保障人员即使是冒着风雨，但仍继续守候在自己的工作岗位上，他们说："我们坚守，是因为我们爱院如家！"

石岗村采样队

连续第五天！

2022 年 5 月 2 日，进入今年"五一"长假期的第三天，但有很多奋战在抗疫一线的工作人员不但没有休息，还进入了 5+2.白＋黑模式，今天已经是广州市花都区连续第五天核酸检测了，不过今天不是全区全员检测，只是新雅街全员及部分重点区域核酸检测。

在昨天晚上 23：00 广州市中西医结合医院收到支援区内豪利花园核酸采样的紧急任务，医院大采 14 队在半小时内即完成集结并赶赴至采样点，工作至今天凌晨，直至完成全部采样任务才结束。

5 月 2 日广州市中西医结合医院支援花城街以外的核酸采样，今天共派出了 6 支应急队伍共两百余人，其中 4 支应急队伍是支援花都区内，他们全部在 13：00 前到位并开始采样工作。今天医院核酸采样队支援了深航花园、凤凰御景、南航花园、雪域澜庭等四个花都区内的小区。

第五支应急医疗队在急诊科黄伟敢护师的带领下，连续第 4 天支援广州白云机场进行新冠抗原快速检测及核酸采样，为了全力支持白云区的疫情防控工作，广州市中西医结合医院制定了新机制应对每天支援白云机场任务，严防疫情外溢，规定除了怀孕、哺乳或生病等特殊情况下，男性 50 岁以下、女性 45 岁以下人员，在接受规范化培训后全部加入支援白云机场应急队伍。

继续派出六十多人支援六个基层医疗单位黄码、重点行业、高速公路检测点。还有一支队伍是支援花都区花东镇北兴卫生院的，由医院第 16 党支部书记刘栋华带队，今天已经是他们连续第 4 天出发支援了。虽然这个"五一"假期还没休息过，不过党支部书记刘栋华说："只要能守着我们花都的安全、守护着我们花都的健康，就算再苦再累，我们也义不容辞！"

而院内核酸检测点的黄码人员也迎来了检测高峰，共近 2 千名市黄码市民进行了采样检测。在今年的"五一"劳动节，来自基层单位、医疗系统及其他各个系统的工作人员，过了一个名副其实的劳动节，因为整个假期间他们都努力奋战在抗疫一线上，还要加班加点、通宵达旦！

除此以外，生活在封控区或管控区内的市民们也不容易，除了每天配合测核酸外，还给生活带来了极大的不便，但他们全部都高度配合各种防疫管理措施，我们期待着在全体人员的努力下，花开疫散的那天早点来临！

2022 年 5 月 4 日　有梦想，就启航！

——记 2022 年五四青年节全员核酸检测

根据广州市花都区新型冠状病毒肺炎疫情防控指挥部的统一部署：广州市中西医结合医院在 2022 年 5 月 4 日全区全员核酸检测中负责 10 间学校、20 个社区采样点的采样工作。

指挥部通过鹰眼系统监控全院实时工作状况

今天适逢五四青年节，而每次参与到大规模核酸检测的医务人员中，主要以中青年一代为主，下面我们一起来看看，青年们在抗疫一线上全力拼搏时的风采。

广州市中西医结合医院大规模核酸检测指挥部在 07：00 即进入运作状态。指挥部通过医院先进的鹰眼监视系统，可以实时了解医院内运作状态。通过系统了解到医院核酸采样点今天中午前迎来三千多人的黄码采样高峰，指挥部立即调整人手，进行疏导。

广州市中西医结合医院的第一批核酸大采样队在 07：00 即出发至各个学校进行采样。包括广州华师附属华万学校、花都区骏威小学锦东校区、花都区骏威小学三东校区、黄冈中学广州学校实验小学、花都区秀全中学、花都区圆玄中学、花城街紫兰学校、花城街石岗小学、花都区理工职业技术学校、花都区龙华学校等。

杨华邦支援白云机场

在广州市政府的统筹下，广州医科大学附属肿瘤医院派出 200 人、中山大学孙逸仙纪念医院派出 50 人来支援我院的采样任务。广州市中西医结合医院的第二批大采样队按计划奔赴 20 个社区采样点，按既定的时间于 13∶00 开始采样。派出应急医疗队员 50 人支援青垇社区。连续 6 天！

除了完成区内采样任务外，今天广州市中西医结合医院还要连续第 6 天派出应急医疗队员支援白云机场，花东镇花侨和北兴卫生院，六个基层医疗单位的黄码、重点行业、高速公路检测点等。今天医院内的黄码检测通道、门急诊、发热门诊、住院及手术等医疗业务如常开展，保障疫情防控期间市民的就医需求。

广州市中西医结合医院在此轮全员核酸检测中共派出医务人员 600 余人次，加上广州支援 250 人及来自社会各界的老青年、中青年及小青年的共同奋战下，共为 20 余万师生及居民进行了采样，圆满完成了上级交付的任务。

借五四青年节之际，广州市中西医结合医院党委副书记、院长刘瑞华对青年人寄语：

广州市中西医结合医院建院短短四十余载，从前身的镇卫生院成长为今天的三级甲等中西医结合医院、全国重点中西医结合医院，汇聚了几代青年人的心血，是数代人用青春奋斗出来的成果，它是我们无数青年职工为之奋斗一生的追求目标，最终使医院成长为今天这样能扛起抗疫重任、庇护人民健康的使者。

在上级政府的正确领导下，各位有为青年，或是奋斗在核酸采样点上，或是奔走在疫苗接种场上，或是赶赴在隔离酒店中，或是坚守在原工作岗位中，又或是在以上几个角色中来回奔跑互换。而正是你们这种大无畏和挺身而出的奉献精神，阻挡了新冠病毒一次又一次的冲击，守护着花都人民的健康。

青春是可贵的！各位青年朋友们，一路走来，我们一同披荆斩棘、栉风沐雨，我们熬过寒冬酷暑、风吹雨打，也一起看过繁星点点、春暖花开，共同品尝过人间冷暖……

新冠疫情让青年一代接受更加严峻的考验，但也使我们更加坚定团结、踔厉奋发、砥砺前行！我们坚信，在各位青年朋友们的共同努力下，携手共进、同创未来！定能继续守护住我们健康美丽的花之都！大步踏进下一个辉煌的一百年。

青年有理想、国家有力量、民族有希望，岁月不须臾、追梦永不停，我们在一起、正值青春时，祝各位青年朋友们，远征星辰大海、归来仍是少年，五四青年节快乐！

写在五四青年节的抗疫支援感言

写在今天抗击疫情中的五四青年节，写在中国共青团成立 100 周年纪念日！

历史长河奔流不息，青春乐章激荡人心！

100 年前，中国共青团成立开启了党实现民族复兴不懈奋斗的青春征程。

100 年后，共青团已然发展成为推动中国青年运动蓬勃向前的中坚力量！

五一劳动节前，我们小分队接到上级命令紧急组队、集结出发、驰援北兴……

这一周，我们作为青年突击队投身到抗击疫情的战役中，这一天，我们成为北兴镇核酸筛查和入户采样的主力军！

当我们披上"大白"战袍上门穿街过巷，

当我们化身"天使"守护一方百姓健康。

烈日当空，风雨无阻，

支援北兴，花都加油！

我们小分队主动承担工作最重、难度最大的任务，动员时主动踊跃，上场时专业细致，无处不体现青春激情与责任担当……

青春印记，光辉闪耀，

不畏艰难，勇挑重担。

激情奋斗，传承有我，

时光有限，青春无悔！

青春之歌，已奏响动人旋律……

当由吾辈来续写党的青年运动新的历史荣光……

（广州市中西医结合医院团委 2022 年 5 月 4 日）

第八节　医检联合共建实验室快速扩展核酸检测能力

我区首个猎鹰移动实验室投入使用并完成验收

广州地区临床检验质量控制中心于 2021 年 7 月 25 日组织专家来我院猎鹰移动实验室的临床基因扩增检验实验室进行技术资格验收。

通过现场的验收评审，专家组一致同意我院的临床基因扩增检验实验室通过技术资格验收，同时对我院迅速建立新冠病毒核酸检测实验室应对疫情防控的工作给予充分的肯定。

我院猎鹰移动实验室从建立到验收，历经不到两个月便完成技术资格验收，成为花都区首个通过验收的移动实验室。而且还成为花都区内首个拥有双基因扩

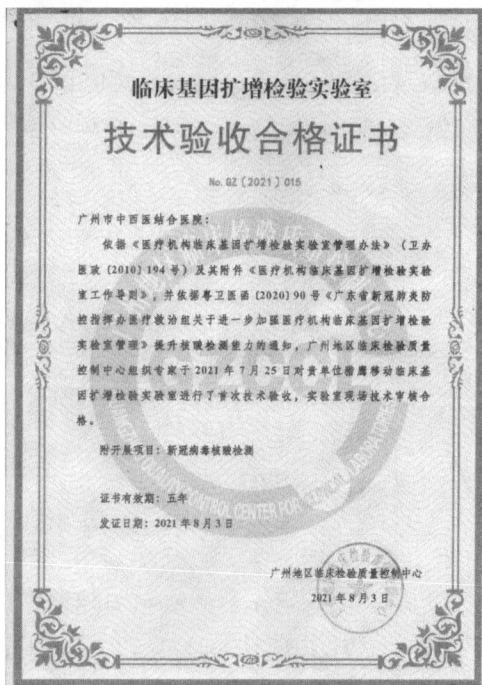

实验室验收合格证书

增检验实验室的医院。通过验收后，我院对临床基因扩增检验实验室的新冠核酸检测工作及质量管理提出了更高的管理要求，为疫情防控做出更好的服务。验收完成后，我院单日核酸检测能力从每日 5000 管提升到每日 1.2 万管。

医院方舱实验室

第九节　检测复盘总结会

2021 年 12 月 16 日　复盘总结会

广州市中西医结合医院新冠肺炎疫情防控领导小组，于 2021 年 12 月 29 日下午，召开了关于 2021 年 12 月 16 日花都区全员核酸大检测工作经验总结会议。医院领导班子成员、新冠疫情防控指挥部成员、相关职能部门负责人、核酸采样队伍领队及采样队长等人参加了此次会议。

在会议前医院办公室已收集了在执行全区第二次全员核酸筛查过程中存在的问题和建议，会上对物资准备、人员调配、后勤补给、信息沟通管理等多方面的问题进行了讨论，到会的人员各抒己见，对此次大规模核酸筛查过程中，在各自岗位上发现的问题提出了有效的改进建议。通过这次会议，医院掌握了所辖区域花城街的基本人口数，医院决定根据各个街道人数分布情况，把医院核酸采样队调整为大、中、小等三类队伍，以便应对下一次的大规模核酸检测时在人员调配方面更精确、任务执行速度更高效。

刘瑞华院长表示，召开此类会议是为了不断总结医院在抗疫中取得的经验，持续改进流程，提升医院管理效能。他要求对各领队提出的改进措施要逐条落实，直至形成高效快速规范的大规模核酸采集流程，避免人力资源的浪费，不断提升公立医院对大型公共卫生事件的应急能力，充分发挥公立医院在此类大型抗疫活动中的领衔和保障作用。

2022 年 3 月　医院自查再优化疫情防控流程

因近日国内疫情防控形势严峻，多地出现局部暴发现象，吉林省出现单日确诊超过两千人次，为国内湖北疫情结束以来单日确诊量最高。广州市中西医结合医院新冠疫情防控领导小组，为了进一步夯实医院的疫情防线，使医院疫情防控管理措施更精细、更严密，不断提升优化医院疫情防控流程，于 2022 年 3 月 16 日早上，在医院党委副书记、院长刘瑞华及副院长蒋守涛的带领下，医务、护理、院感等多个职能部门，联合对医院的发热门诊、门诊部、急诊、核酸检测及住院管理等各个环节的疫情防控措施进行自查自纠。

刘瑞华院长在仔细检查了各个防控环节后，强调目前疫情防控到了关键的节点，大家一定要严格落实孙春兰副总理在全国工作电视电话会议上的疫情防控要求，人严从紧落实各项疫情防控措施，各个环节的疫情防控工作一定要做实做细且不留死角，坚决守住不出现疫情规模性反弹的底线。

刘瑞华院长要求各科室负责人在切实执行上级疫情防控措施的前提下，结合医院的实际情况，不断再优化核酸检测、发热患者及普通门诊患者等各个管理流程，在做好疫情防控工作的基础上，使市民就诊更顺畅更便捷。

针对医院前期疫情防控工作中发现的问题，刘瑞华院长要求不能有任何借口，要坚决进行整改，决不能出现麻痹松懈思想，要深入贯彻习近平总书记的重要指示精神，落实党中央、国务院决策部署坚持"外防输入、内防反弹"的总策略，"动态清零"总方针不动摇、不放松，坚决守好医院的每一个关口，严防死守疫情防控及院内交叉感染的红线，绝不能出现一个漏诊病例，全力以赴充分发挥医院的哨点作用。

全院员工要及时了解疫情防控指南新动态，要求全员培训最新版的《新型冠状病毒肺炎诊疗方案（试行第九版）》，因变种"奥密克戎"新冠毒株感染后症状较轻，容易隐匿从而易导致漏诊，要求各个疫情防控点上的人员，均要熟练掌握新冠"十大症状"，准确排查出疑似病例；及时了解风险区域变化，对风险区来穗人员实施精准排查，确保来院就诊患者及医院员工的生命健康安全。

蒋守涛副院长强调，保安、保洁人员的培训和管理，是各大医院在疫情防控工作中的难点，要求总务后勤及院感等职能管理部门，一定要常抓不懈、反复培训和督导，绝不能让其成为疫情防控中的薄弱环节，确保医院在疫情防控工作中人人过关。大家要吸取外院出现阳性患者收入住院部而造成院感暴发的惨痛教训，在原来的基础上再加强对住院患者及陪护的排查及管理，把疫情防控置于所有医疗工作前，必须确保不出现疫情防控漏洞的前提下，方可开展其他诊疗业务。

为了圆满完成上级部门布置的疫情防控任务，广州市中西医结合医院抽调出精兵强将，参与了隔离酒店、疫苗接种等其他医院外的疫情防控工作。为了使疫情防控工作中的各个环节紧密衔接、环环相扣，广州市中西医结合医院副院长黄华带领职能部门的负责人，对隔离酒店及新冠疫苗接种点等进行了督查，他要求驻点的工作人员，一定要坚守岗位、认真履行职责，不折不扣地执行上级部门交付的防疫任务，慎终如始、保质保量地完成各项抗疫工作，成为市民生命健康的安全卫士。

医院再次召开全员核酸检测复盘会

因广州市花都区 2022 年 3 月 16 日在外省来穗人员排查中，发现一例新冠肺炎确诊者，为了确保市民的安全，于 3 月 17 日启动了花城街及新华街两个街区的全员核酸检测。广州市中西医结合医院迅速启动全员核酸检测应急预案，负责花城街 22 个核酸采样点的工作。

此次全员核酸采样与以往不同，启动在凌晨，正式进行核酸采样工作是早上 07：00，广州市中西医结合医院在夜间迅速完成 400 余名医务人员集结，是医院高效应急处置能力的充分体现，只实施重点区域的全员核酸检测，没有启动全区所有市民的全员核酸检测，是上级管理部门精准防控的又一体现，这是在两年多的抗疫工作中不断总结和改进的优良成果。

2022年3月17日当天，广州市中西医结合医院外采核酸合计16.2万余人次，医院内黄码及绿码特殊需求（如出行、重点行业等）检测人次9千余人，当天合计采样高达17万余人次；同时当天医院的门诊、急诊、发热门诊及住院、手术等医疗业务正常开展，当天住院患者超过800人次，门诊超过3500人次；另外还接收了兄弟医院因停诊而转来我院血液透析近80人次，加上医院原有的透析患者当天合计透析170余人次；医院还有疫苗接种及隔离酒店等防疫任务。最后在全院员工的共同努力下，同时启动多条战线并圆满完成了各项工作任务。

为了进一步提高医院在大型公共卫生问题上的应急处置能力，广州市中西医结合医院新冠疫情防控领导小组，于2022年3月22日召开了此次全员核酸检测的复盘会，对应急处置中的人员召集、物资准备、后勤保障及连续作战准备等方面进行了讨论，医院领导班子、相关职能部门负责人、各核酸采样队的领队和队长等人参加了此次会议。

在会上各个小组的成员就此次全员核酸检测工作的经验心得分享、存在问题及今后的改进建议等做出了积极发言，不断总结抗疫工作经验，优化各类管理流程规范，使防控措施更精准、更合理。

随着抗疫历程的推进，我国也在不断优化和改进疫情防控指南，务必使疫情防控措施更贴近实际，尽量减少因疫情防控措施不当而对市民造成出行、工作及生活等各方影响。广州市中西医结合医院一直十分注重根据疫情发展动向，及时改进医院的疫情防控管理措施，不断在夯实疫情防控基线的前提下，再优化、细化各个疫情防控管理流程和环节，确保花都区市民的生命健康安全。

遏制新型冠状病毒肺炎流行最有效的措施就是新冠疫情接种，据国务院国资委消息，自 2020 年 4 月 2 日，全球首款新型冠状病毒灭活疫苗获准国家药监局批准在河南启动临床试验，到正式铺开全国推动新冠疫苗接种工作，历时 9 个月后在 2021 年 1 月起在全国全面铺开接种，广州市中西医结合医院作为区内两家三甲医院之一，自然须承担起相应的接种任务，为此广州市中西医结合医院新冠疫情防控指挥部专门召开了新冠疫苗接种推动专项会议，商讨和确定接种的场地、管理流程及医务人员培训排班等相关事项。

◎第六章

防疫利器出鞘——新冠疫苗接种

第一节　疫苗接种工作正式启动

自 2021 年 1 月起，广州市中西医结合医院启动新型冠状病毒疫苗接种工作，按照"知情、自愿、免费"原则，已于 2021 年春节前分阶段、分批次对国家规定的 9 类重点人群紧急接种任务，做到"应接尽接"。为平稳有序地完成新冠疫苗接种提供有力保障，医院利用新住院大楼北侧一列新建板房作为接种区域，抽调了约 20 余名医护人员进行规范化培训后组成疫苗接种队伍，每支疫苗接种队伍均配备了技术精良的急救医师。

疫苗接种前，医院有专职医护人员负责受种者健康筛查、评估，在充分知情告知的基础上，由接种对象自愿签署知情同意书。接种医护人员按照预防接种工作规范的要求，确认无误后实施接种，同时告知接种对象常见不良反应及注意事项。为确保受种者的安全，在完成疫苗接种后，接种对象需在留观区观察 30 分钟，经医师确认身体无异常后方可离开。

至 2021 年 3 月 9 日，全院职工及后勤人员已基本完成疫苗接种，接种工作均在稳步有序推进中，医院累计接种疫苗已有 15087 针次，每天接种人数可达约 967 人。目前花都区虽无疫情，但"外防输入、内防反弹"风险依然存在，接种疫苗后大部分人可获得免疫力，通过大范围接种逐步建立群体性免疫作用，有效阻断新冠肺炎流行。

1. 广州市中医处陈宇斐处长到我院督导新冠疫苗接种情况

为做好花都区全民新冠疫苗接种工作，广州市中西医结合医院领导班子高度重视该项工作，成立了新冠疫苗接种医疗保障专家组，由蒋守涛副院长担任组长，由重症、感染、呼吸、心血管、皮肤、儿科、肾内、免疫、过敏及精神心理等多学科组成新冠疫苗接种保障专家组，多次召开工作布置会议，从各科室调集精干人员组成接种队伍，按规范组织培训，确保新冠疫苗注射工作有效推进及做好各项保障工作。

作为花都区新冠疫苗注射不良反应救治定点医院之一，广州市中西医结合医院从注射点场地布置、物资保障、后勤服务等多方面进行了调整，确保新冠疫苗接种不良反应得到及时有效的救治，全力保障市民安全。

2021年3月26日早上，广州市中医处陈宇斐处长到我院新冠疫情接种现场，对疫苗接种工作进行督导，陈宇斐处长对我院的疫苗接种工作开展情况及各项保障措施做出了高度肯定及赞扬，并表示广州市中医处将全力支持各地开展新冠疫苗接种工作。

为完成近期上级部门交代的接种任务，广州市中西医结合医院全体员工全力以赴。除了临床一线科室以外，还从各科室抽调人员配合做好疫苗接种工作，全院人员中午和晚上仍加班加点，万众一心、众志成城，确保按时、按质、按量完成疫苗接种任务；人事部门从各科室抽调人员支援接种现场，维护接种秩序、提高接种效率；后勤部门为加班的医务人员送上热饭热菜。

2. 全院动员，全力做好疫苗接种工作保障

根据国家全民疫苗接种工作安排，全国正在紧张有序推进着，为了确保完成上级部门交予的疫苗接种任务，保障清明节假期间疫苗接种工作的有序推进，广州市中西医结合医院于2020年4月2日下午，紧急召开了疫苗接种工作安排会议。

医院领导班子、各职能部门负责人及疫苗注射相关科室负责人等参加了此次会议，会议讨论了院区内疫苗接种工作人员安排、疫苗交接、现场人员管理、志愿者服务及后勤保障服务等问题，会议确定调整接种区出入口、接种后休息区域改善等，为接种人群提供更优良的就医体验。

刘瑞华院长表示，疫苗接种工作为目前的重要工作事项，要求全院各科人员一定要全力以赴，为一线执行接种任务的医务人员提供最大保障，确保疫苗接种任务如期完成。

3. 我院狮岭罗仙村新冠疫苗接种点正式启用

广州市中西医结合医院设在狮岭罗仙村的新冠疫苗接种点，在医院及新华街道办、村委会等多部门协作下，经过数日的紧张筹备后，于2021年4月2

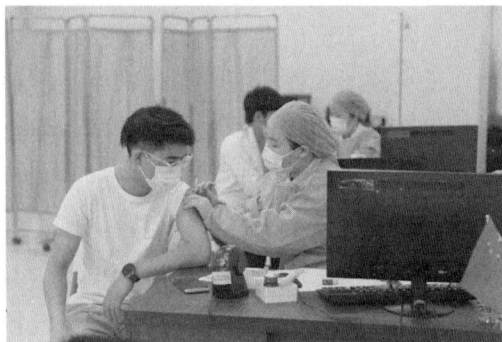

日正式启用，在接种启用的首日，即迎来了 760 余名居民前来接种。

狮岭罗仙村的新冠疫苗接种点设置在罗仙村的居民安置点处，为了确保接种工作顺利进行，广州市中西医结合医院派出了一支完整的医疗队伍，确保疫苗接种工作顺延进行，

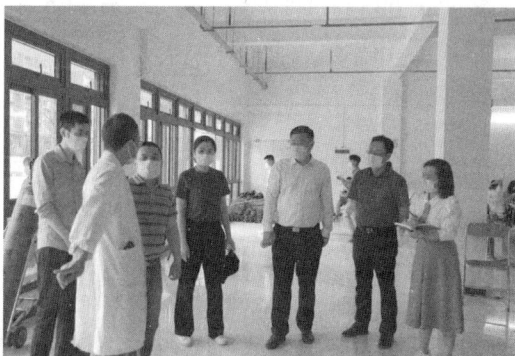
医院领导及职能部门现场指导

安排资深医师负责疫苗不良反应紧急处置工作。

4 月 2 日下午，刘瑞华院长及邵军副院长到罗仙村疫苗接种点督导接种工作，对疫苗接种现场进行了改进指导，使疫苗接种流程更顺畅、接种更高效。

为了确保 4 月 3 日清明节假日期间疫苗接种工作顺利进行，医务科、护理部、宣传科等职能部门加班加点，连夜做好接种场所的改进工作。至目前为止，广州市中西医结合医院根据上级部门安排，共设有广州市中西医结合医院院区内及罗仙村两个疫苗接种点，按计划完成疫苗接种工作，保证每天库存疫苗清零。

第二节　全力协助推进全区市民新冠疫苗接种工作

1. 齐心协力确保清明假期间疫苗接种工作正常开展

按照国务院清明假期安排，广州市中西医结合医院清明假期为 4 月 3 日至 5 日，为了确保居民疫苗接种工作如期顺利进行，广州市中西医结合医院在 4 月 3 日这天仍然安排广州市中西医结合医院院区及狮岭罗仙村两个接种点正常开放。

医院的领导、相关职能部门负责人一早就到接种现场督导接种工作，值班的医务人员及院内外的志愿者等，都准时到岗，保证疫苗接种工作在假期

的第一天 08：00 即准备开始，医师坚守在岗位上对即将进行疫苗接种的市民进行适应症筛查，信息登记人员准时到位为市民进行疫苗接种信息登记，因为前来接种的市民较多，志愿者一早就到接种现场指导市民通过智能手机预先填写个人信息及维持现场秩序，提高接种速度。广州市中西医结合医院为了有效维持疫苗接种秩序，给每位市民发放接种序号，避免市民插队，接种号数根据当天到达疫苗数量发放，有效避免了市民长时间排队后但又无疫苗可接种的问题。

正是因为有这些放弃节假日休息时间的工作人员，才能保障广州市中西医结合医院新冠疫苗接种工作，在假日期间仍能如常进行。

2. 我院狮岭罗仙村新冠疫苗接种点接受广东电视台及广州电视台采访报道

2021 年 4 月 3 日，广州市中西医结合医院狮岭罗仙村新冠疫苗接种点，接受了广东电视台及广州电视台的联合采访。

广州市中西医结合医院邵军副院长向两家电视台介绍了罗仙村新冠疫苗接种点的疫苗接种开展情况，在花都区委区政府的指导下、花都区卫生健康局的大力支持下，与新华街道办、罗仙村委会等多方协作下，狮岭罗仙村新冠疫苗接种点的准备工作顺利进行，经过短期而充分的准备后，于 2021 年 4 月 2 日开始为当地居民提供疫苗接种服务，至采访时短短一天半时间内，已为近千名居民进行了疫苗接种，无发生严重不良反应，获得上级部门及当地居民的一致好评。

罗仙村新冠疫苗接种点的启用，可以大大缓解了居民扎堆到医院接种疫苗的问题，该接种点用地面积广阔、流程设置合理，就设立在罗仙村的医疗保障点内，各项医疗保障设备齐备，是一个保障完善的接种点。邵军副院长表示，广州市中西医结合医院领导班子及全体员工，一定会全力以赴完成国家交付的疫苗接种任务，全力保障疫苗接种工作顺利推进。

3. 蒋福金副区长及徐锦东副局长对罗仙村新冠疫苗接种点进行工作督导

2021年4月3日上午，花都区蒋福金副区长及卫生健康局党委副书记、副局长徐锦东，对广州市中西医结合医院设立在狮岭罗仙村的新冠疫苗接种点进行工作督导。

广州市中西医结合医院党委副书记、院长刘瑞华对该接种点的接种工作进行了详细介绍，并表示广州市中西医结合医院领导班子及全体员工，一定会全力以赴、保质保量做好该疫苗接种点的管理工作，确保国家的疫苗接种计划如期推进，今后坚持做好排班计划、合理安排医务人员到岗，按规范设置急救设备、药品及器材，每天派救护车驻点，保证不良反应的居民得到及时的转运及救治，确保疫苗接种工作安全、高效。

蒋福金副区长及徐锦东副书记对节假日仍坚守在接种岗位上的医务人员及街道办工作人员表示了关心慰问，交代街道办及村委工作人员一定要做好一线医务人员的后勤保障服务，并表态花都区委、区政府及卫健局定会全力支持全区居民的疫苗接种工作，是花都区疫苗接种工作强有力的后盾。

4. "五一"长假期，开足马力推进新冠疫苗接种工作

在2021年这个长达5天的"五一"假期间，广州市中西医结合医院新冠疫苗接种门诊开足马力，全部接种岗位均上班，确保新冠疫苗接种任务能顺利推进。

尽管如此，当天来接种的人员比较多，在接种现场还是排起了长队，中午医务人员仍然在加班为居民提供接种服务。

随着炎热天气到来，为了解决市民在接种完毕后有一个较为舒适的观察场所，广州市中西医结合医院在两栋住院楼之间辟出一块更为宽阔的地方，作为已接种人群留观场所，并配备了相应的抢救设备及医务人员，确保疫苗接种工作的安全。

从在现场休息的人数来看，积极响应国家全民接种疫苗的号召，选择在"五一"假期前来接种疫苗的市民相对比较多，按疫苗供应数量计算，广州市中西医结合医院每天接种约为2000—2500人次之间。

5. 采取果断措施保障疫苗接种和核酸检测有序进行

广州本土疫情牵动着千万人的心。连日来，医院疫苗接种点和核酸检测点每天一大早就排起长龙。2021年5月16日正值周日，为稳妥有序推进疫苗接种和核酸检测，医院召回全体中层干部，以应对疫苗接种和核酸检测人流高峰。

当日早上8时，刘瑞华院长主持召开紧急碰头会，部署新开设黄码免费核酸检测点，对以往疫苗接种和核酸检测中存在的问题进行梳理，查漏补缺，探讨解决办法，进一步优化流程；对维护疫苗接种和核酸检测秩序提出应对措施。刘院长要求，职能部门中层干部分两组全部到现场，参与维持秩序和引导协助。随后，刘院长一行现场办公，敲定新增黄码免费核酸检测点的流程布置。

6. 疫苗接种持续进行时，我院罗仙村接种点再次接受广州电视台采访

近日广州市中西医结合医院新冠疫苗接种点有所调整，为了更好地确保本地居民的健康，广州市中西医结合医院原设立在新住院楼后面的疫苗接种点暂时取消接种，改到广州市花都区新华街党群服务中心进行接种。

经过调整后取消广州市中西医结合医院院内的疫苗接种点，医院负责的疫苗接种点有两个，一个是在花都区葱兰街5号花城街党群服务中心，另一个仍旧在花城街罗仙村卫生站，2021年6月17日广州电视台G4出动组对罗仙村疫苗接种点的新冠疫苗接种工作进行采访报道。

针对近日疫苗接种政策有所调整，对外来人口可实行跨地区接种，现场采访了数名选择跨地区接种的居民进行了采访报道。广州市中西医结合医院邵军副院长对罗仙村疫苗接种点的覆盖人口、每天接种数量和接种情况等进行了详细介绍。

新冠疫苗接种是预防疫情大流行最有效的方法，广州市中西医结合医院自从接到接种任务开始后，全力支持该项工作开展，严格执行上级部门交付的接种任务，为了保证每天疫苗清零，常常晚上仍加班加点执行接种任务，确保疫苗接种工作有计划有序推进。

7. 多方联动、全力以赴确保新冠疫苗接种工作顺利推进

在2021年的清明节假期间，云南省瑞丽市有3个地区调整为高风险地区、

6个地区调整为中风险地区，目前新冠病毒输入传播压力仍然很大。

国内未发生过大流行，大部分人对新冠病毒没有抗体，据专家分析要有70%~80%左右的人群产生免疫抗体，才能有效控制疫情传播，可见全民新冠疫苗接种工作迫切性，因为只有产生有效的群体免疫屏障，才能确保在国门重新对外开放时，国内不发生大流行。

广州市中西医结合医院不折不扣地执行新冠疫苗接种任务，按计划有序推进疫苗接种工作，清明节假日期间各级人员放弃休息，继续坚守在疫苗接种岗位上。目前两个接种点每日合计接种2000至2500人次。

为了合理安排接种工作，医院新冠疫情防控指挥小组多次召开疫苗接种管理专项会议，不断调整和优化医院两个新冠疫苗接种点的管理流程，制定出相应的管理规范及各种应急预案，刘瑞华院长强调，各个部门负责人一定要想方设法、排队困难，确保新冠疫苗接种工作有力推进，保质保量完成上级部门交付的接种任务。

8. 98岁的婆婆打疫苗！你苗苗苗了吗？

98岁的婆婆都去打疫苗了，你们还在犹豫吗？

2021年9月7日广州市中西医结合医院设立在花都区花城街党群服务中心的疫苗接种点，迎来了一位98岁的婆婆前来接种疫苗，经过现场医生的细心评估，婆婆是可以接受新冠灭活疫苗接种的，婆婆顺利完成了疫苗接种并无不适。

自从开放了60岁以上老年人及12至18岁青少年接种新冠疫苗以来，花都区市民接种疫苗的热情持续高涨，有的甚至是爷孙齐上阵。

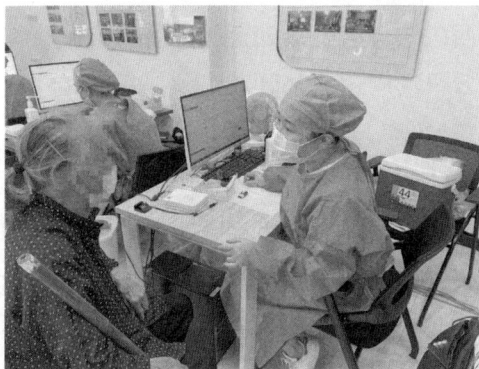

医务人员向婆婆详细说明接种后注意事项

不过也有些市民担心，老年人普遍有基础疾病，他们都适合接种新冠疫苗吗？其实新冠灭活疫苗由于制作技术路线成熟，是大部分老年人均可以接种。

写在新冠疫苗接种篇结束语：

至 2022 年 5 月份为止，广州市中西医结合医院共完成了40.75 万人次新冠疫苗接种，均无出现严重不良反应，在新冠疫情结束前，疫苗接种都会是一件持续性的工作。据国家卫健委公布数据，通过接种获得抗体可维持 6 个月以上，后续是否要接种第四针，待相关研究后的通知。目前国内上市新冠病毒疫苗都是经过药监部门审查批准的，其安全性、有效性都有一定数据支撑，

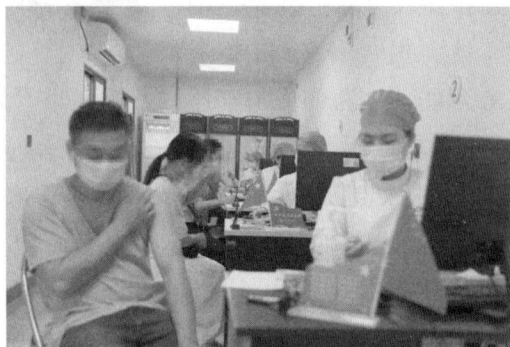

接种新冠疫苗至目前为止仍是预防新型冠状病毒肺炎最有效的方法，为了提高本地市民的接种率，广州市中西医结合医院积极利用各种新媒体如医院的公众号、视频号及网站上等，积极宣传推动疫苗接种工作，在人力物力上全力支持，以确保有需要的市民均能规范有效接种上疫苗，促使本地区的新冠疫情防控工作能紧跟全国的步伐。

精准核酸筛查和疫苗接种，双管齐下共抗疫

为了进一步落实新冠肺炎防控策略，核酸检测做到精准筛查，既不漏一个也不浪费人力物力，近日广州市中西医结合医院接到上级部署的新冠核酸筛查任务，分批快速有序地完成了白云机场周边花都区花东镇保良村和九一村村民的核酸采样工作。

在 2021 年 6 月 21 日凌晨 02：30 接到采样任务，广州市中西医结合医院立即连夜召集 27 名核酸采样应急队的队员，星夜做好采样准备，于 07：30 准时到达保良村和九一村两个采样点，与其他部门的工作人员紧密合作，迅速铺开采样工作。

随着夏季的到来，广州地区也进入了高温时期，广州市中西医结合医院

一直高度重视对核酸采样员在高温下持续作战的保护，采用现场增加冰块降温、加强遮阴通风、备好藿香正气液等防暑药物，及时轮换采样员等方法，确保核酸采样工作顺利进行的同时，不让一名采样队员身体受损。

至当日下午15：00，第一批居民采样完成，全体队员顺利撤回医院休整。为了确保花都区人民的安全，重点核酸筛查对象一个都不能漏，当天晚上七点多，应急采样队伍再次出发，连夜对该村未完成采样的人员进行补采样。

星光不负赶路人！在核酸采样队、各级部门及当地村委干部的共同努力下，直至次日凌晨5点多，他们终于完成该村重点区域人员的采样，返回医院休息。

稍作休整后6月23日，广州市中西医结合医院核酸采样应急队伍再次整装出发，至田美村开展采样工作。

在另一边，广州市中西医结合医院负责的两个新冠疫苗接种点（新华街罗仙村卫生站接种点、葱兰街5号花都区新华街党群服务中心接种点），也是火力全开尽力提升全民接种疫苗速度，为了保证完成上级交付的疫苗接种任务，医护人员随叫随到、加班加点每天保证疫苗清0，他们从没怨言、也不问个人得失！

各位市民及社会各界人士对医务人员在抗疫过程中的无私奉献，均予高度的赞扬和充分的肯定，6月22日上午，花都区慈善会、聚星慈善基金、瀛悦生态园等爱心企业来到花城街党群服务中心及罗仙村疫苗接种点为防控一线的医务人员及其他工作人员、志愿者等送上口罩、牛奶、葡萄等慰问品，花城街党工委委员、街道办副主任刘伟展，党工委委员耿文革等领导代表接收并表示了感谢。

除了全力支持核酸筛查及疫苗接种工作外，广州市中西医结合医院新冠疫情防控指挥部，时刻紧绷疫情防控这根弦，及时根据国内外疫情防控变化情况，结合院内情况反复研究再部署防控策略，实时调整防控措施，确保院内外的疫情防控工作精准到位。

为了保护广州市民的安全与健康，与病毒赛跑，我们定当竭尽全力！无论是全力支持核酸筛查任务，还是全速推进新冠疫苗接种工作，两条腿走路双管齐下，我们从不言退直至战斗胜利，我们坚信在党的正确领导下，一定会打赢这场疫情攻坚战！

良好的社会环境是各行各业高速发展的首要条件，为了继续营造和守护一个适合行业发展的无"疫"社会环境，而优质的医疗保障则是市民必需的健康追求，广州市中西医结合医院自2020年启动全民防疫以来，组建了多批应急医疗队和护理应急队核酸采样队、新冠疫苗接种队之外，还组建了医疗队支援隔离酒店、机场及集团辖下七个医疗单位（3个镇卫生院、4个社区医院）的疫情防控工作。期间选派多名优秀的业务骨干分别投入到广州白云机场、广州北站、定点隔离酒店的一线疫情防控工作中，始终把疫情防控作为开展医疗工作前的首要任务。

但在做好疫情防控的前提下，保障医疗就诊需求也同样显得刻不容缓，尤其是在封控、管控期间，一些特殊群体的就医需求十分迫切，为了解决这些医疗需求问题，广州市中西医结合医院在不断夯实疫情防控基线的基础上，及时根据防控指南动态调整疫情防控举措，在完成各类疫情防控任务的前提下，不断发展新学科、拓展新业务、新技术，改善就医环境，搬迁新住院大楼，住院床位从690张提升至1000张，大大缓解了本地区居民住院难的问题，多措并举，防疫与医院发展双轨并行，得到了本地区居民的一致认可。

◎第七章

多措并举，防疫与医院发展双轨并行

第一节　支援广州白云海关抗疫

站岗交通枢纽，减少疾病扩散

新型冠状病毒感染肺炎疫情发生后，全国人民纷纷加入抗疫大军，春运返程高峰时段正是疫情防控关键期。为了遏制新型冠状病毒肺炎扩散，白云机场新增设体温监测岗位，广州市中西医结合医院全力配合工作，2020年2月3日起，选派4名优秀的护理人员支援白云海关防疫工作，辅助检测来往人群体温，初筛疑似病例，对有发热症状的乘客再次进行精准体温检测，严防疫情跨省输入。

支援白云海关

在执行支援任务前，广州市中西医结合医院护理部主任陈碧贤根据新型冠状病毒诊疗方案，对4名护理人员进行分诊培训，以达到"早识别、早诊断"

目的，同时还进行了自身防护培训，做好安全保障。4 名护理人员均认真学习，她们纷纷表示："这个时候我们站在前线，能够为广州、国家防疫事业尽一份力是我们的责任，我们必当竭尽全力执行好任务。"在执勤期间，医院派出的护理团队认真负责，顺利协助机场工作人员完成初筛工作。

作为医务人员，在与疾病抗争中我们必须承担社会赋予我们责任与担当，相信万众一心、齐心协力，在这场战役中，严格做好病源管理，切断传播途径，并保护好未感人群，胜利者是属于我们人类的！医务工作者加油，武汉加油，中国加油！

疫情防控　我们一直在坚守着

"叩叩叩……3082 准备落地了，大家开始穿防护服吧！"门外广州海关的何科长在一遍遍地敲着备勤室的门，朱妙玲睁开眼睛看了一下手表：01：20，3082 航班提前到了，于是赶紧起来去穿防护服。

2020 年，是一个特殊的庚子年，岁末年初，一场新冠肺炎疫情突袭而来，传播速度之快，感染范围之广，防控难度之大，前所未有。在国内外严峻形势之下，拥有白云国际机场的广州面临着人员流动带来的巨大挑战，广东省卫健委应广州海关总署的要求派遣相关医护人员协助进行入境检查等相关工作。

第一天上班的岗位是对旅客进行健康申报预审，健康申报预审是旅客入境通关的第一关，其健康填报信息、用药史、近 14 天的接触史及活动史等信息与流行病学调查、采样工作和后面队友的工作量有着密切关系，因此朱妙玲要把平常工作中雪亮的眼睛应用到健康申报预审当中，要求她更加细心、严谨地把关。一趟航班下来，一般要 4—5 个小时，工作的时间长了，护目镜、面屏起雾了，看东西模糊了，这是在机场海关支援时最大的障碍，而防护服又密不透风，每个队友的衣服都是湿了又干，干了又湿，即便如此，却没有一人喊累，都在自己的岗位上默默地坚守着。

转眼间朱妙玲来广州机场海关支援已有一月余了，每天住处与机场两点一线已成常态。工作期间的主要任务是对入境人员进行流行病学调查和采样等工作，由于航班的不确定性、旅客来往的国家不同及个人素质不一样，每趟机的人数不一，这就要求她们必须有良好的身体素质和心理素质，每天都以饱满的精神状态去迎接新的一天。

朱妙玲犹记得第一次穿防护服的画面：头套、N95口罩、防护服、护目镜、面屏再加两层手套（如果采样还要再加上一层手套和隔离衣），一步一步、一件一件、小心翼翼地穿戴好，还未走到工作岗位，里面的衣服已经汗湿了。最难忘的一次是7月9日的夜班，那天要从凌晨两点开始接机组人员，由于口罩的带子没有调整好，到了凌

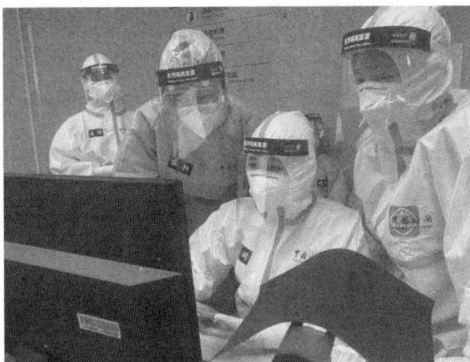

朱妙玲（右二）在海关执行排查任务

晨五点接到第四个机组时，口罩已经完全压下来盖住鼻孔难以呼吸，但双手已经污染又没能及时调整只能用口呼吸，当时那种窒息感现在还记忆犹新！

在这么多岗位中，新冠核酸采样是难度最大、感染风险最高、需要防护最严密的岗位，核酸检测需要采集入境旅客的鼻咽拭子样品，重点航班或有症状者还要加上采血，因此要用上最专业的技能和最严谨的态度来对待。采样操作者的操作熟练程度、方式及与旅客的沟通方式都会影响采样标本的结果，因此，在上岗前海关都会安排操作能手的老师对她们再进行一次培训，加强理论的讲解，队友间相互采样操作训练，以便更好地服务旅客。

而在实际采样过程中，采样场地是在负压排查室的基础上，投入使用的生物安全方舱，加上防护服不透气、N95口罩密不透风，旅客经过长时间飞行后，情绪波动和有些对检测抗拒等，加大了采样的难度，通常一句话要反复地说很多遍，有时候要靠喊才听得清，因此她们需要有更充分的耐心和细心，更好地沟通技巧让旅客配合我们的工作。

疫情防控，没有谁是"局外人"，没有事是"分外事"。人人都要以"召之能战，战之必胜"的担当，用实际行动为群众筑起一道抵御疫情的坚实屏障！

护理人员勇当机场疫情防控排头兵

在新冠肺炎疫情防控中，国内形势一片向好，但外防输入成为整场战"疫"的重中之重。广州白云国际机场作为广东省内最大的国际航空枢纽，防疫形

势日益严峻，随着复工复产复学工作的推进，工作持续加码。2020年3月11日，广州市中西医结合医院接到广东省卫健委的紧急通知，需立即派人支持广州白云海关的防疫工作，护理人员纷纷主动请缨参加抗疫，最终护理部选派8名优秀的护理骨干紧急加入了驰援广州白云国际机场的防疫工作中。

在院领导及护理部陈碧贤主任的再三叮嘱下，8名白衣天使告别家人，告别领导与同事，肩负重任，奔赴机场展开了疫情防控工作。

到达白云机场后，他们没有懈怠，立即开始工作，因为他们深知要把"堡垒"筑在疫情防控最前沿。环境不熟悉、流程不熟悉、突发状况不明朗等困难，并没能难倒他们，她们迅速接受了海关人员的全程电子化培训，所有人员把担当写进日程里，因为她们深知越是艰巨的任务，越是危险的地方，越要做好疫情防控的排头兵。

12小时，这是进入1号负压排查室持续工作的时间。1号负压排查室是分流处理整个机场航班有发烧、咳嗽以及有流行病学史的旅室，是整个白云海关疫情防控风险最高的地方，任务异常艰巨。全副武装穿戴上防护用品后，她们就开始工作了。董秀云、杜颖桃、凌巧仪护士负责登记每名旅客信息，航班号信息，提取鼻咽拭子，最后采血，整个流程需要高度集中精力。由于长时间佩戴防护用品，往往一个班工作下来，脸上已布满压痕，背部已完全被汗水浸湿，但三人没有任何抱怨，脱下防护服相视一笑，互相打气。在流病调查中，彭阳欣护士筛查出一例隐瞒病史新冠病毒阳性旅客，并立即按新型肺炎的诊疗规范将其送往定点医院就诊，她高度的责任心以及认真负责的工作态度被机场评为"每周之星"。

从3月11日开始，8名白衣天使支援海关防疫工作已一月有余，当医院考虑到工作强度太大，让她们轮换休息时，她们纷纷要求要决战到底。姑娘们说："轮换人员要给医院人力增加负担，重新培训又需要周期，而疫情排查刻不容缓，只要国家有需要，我们将尽己所能，为打赢这场战疫贡献力量。"

"虽然很苦很累，也要时刻提醒自己，越是风雨越要坚强，越是困难越要树立信心"，在支援

第十一批支援白云机场医务人员合影

广州白云机场海关抗疫期间,广州市中西医结合医院的8名护士经常互相检查,互相监督,互相鼓励。披上白衣,就是白衣战士,她们义无反顾,她们承诺过家人及医院领导,一定要圆满完成任务,平安回家!

2020年6月28日,在接到海关通知,广州市中西医结合医院的8名护士可以撤退,这是广州市白云机场海关疫情防控工作第十一批医护人员,她们圆满完成了这一阶段的支援任务,对此她们感到非常高兴;因为她们在海关已连续支援长达三个多月,这里已经成为她们第二个"家",这里满载着战友之间的深情厚谊,充斥着她们曾经洒下的汗水与青春,她们也感到不舍。但天下无不散之筵席,有幸与来自各地的同行们一起坚守国大门,为祖国安康贡献一份绵薄之力,她们感到无比欣慰与自豪。

6月29日上午09:20,广州白云机场海关为队员举行撤防仪式。广州白云机场海关崔越副关长,人事科肖伟副处长为她们送行,广州市中西医结合医院黄华副院长、护理部陈碧贤主任参加撤防仪式。崔越关长表示非常感谢花都区卫健局积极响应省政府的战略部署,支援队员们以饱满的热情,投身到口岸新冠肺炎疫情防控阻击战中,与其他地方支援医护及海关检疫工作人员一道并肩作战,守卫祖国南大门,队员们的奉献精神令人敬佩。送别会上两位海关领导代表多次起立敬礼致谢,并为队员们逐一颁发了纪念证书。

支援人员合影

短暂而温馨的撤防仪式结束后，一众到场人员合影留念。难忘的110个奋战相守的日日夜夜，队员们穿着厚重的防护服在预审、流行病学调查、鼻咽拭子及血样采集、转院处置等不同的工作岗位上挥奋战着，汗水与辛勤交织的抗疫殊荣值得毕生珍藏。

卸下铠甲，感慨万千，一路走来，是感激，是值得。

她们眼含泪光地说："感激所有为提供过帮助的人，是你们的支持让我们无后顾之忧。"

在这三个多月一路走来，有过艰辛和挑战，但更多的是收获，收获了独特的人生经历，收获了旅客的万千善意，收获了深厚的战友情谊，收获了一座城的心安，所以那些守候过广州白云机场的日与夜，那些嗓子冒烟、满脸眼罩压痕、衣服被汗水浸透的日子，值得！

广州海关来信感谢支援一线医务人员

2020年4月14日广州中西医结合医院收到一封来自广州海关发来的感谢信。信中表示广州白云机场口岸作为严防境外疫情输入的一线重点口岸，工作任务十分繁重，医护工作者们讲政治、顾大局，夜以继日奋战在抗击疫情的最前线，以无私奉献的精神、专业精湛的技术，全力投入卫生检疫工作。

海关感谢信

附件

广州市组织选派支援广州白云机场海关
医护工作者名单

广州市中西医结合医院杜颖桃
广州市中西医结合医院董秀云
广州市中西医结合医院凌巧仪
广州市中西医结合医院彭阳欣
广州市中西医结合医院杨远丽
广州市中西医结合医院吴玉婷
广州市中西医结合医院罗恩敏
广州市中西医结合医院仝乐

支援海关人员名单

2020年3月以来，国际疫情持续蔓延，防范境外疫情输入压力不断加大，口岸卫生检疫工作面临着巨大挑战。3月11日，广州市中西医结合医院接到省卫健委的紧急通知后立即部署，护理人员纷纷主动请缨参加抗疫，最终护理部遴选出杜颖桃、董秀云、凌巧仪、彭阳欣、杨远丽、吴玉婷、罗恩民、仝乐等8名优秀的护理骨干紧急加入了驰援广州白云国际机场的防疫工作中。

医护团队到达白云机场后，迅速接受了海关人员的全程电子化培训；主要工作是协助填写《入境人员信息登记表》，进行测温筛查，询问旅居史，指导做好防护，处置各种突发事件等。看似事务性的工作，可是全副武装带上防护用品后，一干便是好几个小时。

据广东省发布数据，截至4月11日24时，广东省境外输入确诊病例的九成通过口岸检疫、医学观察筛出，3月21日以来未新增入境人员病例皆在口岸检疫和隔离点发现。广大支援医护工作者与海关一道为筑牢口岸检疫防线，保障人民群众生命安全和身体健康做出了突出贡献！

据了解，广州市共派选了21家单位的75名医护工作者，火线驰援广州白云机场海关，守好防输入"第一关"。"为此，我关谨向广州市委、市政府及各有关单位致以诚挚的感谢！向全体支援我关一线的医护工作者及其家属致以崇高的敬意！我关将继续全力以赴做好支援人员的后勤保障和关心关爱工作，切实保障医护人员的权益。"

广州市白云机场海关疫情防控工作第二十五批医护人员凯旋

2020年12月10日上午09∶00，在广州市白云区钟落潭镇桥头源溪酒店举办了白云机场海关疫情防控工作第二十五批医护人员撤防仪式。历时94天的疫情防控战，第二十五批医护人员圆满完成了任务，凯旋回归。机场海关崔越副关长、肖伟副处长为医护人员们一一送行，广州市中西医结合医院护理部杜敏副主任参加撤防仪式。

撤防会议上，崔越副关长对医护人员踊跃投身口岸新冠肺炎疫情防控阻击站工作予以了高度评价，他表示，根据省卫健委通知要求，医护人员积极响应号召，迅速行动，克服困难，认真贯彻落实上级疫情防控各项工作部署，与机场海关职工同舟共济，众志成城，是祖国当之无愧的"国门勇士"。讲话过程中，崔越副关长多次起立敬礼致谢，并为医护队员们一起颁发了纪念证书。

广州市中西医结合医院护理部杜敏副主任前往源溪酒店迎接我院海关邝咏诗抗疫护士归队。杜敏副主任表示，邝咏诗同志勇于担当，甘于奉献，她是好样的！

短暂而温馨的撤防仪式结束，邝咏诗护士将重新回归医院团队，在不同的地方继续守护着生命。乌云遮不住太阳的光芒，疫情挡不住春天的来临，抗疫的征程中，让我们共克时艰，砥砺前行！

广州市白云机场海关疫情防控工作第三十批医护人员凯旋

2021年3月12日上午09∶30，在广州市白云区钟落潭镇桥头源溪酒店举办了白云机场海关疫情防控工作第三十批医护人员撤防仪式。历时三个月的疫情防控战，第三十批医护人员圆满完成了机场口岸疫情防控任务。机场海关肖伟副处长再次为医护人员们送行。

撤防会议上，肖伟副处长对医护人员踊跃投身口岸新冠肺炎疫情防控阻击站工作予以高度评价，他表示，疫情防控处于关键阶段，广州白云机场面临防控巨大压力，是"外防输入"的重要关卡，在这场战疫中，在坚守安全底线不动摇的同时，医务人员用无畏和坚守书写着赤诚的初心，用专业和奉献履行着使命担当，"从空中到地面"把好疫情防控每一关。这一批医务人员放弃春节与家人团聚的机会，众志成城，同舟共济，共同筑起"国门防线"，为机场口岸一线疫情防控工作做出了突出贡献。肖伟副处长多次起立敬礼致谢，并为医护队员们一一颁发了纪念证书。

广州市中西医结合医院委派护理部罗蕊丽前往源溪酒店迎接我院赵娜海关抗疫护士归队，感谢赵娜护士面对危险和使命时仍无畏的付出，向白衣战士致敬。赵娜护士表示："只要国家有需要，无论何时何地，召必回，回必战。"

短暂而温馨的撤防仪式结束了，但撤防不是撤退，赵娜护士将

海关领导向队员献花和颁证书

重新回归医院团队，在不同的战场继续坚守。疫情让我们记忆深刻，灾难让我们敬畏生命，没有一个冬天不可逾越，没有一个春天不会到来，当鲜花灿烂之时，我们依旧会在丛中欢笑！

医院核酸检测应急队支援白云机场

2021年6月16日，广州市中西医结合医院核酸检测应急队伍再次出征，由护理部陈碧贤主任带队，前往广州市白云机场进行核酸检测支援，烈日炎炎也挡不住我们应急队员的勇往直前。我院22名队员分为两批，从早上7：30出发至20：30，共历时13个小时，共采样约9130人次。

此次前往白云机场应急队员，22名中有5名共产党员，她们的口号是："我是党员我先上，哪里需要我们，我们就往哪里去。"

领队护理部陈碧贤主任与南航明珠大酒店的相关负责人联系和充分后，

南航明珠大酒店的负责人根据要求提前布置,现场民众井然有序;感谢南航明珠大酒店负责人们的支持和配合,极大地增加了我们应急队员采样的效率。

南航明珠大酒店杨桦书记,亲自前来慰问辛苦的采样队员,给我们的队员分发午餐。

广州这次疫情来势汹汹,全省医护人员纷纷勇战一线,为家人、为社会送去安康,但是疫情防控任务,依然任重而道远。广州市中西医结合医院护理团队依然会在疫情时期一直勇战一线、恪尽职守!

第二节　支援隔离酒店疫情防控工作

医院组织保障外援酒店疫情防控工作

2020年10月9日下午,广州市中西医结合医院医务科、护理部、院感科三部门在技能培训中心组织召开了医护人员支援入境人员隔离酒店的轮岗培训会议,医务科刘礼胜副科长、护理部陈碧贤主任、院感科陈小平科长和6名准备外援的医护人员参加了此次培训会。

会议由陈碧贤主任主持,陈主任首先讲解酒店疫情防控的工作要求、相关信息表的填写和酒店三人小组的协调沟通工作,并强调了医护人员个人防护的落实。随后陈小平科长讲解了医疗废物的处理原则,特别说明了医护人员要严格执行手卫生。接着重症医学科援鄂护士杨华邦进行了穿脱防护用品的操作演示,并对操作分解动作逐一解释,重点讲解了操作注意要点。19病区曾参加广州海关(机场)疫情防控的杨远丽护士讲解示范了鼻拭子核酸采样的要点。

听完讲解及操作培训后,对6名外援医护人员分别进行了穿脱防护用品的操作练习,最后医务科刘礼胜副科长讲解了酒店疫情防控的流程及注意事项。通过此次讲解培训,提高了外援医护人员防护安全意识与技能,为有效应对酒店疫情防控打下坚实的基础。

密接酒店感恩有您！我们都安全了

2020 年 10 月至 2021 年 2 月期间，广州市中西医结合医院派出张宏艺、张少伟、陈封明、林毅星、符诗璐、汤少甜、梁晨和付丽珊等 8 人到密接酒店，进行新冠疫情入境隔离酒店防控工作。在长达四个多月的隔离酒店工作里，她们秉乘着不怕苦不怕累的战斗精神，做好个人防护，圆满地完成了防疫工作。

当他们以为可以回家休息时，2021 年 5 月底广州出现了新的疫情，广州市中西医结合医院积极响应号召立即组建医疗专业组，赶赴花都区第一家接待本地密接及次密接人员的隔离酒店。因为时间紧任务重，而刚下战线的隔离组工作人员有丰富的入境隔离酒店经验，所以他们马上收拾行囊再次奔赴密接酒店开展工作。

首批进驻隔离酒店的工作人员

密接酒店与入境酒店虽有类似之处却又有大不同，所有工作人员必须闭环管理，即工作期间不能外出、不与社外人员接触，这就意味着他们与家人朋友都要分别，24h 封闭在这栋楼里直至疫情结束，但他们深知此次疫情来势汹汹、传播力强，自己肩负重任，为了迅速打赢这场疫情攻坚战，都义无反顾地立即投入执行任务中。

防控小组在上岗之前发现酒店工作人员的防疫知识匮乏，不懂得如何进行安全有效的自我防护，首要任务就是对酒店工作人员进行密集的防控知识培训。如正确穿脱防护服、穿脱手套、手卫生、垃圾分类、消毒液的配制以及日常环境消杀工作等，均需要进行系统性的培训。

完成准备工作后进驻酒店的第一天，顶着中午炎炎烈日，工作组马上就接收了 100 余名来自荔湾高风险地区的人员入住。八人组因长期配合而高度默契，分工合作快速对隔离人员的物品进行消毒、马上办理入住手续、迅速完成核酸采样和建立个人健康监测表等。但此次入住人员数量多，当接完最后一车客人时，已到次日凌晨两点多，为了第二天能继续顺利开展工作，忙到下半夜后他们抓紧时间稍作休息。

　　因为这是花都本地第一家密接酒店，为了更好落实防控要求、紧跟最新防控政策，在紧张的工作之余，她们还需时刻注意各类信息，做到不遗漏、不错过任何最新防控指引，积极参加各类型防控知识培训，掌握最新防控技术，并灵活地运用到密接隔离工作中，自己学习后还要总结整理并传授给酒店的工作人员，保护好他们的生命安全。因为他们是防疫路上的合作伙伴，只有他们健康了大家才安全，才能更好地为被隔离人员提供帮助和服务。

　　在隔离酒店要每日两次为在住客人提供上门检测体温的服务，定期上门进行核酸检测等，通过系统上报客人的基本监测情况，每天要穿着笨重又密不透风的防护服，行走在寂静悠长的酒店长廊上工作，但这条通道是她们和客人每日沟通和运输物资的唯一通道。她们天天周而复始地轻敲着客人房门，亲切地问道："您好，我是医护人员，来为您测量体温。""您好，我是医护人员，来为采核酸啦。""您好，请问您叫什么名字，您有何不适？还需要什么帮助？"等等。客人入住期间是不能离开房间的，每日对他们亲切的问候、跟他们聊聊天，有利于让他们在隔离期间保持情绪稳定，配合执行隔离措施。他们用最亲切的话语给予了人文关怀，让被隔离人员感受到他们不是一个人在战斗。

　　定期上门采核酸标本是一项重要的防控措施，可以及早筛查出无症状感染者，做到早发现、早诊断、早治疗。虽然每次工作结束后汗水都浸湿她们的工作服和发梢，但只要看到客人们安然无恙，不会因为被隔离时间久了而发生心理不适，安全地度过隔离期就是她们最大的安慰！

　　工作人员的努力，入住客人看在眼里记在心里，很多人在离开隔离酒店前夕，为医护人员送上了最诚挚的感谢与问候，这一封封平凡的感谢信中，承载着医护人员与隔离

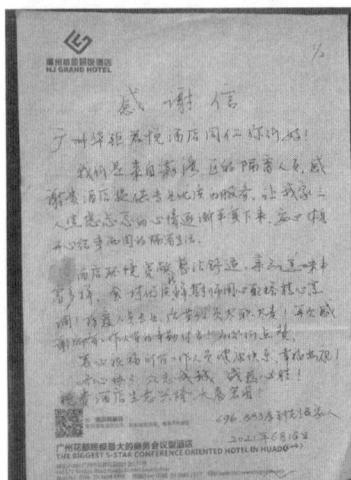

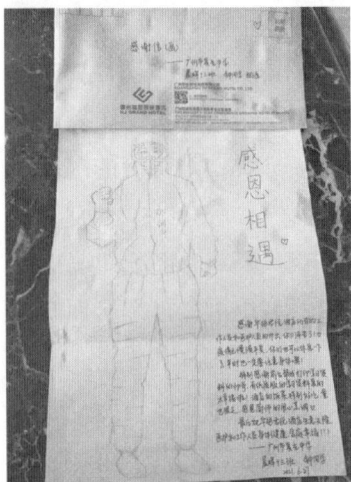

隔离酒店客人感谢信

人员之间的深情告白！

隔离期间适逢端午节，正是全国人民欢聚一堂的好时刻，工作组和在住客人却无法和家人团聚，政府也特别关心和爱护他们，为他们提供了丰富的应季水果和餐食，送上了一个个饱含关爱的粽子，让所有在隔离酒店的人员都能感受到节日的氛围，大家的心紧紧地连在一起，相信疫情终将过去，我们必定胜利！

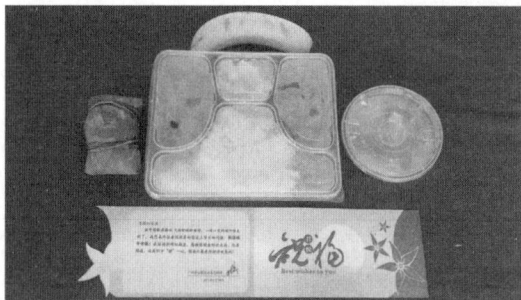

应季水果、餐食

端午粽子

在工作期间常常会遇到一些问题，如：高先生降压药、梁女士降糖药吃完了，陈女士因精神压力大无法入睡需服安眠药，张先生维持治疗精神分裂症药物不足等，需帮忙买药并送上门，除了日常防疫监测内容外，还要根据个体情况进行血压监测、血糖监测、心理开导等。偶有胃肠道反应剧烈的客人，经初步治疗后仍无好转，需及时转送至定点医院治疗，送医后还需每日电话询问病情和康复情况，记录客人在医院时的情况。

广州市中西医结合医院重症医学科丘文军副主任中医师和李雪珍副主任护师，被作为感控督导员被派到花都区密接酒店进行督导工作，因随着疫情变化，各类防控指引和规范不断更新，作为督导员要及时掌握最新防控指引，并对密接酒店里的医务人员和酒店工作人员进行培训。为了确保工作能保质保量完成，李雪珍甚至在过年的时候都没休息过，一直奋战隔离酒店里。

丘文军在给工作人员进行培训

他说："我每天都要通过视频监控或穿上防护服巡查的方式，对进入污染区、半污染区的工作人员进行督导。如医疗组人员对隔离人员测体温、采鼻咽拭子是否规范？酒店工作人员送餐、消毒、收集垃圾时隔离措施执行是否正确等等，反正只要有人进入相关区域就要督查，我生怕因自己看漏眼而发生交叉感染，所以往往一站就是一上午。在无新入住人员的情况下，每天仍需工作至晚上9点半后才结束。"

在全广州的共同努力下，6月下旬起广州已无本土新增病例，在最后8名符合解除隔离条件的客人转出后，酒店在管人员清零。在这个光荣的时刻，他们缓缓呼出了一口气：真的成功战胜疫情了！他们奋战一个月的努力并没有白费，至此在隔离点无不良事件发生，他们圆满完成了抗疫任务，感到非常骄傲和自豪！

在参加防疫的历程里，他们感慨良多、也受益良多，病毒无情人有情！参加防疫的人员千千万，医护人员只是其中一部分，其实他们也是每个普通家庭里的一分子，但穿起这身防护服后，就承担着治病救

来自各级部门防疫人员合影

人的神圣任务，而他们也不负众望，成功阻挡了病毒的入侵。他们说："当人民需要我、祖国需要我的时候，我还会义无反顾的冲在最前线！"

多部门协作优化驻点隔离酒店布局流程

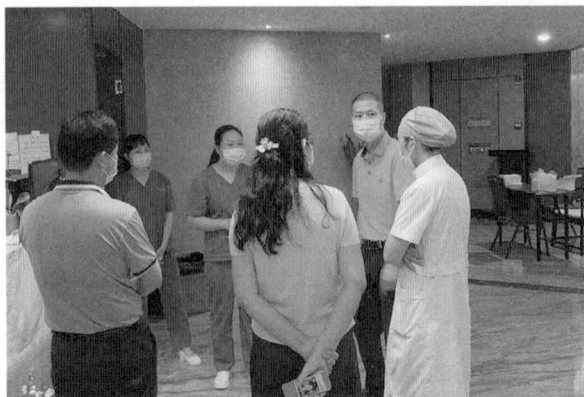

2021年6月24日上午，广州市中西医结合医院黄华副院长带领院感科、护理部来到驻点隔离酒店，对隔离酒店感染防控工作进行检查，实地查看过程中发现摘脱防护用品区域建筑布

局流程不符合规范，黄华副院长指导了隔离酒店改造优化布局流程。

院感科、护理部立即响应，当天联合驻点医务人员做好个人防护后实地走访，根据隔离酒店实际情况设计最优化改造方案并绘制施工图纸。隔离酒店工作人员依据图纸紧锣密鼓进行施工，并于 2021 年 6 月 27 日即完成改造。

2021 年 6 月 28 日上午，广州市中西医结合医院院感科陈小平主任一行四人再次来到隔离酒店，对隔离酒店建筑布局改造验收，并对驻点工作人员进行加强培训，确保驻点工作人员掌握新的流程。优化后的布局流程切实做到不交叉，无安全隐患，为疫情防控筑起 " 钢铁长城 "。

在密接酒店工作，我只会俄语咋办？

2020 年 10 月 17 日，广州市中西医结合医院脊柱科张少伟刚刚结束一台脊柱外科手术，就接到医院的紧急通知，要到医务科报到。他于 2020 年 05 月由佳木斯市中医院调动至广州市中西医结合医院，入职不到半年，即被抽调到隔离酒店执行防疫任务。

他第一时间参加了广州市关于新型冠状病毒疫情防控紧急会议，并接受了规范的防护知识和技能培训。从医 15 年的他深知此次任务非比寻常，领到任务后，他匆匆给家人打了个电话进行简单交代后即攥紧拳头，奔赴广州市花都区的入境隔离酒店。

作为一名优秀的医务工作者，他深知一线防控工作的重要性。细节决定成败，务必打赢这场疫情阻击战。

在接受规范化防疫培训后，于 2020 年 11 月 1 日张少伟医生带领医护组进入境隔离酒店，协调驻点专班领导及酒店方按防控要求进行防疫整改，落实 "3 区 2 通道"、规范接送旅客流程、工作人员防疫知识培训等工作。整改完成并通过防控办验收当日就有 160 余名入境旅客入住。

来自于不同国籍的入境旅客对中国的防疫隔离政策不理解，语言不通造成沟通障碍，而他只会一门外语——俄语，他想方设法要畅通沟通渠道，最后通过使用翻译软件解决了这个问题。

防控要求入境旅客需隔离十四天，有些旅客不会扫码填写个人资料，需要医务人员手动补录，往往要工作到深夜。对一些患有基础疾病的老年旅客，及患有精神类疾病的旅客，他每日查房必定多加关注，及时发现病情及情绪变化。

在春节期间他仍坚守在一线。于 2021 年 3 月 1 日，在医院安排下换班撤离隔离酒店，此时他已在隔离酒店坚守了四个月。其间所有医护人员、驻点干部、酒店工作人员等均无交叉感染，隔离酒店旅客无突发不良事件发生，圆满完成了隔离酒店防控任务。

2021 年 5 月 25 日，广州再次爆发本土疫情，广州市中西医结合医院积极响应广州市防控办要求，第一时间派医护组进驻密接隔离酒店（花都区第一家）。

2021 年 6 月 1 日，医院再次抽调有隔离酒店工作经验的张少伟副主任医师进驻，加强医护组力量。协调驻点专班领导及酒店方，按防控办最新要求对防疫政策，对密接酒店防控工作进行整改。因防疫政策更新迅速，医护组除完成日常工作外，还需花费大量时间向隔离人员解读隔离政策及疫情现状，并对工作人员进行新政策培训。

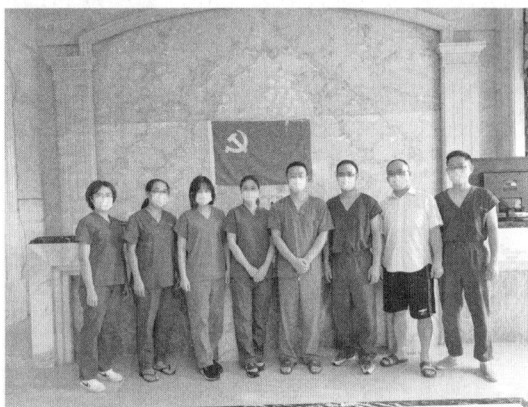

张少伟（左四）

在密接酒店工作期间，医护组所有人实行封闭管理、24 小时在岗，每天核酸检测样本量大，穿脱防护服频繁，再加上天气闷热出汗较多，衣服洗了都不干，一些医护人员都开始穿一次性纸尿裤。经过一个多月在全体人员的不懈努力下，取得疫情防控的阶段性胜利，密接隔离酒店 6 月 29 日清零，6 月 30 日完成撤离验收。

这是一场没有硝烟的战斗，战斗的对象时看不见的病毒。如果不能有效控制病毒的肆虐，后果将不堪设想。疫情面前，他是无惧无畏的"逆行者"。抗击疫情，是一场没有旁观者的全民战争。虽然身为医护工作人员，但他也是父母最牵挂的儿女，是孩子最亲爱的父亲。可是，面对疫情，他毅然选择了逆向而行。

疫情面前，他是锐意进取的"实干者"。疫情防控工作是辛苦的，为了切实落实岗位职责，他真正做到顾大家、舍小家。因工作的特殊性，他不能时时陪伴在家人身边，不能给予他们照顾和关心，他能做到的就是把疫情防控工作做好，在公与私的天平上，他毅然坚守疫情防控一线，这种以大局为重、勤勉努力、认真严谨、踏实工作的精神受到同事们的一致好评。

有一种行动，叫作付出，

有一种付出，叫作无私，

有一种无私，叫作奉献！

我们守护的不是酒店，而是一座城！

付丽珊于 1996 年参加工作，现为广州市中西医结合医院针灸科主管护师。自从事工作以来，她一直以"一切以病人为中心，以质量为核心"工作信念，始终坚持以高度的责任心、良好的服务态度，强烈的爱岗敬业精神，把爱心献给每一位患者，在工作岗位上尽职尽责、兢兢业业、任劳任怨。在业务上认真学习、刻苦钻研、严谨求实。

如果不是新冠疫情暴发，她会一直在医院的针灸科继续努力工作下去，但自 2021 年 6 月至今，她先后六次被紧急抽调到抗疫一线，战斗在医学集中观察点的隔离酒店，每次均能出色地完成隔离酒店任务，真正做到召之即来，来则能战！

付丽珊（前排左一）与隔离专班人员挑灯夜战

因为多次参与隔离酒店工作，她积累了丰富的防疫经验，所以现在无论在入境隔离酒店，还是在本土疫情隔离酒店，她都能熟练地开展工作。她明白自己所有的工作，是为了切断一切病毒

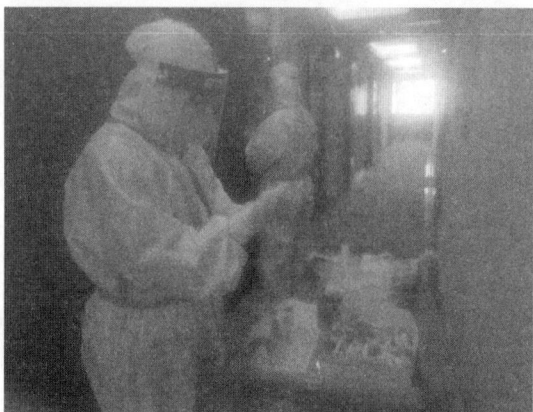

付丽珊在一线

205

可能传播的途径，自己是距离病毒最近的地方工作，是抗疫一线的最前沿，是情况复杂多变、感染风险最高的地方之一。

严防死守，只为了筑起一道生命防线，守护一方平安。为此她一遍又一遍地学习各类防控知识、反反复复地练习穿脱防护服的技能，只为守护着广州这座城，为大家换来正常的工作和生活，每当脱下防护服的那一刻，她都会慨叹："没有防护服的空气是如此清新！呼吸是如此顺畅的！"

反复抽调到隔离酒店执行任务，她也曾感觉到疲惫，但她对自己说："疫情就是命令，防控就是责任。能够投身防控一线，践行初心使命，是作为一个白衣天使最基本的责任和担当。"所以每当接到紧急通知后，她从不

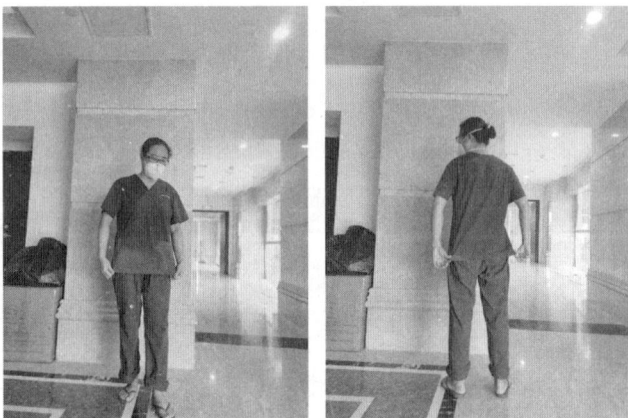

结束工作后她全身湿透

找任何理由推脱，都是马上收拾行装出发，有时因为夜深，甚至来不及和父母告别就奔向了疫情战场、战斗最前沿！

在隔离酒店工作是没有上下班，工作日、周末之分，只有昼夜的坚守、24 小时的待命，以及接不完的电话、看不完的信息。大家精神高度谨慎紧张，不容一丝松懈怠慢，生怕一合眼就被狡猾的病毒溜走、传染给同胞们，所以她每做一个动作、每一个步骤都非常小心谨慎。有时遇上外国旅客因不理解国内防疫政策时，觉得隔离酒店限制了他们的人身自由吵闹时，她都是用翻译软件，耐心地与旅客沟通，反复解释防疫管理制度，只为保护着不让一个广州人感染。

她这种毫无畏惧、积极主动、认认负责、不计较个人得失和精神，深深地感染着与她一起并肩作战的同事们，她们都纷纷对她竖起了大拇指。她与小伙伴们肩负同样守护国门的使命，怀着共同信念，即使是在再紧急的情况下，她依然坚持要严格落实防疫政策和措施，以护佑我们这座城的安康。

在隔离酒店专班工作中，除了部分旅客不理解以外，她还会遇到各种各

样的困难，但她们去解决这些问题，常常因入住隔离人员比预计的要多，一时无法抽调更多的人手来支援，所以要通宵达旦开展工作，但她从不埋怨，只是仔细地落实好每一个工作细节。

在隔离酒店专班工作期间，她事无巨细都参与了，外国旅客及密接者隔离酒店都是高风险工作岗位，进入隔离区域必须穿戴好整套防护服，为了方便操作，在去年炎热的夏天时，她毅然剪短了留了多年的长发；为了节约穿防护服时间和减少交叉感染机会，在寒冷的冬天，她尽量少穿过厚的衣服。

她说在隔离酒店工作，最开心的时刻就是当隔离人员清零的时候，每到这一天，她们都要用一些特别的方式进行庆祝，虽然并不轰轰烈烈，但表达了她们抗战胜利的喜悦之怀。

在广州这座城市，正是因为有数以千计像付丽珊这样不计报酬、不顾生死、夜以继日、无怨无悔地坚守着国门，她们有时为了快点完成工作、甚至是小跑着上班的，争分夺秒与病毒赛跑，只想为大家赢得更多的时间，跑赢病毒！每次工作结束，都是汗流浃背，衣服湿透，眼镜被雾气笼罩，有时甚至看不清路线，但这些困难并没有让她退却，每次遇到被隔离人员对她说一声普通的"谢谢，你们辛苦了"，就会让她一整天都心情充满阳光，看到大家一起奋斗守护着同胞们的安全时，她说累并快乐着。

与平时在医院里工作不同的是，在隔离酒店工作失去了很多便利性、感染风险更高，并且要与家人长时间分离，疫情还没有结束，付丽珊仍然坚守在隔离酒店里工作，她说与家人的分离固然是痛苦的，但如果没有医护人员、基层工作人员及各级政府部门人员的共同守候，那我们就没有健康的生活环境，我们的家人也一样要饱受病毒侵袭的痛苦，只要这座城市需要，自己就会继续守护。

不分日夜的坚守，只为守住大家的安全！

2022 年 4 月 12 日，广州市中西医结合医院的符诗璐接到紧急电话，花都区需马上组建一支队伍前往隔离酒店展开工作。因为时间紧急，小组一行 7 人在接到紧急任务后迅速集结，紧锣密鼓地清点和筹备防疫物资，来不及和家人朋友们告别就背上行囊出发了。不知道目的地、不知道工作时长，只知道因为有人需要，她们就出发了！

这已是符诗璐第 7 次参加隔离酒店工作了，因为时间紧急，一来到酒店她们马上展开工作。首先对即将在高风险区域工作的酒店工作人员，再次进行防疫知识培训，让他们提搞自我防护知识及技能，他们是防疫路上的工作伙伴，是每天都密切接触的工作人员，只有他们掌握了安全有效的隔离防护知识，才能确保所有工作人员都健康，更好地为在隔离酒店入住旅客提供服务帮助。

符诗璐在隔离酒店的日常工作，就是重复地每日两次为在住旅客提供上门测量体温的服务，定期为客人上门进行核酸检测，每日在专门的工作网站上报客人的基本情况，在专门的沟通群上报酒店工作开展情况。以及对集中隔离人员的身体和心理进行及时的关注，并疏导他们的不良情绪。

为了确保不发生感染外溢，她们还要进行隔离酒店的环境检测，为隔离酒店的高风险区工作人员进行每日核酸检测和反复的防疫知识培训。

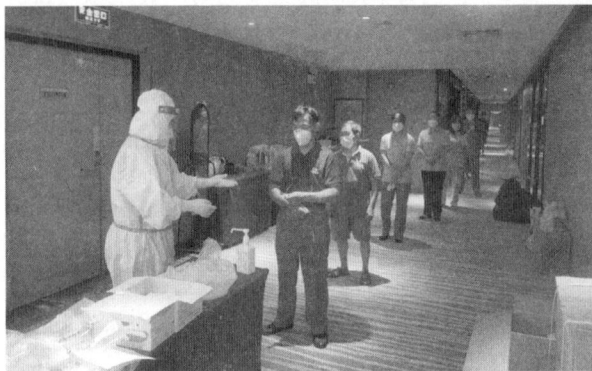

符诗璐给隔离酒店工作人员采核酸　　　　给隔离人员采核酸、测体温

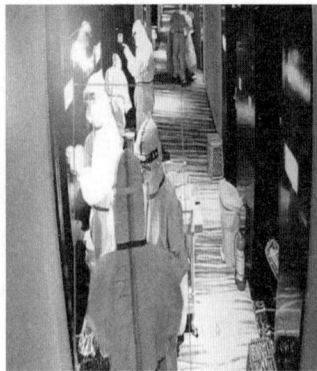

每日穿上密不透风又笨重的防护服，行走在酒店那条狭长的工作长廊上，寂静悠长的工作长廊是她每天的必经之路，但这条通道也是她和客人每日沟通、酒店工作人员运输物资的唯一通道。

她轻轻敲着客人房间门亲切地询问："您好，我是医护人员，来为您测量体温。""您好，我是医护人员，来给您测核酸啦。"

客人入住期间无法离开房间，每日亲切地与他们问候，和他们聊会天会减轻他们在隔离期间的烦闷，他们大部分也乐意配合进行隔离，不外出、不吵闹，她们用最亲切的话语让旅客们感受到，他们不是一个人在战斗，这是她们给予的人文关怀。

定期上门做核酸检测也是听严格执行疫情防控政策措施之一，这样可以让潜伏期客人及早发现，早发现早治疗。对病人的身体可以及早治疗，对国家可以及时进行流调，按住传染势头！

她们每日的工作量都不小，所以需要提前一天准备第二天客人核酸检测的试管和标签，提前准备客人解除隔离的各种资料，对客人结束隔离后的目的地进行审核上报等等。因为疫情变化速度太快，她们的防疫工作也不是一成不变，当收到最新的防疫标准后要仔细研读，对当前存在的问题进行整改总结，不断推陈出新，只为更好地执行防疫措施，不容出错！常常结束工作时已是深夜！

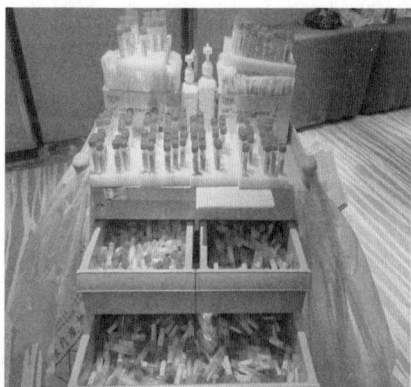

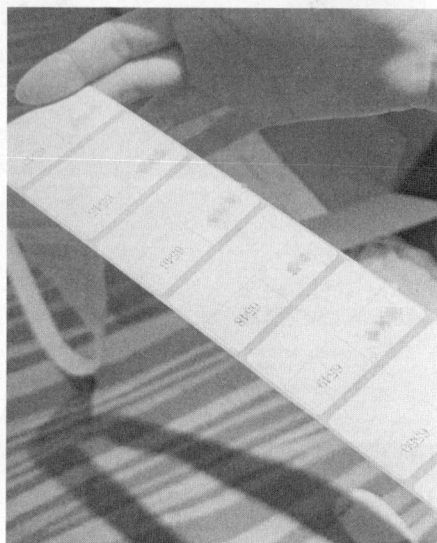

这只一个上午的核酸检测样本量

在完成所有准备工作后，此次第一批入住的客人来到酒店已近凌晨，她们在客人入住第一天就要按照规定对入住客人进行核酸检测，虽然大家都很疲惫，但是防疫不能松懈，她们一直干到凌晨的 6 点才结束第一天的工作，也是因为她们的坚持，才让她们及早地发现入住旅客中的一个阳性客人。

她们立即启动发现阳性客人的应急预案，上报疾控中心，复核阳性患者的核酸，最后按规范流程将客人转送广州市第八人民医院进行后续治疗。让我们第一天的辛劳工作开展有了意义！以最快的速度切断了传播链。

虽然每次工作结束后汗水已经浸湿她的工作服和头发，但是当看到旅客安然无恙，不会因为在一个地方待得久了而发生任何不适，安全地度过隔离期就是她最大的安慰。她的努力旅客都看在眼里，听着他们一声声谢谢，看着他们在离开时候的每一封感谢信，符诗璐就觉得再累都值了！正是因为她们的努力付出和旅客的倾情配合，才能不辜负我们全国人民为此次疫情所付出的所有人力物力财力！

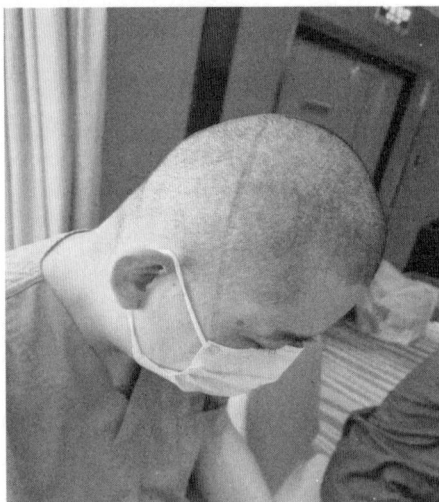

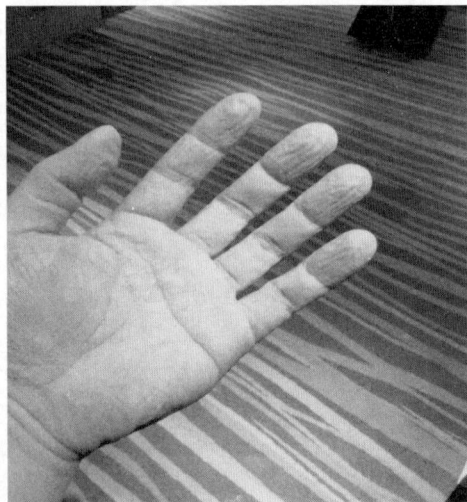

为了方便工作一名男同事剃了个光头，被汗水泡得发白的手

这是一场没有硝烟的战争，这是一场还没有结束的考验，打赢这场疫情防控阻击战，离不开千千万万坚守一线岗位负重前行的人儿，每一个人的付出让她们信心倍增，她们坚信最终一定能够取得胜利，守护好我们的家园！

从左往右依次为谢爱贤、梁晨、符诗璐、刘超、张少伟、黄文东、杨天化

盛世之下，总有人为万家灯火负重前行，他们不忘过去，更不惧未来。这个世界上，从来没什么岁月静好，只不过有人替我们负重前行。正是这些医务工作者，不顾个人安危，为护佑群众周全，始终把人民群众的生命安全放在第一位！逆行战魂，向阳而生！

一次离别！

梁晨今年 27 岁，她是广州市中西医结合医院脑病科 NICU 里的一名护士，自 2017 年 7 月入职后她工作已经 5 年了。2020 年新冠病毒疫情暴发，改变了梁晨这个普通护士的生活轨迹。

在正常情况下，护士应该是在医院上班的，但疫情发生以后，梁晨现在上班的地点大部时间都是在隔离酒店里，而且去一次隔离酒店上班的时间通常长达一个月。她曾先后于 2020 年 10 月起，断断续续去了隔离酒店 5 次。

她主要的工作是穿上防护服，为在隔离酒店的密接人员进行核酸采样、监测体温和对集中隔离人员的身体以及心理进行及时的关注，并疏导他们的不良情绪。在这里她每天要连续 6—7 小时穿着闷热不透气的防护服，一个班下来经常头昏脑涨，为了中间不上厕所，她常常要忍受着饥渴，脱下防护服后呼吸新鲜的空气，是她每天最幸福的时刻。每天重复着采集、送检和录入，是她必备的功课，不容有错。

梁晨的爸爸和妈妈都是人民警察，在疫情期间，他们一家三口都坚守自己的职责，在各自的工作岗位上为疫情防控做着贡献。在电话里妈妈经常跟梁晨说："我们一家三口人虽然分隔两地，但我们共同为抗疫而战！" 2022

年4月初，梁晨的妈妈从黑龙江佳木斯飞越3000多公里来到广州，这是她们自2020年新冠疫情暴发以来的第一次见面。

妈妈要来的消息让梁晨很兴奋，一想到马上就可以见到两年多来日思夜想的妈妈，她就久久不能入睡。妈妈的到来，完完全全改变了梁晨的生活，她每天下班后就可以吃到美味的饭菜，房间也被妈妈收拾得非常干净整洁，每次回到家她都会倍感温馨和幸福，妈妈说："今年除夕我们都没机会团圆，我们要把这几年没和你在一起过春节的遗憾都弥补上。"

美好的日子过得特别快，谁也没有预料到4月上旬广州的疫情防控形势突然又变得严峻，一通电话把她们相聚的计划完全打乱了。4月12日晚上梁晨接到通知，需要她第二天马上到密接人员隔离酒店执行任务。接到电话后她一下子愣住了，脑子里一片空白。妈妈见她脸色不好，关切地询问发生了什么事？她的眼泪唰地流下来了，断断续续地告诉了妈妈，正在犹豫着要不要向医院说明，妈妈从千里之外来与她团聚的事，申请换别人去隔离酒店。

梁晨的妈妈沉默了一会儿，眼睛里快速闪过一丝失落，但随即目光坚定用略带颤抖的声音说："我帮你收拾行李吧，这次隔离酒店工作的时间可能会比较长，带好日常用品，照顾好自己。"梁晨默默起身开始收拾需要携带的物品。

这时她妈妈已经平静下来了，她说，"我理解你现在的心情，你在工作中能服从领导的安排，一直都是任劳任怨，爸爸和妈妈都以你为傲。我们平时工作都很忙，想一家人团聚不容易，我知道你很珍惜我们每一天在一起的机会，你不舍得离开，我更不舍得。但离别是为了更好地相聚！妈妈是一名老党员，受党培养多年，听党的话，服从指挥，这样的理念早已融于我们一家子的血液当中。没有国家的平安，怎么会有咱们小家的团圆呢？在这场战役中，你是一名护士，更是一名战士。妈妈在家里等着你，你哪天凯旋咱们再聚。"听完妈妈的话，梁晨已是泪流满面，在妈妈的眼里也隐约看到了泪花，但坚强的妈妈依旧面带微笑，送她奔赴工作岗位。

梁晨从小到大极少见到警察妈妈哭泣，只见过她在工作中的强悍，打击违法犯罪分子时的坚毅果敢，面对困难时的从容不迫，绝不退缩。面对需要解决的难题，她会竭尽全力解决问题。妈妈这些优秀的品质，在日常生活中总是润物细无声的影响着她，让她在工作中也能够做到听从指挥，认真负责、无怨无悔。

每当在密接隔离酒店忙碌过后，她站在酒店的窗前，一想到独自在家的妈妈，心里就充满了愧疚。在隔离酒店工作时间久了，孤独也会使人的心情受到影响，在这封闭的空间当中，梁晨更加想念妈妈、想念亲人……尤其想到妈妈在这边人生地不熟、没有别的亲人、没有朋友，爸爸因为工作的原因来不了广州，她只能一个人默默地待在家里等待自己的电话，她的情绪很低落。

护理部陈碧贤主任知道这个情况后，常给梁晨打电话，关心和安慰她。在了解到她妈妈独自在广州居住后，又给梁晨的妈妈打了电话，感谢妈妈对梁晨工作的理解与支持，把医院领导对于这些在隔离酒店工作同事们的关心，也转达给了梁晨妈妈，梁晨妈妈对医院各级领导对孩子的关心非常感谢，并请表示会对孩子进行心理辅导，安抚好她的情绪，相信孩子一定会出色完成上级交付的各项任务。

接下来的日子里，梁晨一有时间就和妈妈电话或视频联系，妈妈和她聊了很多很多，说在这边一切都好，现在已经适应了这里的生活节奏，让她不要牵挂、安心工作。

在院领导和妈妈的谆谆教诲下，梁晨的站位高了、视野也开阔了、看得更远了，理想信念的增强使她斗志更高，她以更加饱满的情绪投入到工作当中，接连完成一次又一次的密接者隔离观察任务。

梁晨（右一）准备完成最后一天在隔离酒店的工作

很多护士像梁晨这样默默无闻地辗转在各个抗疫战场上，或是参与大规模核酸采样，或是参与隔离酒店工作，或是奋战在疫苗接种场上……她们与其他战友们并肩与病毒作战，舍小家为大家，冲锋在前！没有谁生而为英雄，只是有人挺身而出成为英雄！我们坚信，在他们铁一般的意志下，一定能战胜病毒无情的入侵，守护人民的健康安全。

第三节　领航医疗集团疫情防控管理

医疗集团疫情防控专家组赴新华社区卫生服务中心开展督查工作

为贯彻落实广东省、广州市新型冠状病毒肺炎疫情防控会议精神，切实做好秋冬季新冠肺炎疫情防控工作，2020 年 10 月 14 日下午，广州市中西医结合医院医疗集团刘瑞华理事长、焦锋副理事长带领医院院感防控专家组一行来到新华社区卫生服务中心开展新冠肺炎疫情防控和发热门诊（诊室）建设现场督查工作。医务科、质控科、院感科、护理部等相关职能科长陪同检查。

专家组实地察看了发热诊室规划设置，就诊室布局、患者等候区、三区两通道设置，详细了解发热门诊（诊室）建设进度、施工建设情况，并根据实际情况给出了合理建议。

随后双方领导班子就目前疫情常态化管理、基层医院的定位、业务发展规划等方面进行了交流座谈。通过督查，专家组对新华社区卫生服务中心新冠肺炎疫情防控和发热门诊（诊室）建设工作给予了充分肯定，并针对不完善的方面，专家组现场对规划图提出了指导性意见，以便更好地应对常态化疫情防控工作。同时，刘瑞华理事长也指出要合理布局发热门诊，充分发挥哨点作用，在新冠疫情防控工作常态化的同时要兼顾业务发展。根据本地居民的疾病谱，依托集团优质医疗资源，制定专科建设帮扶方向，以提升基层医疗机构医疗服务水平，从而更好地服务当地群众，让当地群众切身体会到医改政策带来的实惠。

秋冬防控不松懈，筑牢疫情"防控墙"

2020 年 10 月 22 日，由广州市中西医结合医院医疗集团理事长、广州市中西医结合医院院长刘瑞华，广州市中西医结合医院医疗集团副理事长、广州市中西医结合医院副院长蒋守涛带队，与医务科、质控科、院感科、护理部等人一起来到新街社区卫生服务中心，就预检分诊、发热诊室建设布局以及院感防控工作进行督导。

刘瑞华院长强调，基层医疗机构在冬季疫情防控工作中要加强门急诊预检分诊管理，尤其强调加强预检分诊能力建设，完善预检分诊流程，做好发热患者到发热诊室转移的过程管理；加强发热诊室管理，因地制宜地做好设置、分区、加强病区（房）管理；同时也要全面加强感控管理，严格落实分区要求，采取科学规范的个人防护措施，合理配置医务人员，降低医务人员暴露风险。

医疗集团赴秀全社区卫生服务中心开展督导工作

为更好地落实新冠肺炎疫情常态化防控有关要求，发挥基层医疗机构疫情防控"早发现、早报告、早隔离、早治疗"的网底作用，2020 年 10 月 29 日，广州市中西医结合医院医疗集团理事长、广州市中西医结合医院院长刘瑞华带队，由医务科、质控科、院感科、护理部组成的专家组赴秀全社区卫生服务中心对其冬季新冠疫情防控工作及发热诊室建设情况开展督导检查，并就医疗集团的工作情况进行了座谈交流。

院感防控专家仔细走访了中心门诊区，就中心在业务用房紧张的情况下如何合理的布局发热诊室给出了相关建议。随后双方领导班子就目前疫情管理、业务发展等方面进行了交流，其中就关于如何根据现有的资源进行因地制宜的业务规划发展进行了重点探讨。

刘瑞华院长指出，秀全社区卫生服务中心毗邻东风日产厂区和社区居民居住区，人流量大，这是优势所在。可根据实际情况，扬长避短，选取适合开展的中医治未病常见病适宜技术，充分运用中医名医工作室等优质医疗资源、优化基层人才储备、提升医疗服务水平。同时，也要加大秋冬季的新冠疫情防控工作力度，做好日常监督，确保各个环节稳定、有序、高效运转，为辖区内的疫情防控和就医安全保驾护航。

督导发热门诊建设 守好基层人民"健康门"

为进一步做好秋冬季疫情常态化防控工作，充分发挥基层医疗机构"哨点"作用。2020 年 11 月 20 日，由广州市中西医结合医院医疗集团理事长、广州市中西医结合医院院长刘瑞华带队一行 6 人来到炭步镇中心卫生院就发热诊室建设工作以及秋冬季院感防控工作进行督导。

医院督导人员深入到发热诊室进行现场指导、规划布局，指导基层医疗机构根据本单位情况通过改造现有房屋、搭建临建房等方式实现发热哨点诊室和留观室规范设置。

刘瑞华院长强调，在基层医疗机构规范建设发热哨点诊室，贯彻落实防控措施，是做好新冠肺炎疫情防控常态化工作的需要，也是切实做到早发现、早报告、早隔离、早治疗的关键之一。基层医疗机构要抓紧抓实疫情防控各项工作，强化医护人员责任意识、防护意识，提高能力水平，充分发挥基层医疗机构健康"守门人"的作用。

全方位支持复工复产

专业优势 中医药特色全方位服务助力疫情防控与复工复产

——广州市中西医结合医院抗疫助复工复产纪实

刘瑞华　2020 年 9 月

在复工复产复学（后简称复工）中遇到不少问题，"痛点""堵点""断点"……这些问题，但复工复产是一个全产业链，其中防疫及人力健康与安全是最为基础的迫切需要解决问题。我院作为国家三级甲等中西医结合医院，在此次疫情中由于全院员工的努力，在此次抗疫与复工复产上做了一些探索。在新冠肺炎疫情由高峰转为常态化时，医院审时度势，在积极做防控工作的同时，及时调整工作思路全面启动、做好复工复产的基础工作。

主要做法：

1. 为复工复产人员提供健康支持

在疫情进入高峰后，政府即开始为早期复工复产做准备，早在二月上旬就下发了通知，恢复上班宜做身体健康检查，当时核酸检查并不普及，也不明确，许多单位面临开工的压力，包括机关、企事业单位，需要健康证明，由于责任重大，许多医院不敢出具健康报告。医院了解到这一情况，及时研究，医院组织专业技术力量对照新冠肺炎诊断标准，及时出台了我院的最早的健康证明，开展必要的检查内容及操作规范，为需要复工的人员提供健康报告。医院为近千人提供了健康证明，保障了早期的复工复产。

在疫情即将进入规范化防控后，医院根据对新冠肺炎的认识、社会面临复工的需求，及时研究、调整有关健康证明内容，并向社会全面开放新冠病毒核酸的检测工作，开设复工复产复学门诊，做到愿检尽检。我们医院成为广州地区最早开放性进行病毒核酸检测的单位，自二月下旬以来，医院复工复产门诊共为超五万人提供了核酸检测服务，即保障了企事业单位的开工安全，也消除了群众的担忧情绪，稳定了社会面，不但解决了本区域的群众需求，早期还为黄浦、白云、甚至清远、东莞等地的群众解决需求。

为高考生提供快速检测服务，在今年高考前夜（七月六日），医院接到区教育部门的信息后，有多名考生发热需要进行核酸检测，否则次日面临缺考或在一人一间的隔离考场考试，心理等压力会影响考生的情绪，需要医院的帮助。医院利用区内唯一可在短时间内出结果的病毒核酸检测仪，立即为十二位发热高考生提供了核酸检测服务，使高考生未错过人生的关键性考试，次日准时参加高考。受到家长和教育部门的肯定和赞扬。同时也为公安等部门提供了快捷的病毒核酸检测服务，为社会面稳定做出了特殊的贡献。

2. 为复工复产防护保驾及场地消毒

复工复产早期最迫切需要解决的问题是防护用品的问题。医院利用自身优势，充分发挥自身的专业特长，为区域经济做出贡献。

口罩，由于医院危机意识强，疫情早期医院大量采购防护物资，并从开始接受委托，为政府机关及必须运行的事业单位提供防护及防控物资，特别是口罩等用品，采购了数十万只各类口罩。医院在关键时刻，多次先后为一些紧缺的口罩单位，捐赠了数万只口罩等防护物资。

消毒产品，由于医院属中医系列，中医药是我院的特长，早期医院根据平时及多年累积的经验，采取了以中药配方开发了辟秽艾条等，对消毒工作场所进行消毒，取得了较好的效果。后来此做法还推广到机关、单位、工厂、商店、理发店、学校等场所。我们还为医院员工免费提供中药消毒配方，为家庭消毒。减少了化学物品对身体的损害，也发挥了中医药的特色优势。

3. 为复工提供预防医学服务

研制中医药适宜产品由于早期民众对疫情有一定的恐慌情绪，媒体一有相关防治消息，当日相关药品就会断档，严重地影响了医院的工作。医院针对这种情况及时做出调整，利用中医药治未病的优势特色，结合我院平时就有新药的持续开发，疫情发生后，医院积极组织专家研发防疫产品，先后研制出提升人体免疫力的防感香囊、六君防感汤、正气防感膏、辟秽艾草条、除湿沐足散等。全面为群众提供防疫产品。

医院为工厂、机关、单位、学校派出专业人员指导场所防疫指引等，讲解防疫知识，注重个人卫生及防护。

4. 为政府分忧，主动担责

在疫情早期，由于防护物资紧缺，一度造成省派出的医疗队队员缺少防护物资，医院响应号召，向相关政府机关捐赠了口罩等防护物资。

由于政府无单独的采购医用物资的系统，加上对物资的资源有限，医院早期即接受政府委托负责区域内相关防护物资的采购，

由于平时医院就有大量的采购任务，对采购业务相对熟悉，医院协助起草了区域医疗防护物资紧急采购规范，制定了相关的采购流程，有效地解决了防控物资采购的难题。

医院正由于产品质量好，医院专门捐赠给广东省赴湖北荆州医疗队作为队员的防疫物资，受到荆州和省健委前线指挥部的表扬。

5. 为提供防护产品企业提供专业支持

在一月二十九日，按照政府相关指令，我院派出了专业技术人员与公安、企业等相关人员远赴湖北仙桃采购生产医用口罩的关键设备与原材料，日夜兼程，43小时往返2000公里，采购到医用口罩的关键设备及原材料，其后协助企业开展消毒、储存、销售定价等工作，这家企业后来成为广州市主要医用口罩供应商。

医院在春节期间，专门抽调专业人员加班为该企业免费加班对新招的员

工近二百名进行健康检查，保障了企业的按时开工，生产出合格的防护用品。

6. 确保运营、保障队伍的平稳运行

社会的全面复工复产基础是社会的组织机构的稳定和保障机构的良性动作，医院员工作为特殊时期的工作人员在复工复产的工作中起到特别重要的作用，为确保整个社会面全面复工复产的基础，同时也是复工复产的重要一部分。

关心、关爱医院员工的身体健康是确保整个环节的关键所在。医院及时调整工作流程，做足防护规范，专门为员工设立休息区，并为不愿回家的员工提供住宿、餐饮服务。采购关键设备如负压救护车、移动式消毒车、机器人送药机等切实解决防疫难题。

关爱医院赴湖北荆州、广州海关、广州北站等援助人员工作、生活状况，各主管部门负责人定期或不定期与工作人员沟通，及时解决她们工作中的难题和生活中的困难。确保一线人员的防护装备始终是最好的。

合理调配医院员工的工作时间，原则上员工非特殊情况都不超过一周，医院在抗疫过程中敏锐地意识到此过程并非短期的，要做好持战的准备，定期轮岗，确保一线人员始终饱满的工作状态。

关心员工的身心健康，医院指挥部关爱组和工会组织多个工作小组，深入临床一线科室，全面了解员工的心声，听一线员工诉诉苦，舒缓精神心理压力。

及时解决员工的生活难题，多关心他们的业余生活，如医院了解到有员工近两个月未剪发和理发，医院及时联系到专业发廊为三百多位员工及时剪发、理发，使员工的精神面貌焕然一新。

7. 为群众疾病提供分类医疗服务，为复工早日奠定了基础

医院根据疾病的轻重缓急，采取不同的方式处理取得了较好的效果。

门诊病人

轻症或慢性疾病的病人分别采取线上质询、主动解答疫情的健康医疗问题，后期开展互联网医院服务，线上线下结合为群众快速诊疗、康复提供服务。

住院病人

对需要住院的病人，建立严格的入院分级机制。先区分平诊、急诊分类严格入院标准及处置方法，平诊住院患者经胸片 CT 筛查和核酸检测方收治入院，确保病区无疫情。二月中旬医院首先针对急诊病人，再区分急诊、急重症、

急危症紧急程度情况，首推出在各专业科室建立收治病人过渡（缓冲）病房，在全院将原来急诊病区改设过渡（过渡）病区，在血常规及肺部CT检测结果均阴性，采集核酸标本的情况下，分级进入对应的专科过渡病房对应急诊诊疗、介入、手术等，确保急诊病人得到及时处置，这一创新举措比后来出台的疫情诊疗规范要求提前了2个多月。另外，为保障急诊病人能得到紧急处理，专门购置了两台快速核酸检测仪，确保了急诊病人能够享受到绿色通道救治。在疫情防控以来，医院急救出车提升了近四成，医院急危重病人救治同比上升近三成，医院卒中中心静脉溶栓数名列广东各医院首位。

由于病人得到高效、高质量的救治，使病人早日康复，也有力地保障了复工复产队伍的运行。

8. 与社会各界互动

医院自大年三十起就开始接受社会爱心人士的捐赠，并意识到须规范接受，医院立即进行专题研究，参照相关规定，制定出医院接受捐赠的规则，并指定专门的部门——社会工作部负责此事，先后陆续接受社会捐赠数十起。之后也将医院回馈社会的捐赠也纳入规范化管理。

医院先后接受数十批社会爱心人士捐赠的各类物资，医院全部发放到一线，直接转达社会对医务人员的关爱。

在相关发廊为医院员工提供理发的同时，医院为了回馈社会，也向企业捐赠了一批防护物资及用品。

此次疫情牵动亿万群众，也引发群众对医务人员的关注，也纷纷表达对医务人员的爱，如何做到规范接受社会的捐赠就是一个课题。

讨论：

复工复产事关群众的基本民生工作，其是保障民生、促进社会公平，维护社会稳定的基础性制度安排，也是我党全心全意地为人民服务的根本宗旨的集中体现。

总结此次抗疫，使我们对医疗机构在疫情后的复工复产复学等方面可以发挥更重要的作用。

1. 提升政治站位，领导始终靠前指挥

医院在接到指令后高度重视，坚持党的领导，首先在党政领导层形成统一思想，认真学习、领会习总书记对疫情防控工作的指示，及时动态了解疫情，认真领会上级指示，迅速安排并行动，为保证领导有力，医院形成每天党政领导必碰头的机制，将院长办公会议增加到隔天一次，及时形成决策。增设抗疫领导小组会议，也是隔天一次，形成天天碰头，及时了解、调整和决策。领导深入一线解决疫情防控工作的问题。为一线工作人员排忧解难，解决他们的难题。

2. 规范管理，统一号令

公立医院是政府举办的医院必须严格履行医院的公益性和医院严密的组织性，充分发挥组织的强大生命力。为使医院政令统一，医院增设了指挥部，安排从院办和医务科各抽调一名同志组建，由医院党政办主任指挥，形成统一号令。指挥部对每天的会议做好记录并形成会议纪要，及时将指挥部指令下达。及时整理各级指挥部令，形成适合医院的指令。医院在医院办公网、手机工作网设有抗疫专栏，及时发布抗疫文件、规范、流程及信息通报等。通过信息化进行全员培训，能准确做到一个不漏。医院班子要站得高、看得远，始终牢记公立医院的公益性和及时为政府分忧，及时研究解决遇到的问题，提出前瞻性解决方案。

3. 勇于担当，主动作为

医院领导深刻地认识到此次疫情是对公立医院的一个重要考验。我们的工作必须是以人民为中心。想尽一切可能的办法解决疫情防控中和人民健康的问题。要以问题为导向，聚焦突出问题，切实解决群众的疾苦。

早期疫情不明朗，职责也未十分明确，此刻需要的是担当精神，明确要求接受任务必须是无条件的先接受并完成，如有不适当，再提出，一切行动听指挥。有时应主动担当，担负跨界任务，不计利益得失。及时修正基层员工的负面情绪，做好员工的思想工作。

在工作中发现社会复工复产有健康证明的需求，但许多单位怕担责任，不敢出证明，导致群众走投无路，医院了解到这一情况后及时组织专业研究，认为按照科学的态度可以为群众出健康证明，后来有关部门也担心，曾劝导，认为文件没有让医院出，但我们认为群众有需求，就应该想办法解决这一问题。

针对疫情期间，群众有许多急性病需要住院、手术、介入手术等，而检测又需要较长的时间，医院认真分析了具体情况，果断地采购了二台快速病毒核酸检测仪，并早在政府想着设立过渡缓冲病房文件前两个月，我们就已实施了，期间还有检查专家质疑我们的做法没有文件要求，我们再次分析后认为我们的做法是妥当的，安全的，应该坚持。在上半年疫情期间我院的急诊手术、介入手术量较平时还有所上升，卒中中心的静脉溶栓手术量居全省医院的首位。及时处理群众的急诊也使病人得到了及时的康复，减少了伤残率，缩短了住院日，为复工复产做出了应有的贡献。

早期除医院的疫情防控工作外，对来自政府要求协助的工作当成自己的工作努力去完成。医院全程对花都的口罩生产厂家改造、升级成为规模式医用口罩生产厂家做出了巨大的贡献，为花都、广州的复工复产立下了汗马功劳。早期安排技术人员深入湖北疫情区，协助采购机器、材料等。

4. 坚持统筹兼顾，全方位、多维度抗疫，充分发挥了全面系统性解决人民群众的疾苦

作为大型公立医院组织体系完善，加上近年严格按照办院方针，有较强的业务能力和应对能力。医院要充分利用自身的优势，全方位地介入防疫、抗疫的战斗中去。通过此次战疫，医院在各方面也都得到了锻炼。医院全面出击，在为复工复产提供健康保证支持、在为复工复产防护及场所保驾护航、为复工复产提供预防医学服务、在生产防护用品企业提供专业支持、为群众提供分类的医疗服务特别是急诊处置方面下了大功夫，同时医院也确保了自己的基地和队全平稳运行并通过它为社会更好地服务。

5. 在疫情防控中医院应对、处置、创新、动员等能力上有较大的提升

应对能力得到提升

提前策划，医院在接到疫情情况后，决策者立即意识到防护物资将是最为重要的战略物资，医院加大了采购量储备，特别是医用外科口罩和防护口罩，早期即控制性管理，由医院确定供应原则，特别情况报批的方针，使医院疫情期间没有出现口罩紧张的局面，保证日常工作一天二个，这在医院系统是极为少见的。

动态应对，由于此次疫情情况复杂且持续时间长早期指令有些乱，其当然也是在不断探索新冠病毒感染的攻防策略，医院单纯调整疫情防控排查经历了十多个方案，其涉及布局、流程、人员、防护要求等诸多规定，医院始终在不断地调整中，动用了医院十多个区域，后逐渐稳定下来。这也要求医院有快速的反应能力。

动员能力

此次疫情发生后，医院党委及班子成员及时召开多次动员会，鼓励医院

医务人员及全员积极参加抗疫，细化不同的岗位种类，合理安排岗位。医院共产党员积极报名，先后为赴湖北及各个岗位踊跃报名。

此次疫情曾出现不同的疫情情况，一是动员调配门诊就诊应诊情况，二是调配人员参加采集核酸，三是动员参加医疗队的情况，接到指令不到二十分钟确定人选。医院先后接到请战书上百份。四是参加海关、高铁站、酒店等岗位的执勤，都是踊跃报名。

此次疫情增加进出医院及住院病区等诸多岗位的值守，需要大量的人员值守，虽然医院有完善的志愿服务，但班次太多，号召党、团员参加都踊跃报名。

此次医院先后启用急诊科病房和外三区联合病房用作疫情应急防控，后、设备等部门快速调配，按时完成临时紧急布置。

创新能力

保障复工复产的安全，勇担责任，不要过多考虑自身的利益与处境，既要保障安全生产，又要消除群众的恐惧。探索医院适应疫情防控及常态化防控的医院运营机制，复工复产人员可以通过网络质询等渠道解决心中的难题，消除复工人员的健康担忧。医院在平时工作场所有用中药消毒的习惯，积极创新研发新冠疫情的消毒要求，根据中医药理论，调整配方并实验，符合抗疫要求。同时还陆续开发了其他四个产品。

此次疫情，病毒核酸检测关键，针对病毒核酸检测早期检测慢，医院积极拓展思维，采购并培养了我院的急诊快速核酸检测能力。四十分钟可以出结果。

首创过渡病房，为解决群众急诊病人的快速处置，在临床工作积极探索出过渡病房的做法，极大地解决急诊手术、介入手术疫情的隐患。

科学调度，此次疫情曾在春节后出现极度紧张的态势，创新工作方法，医院为了随时能应对疫情的诊疗，医院成立了发热门诊专班，从急诊科、呼吸科等抽调人员，相对固定，使其能熟练掌握诊疗技能。也使发热诊疗体系相对稳定。早期将呼吸科门诊放在发热门诊附近，便于及时排查，并减少病人的流动性。这个做法在各医院中较为少见，为后来急诊科能独立担负持久处置能力奠定了基础，开创了一个新模式。同时对医院的各专业的业务回升形成了快速回升的条件。

由于口腔、五官科等专业科室因疫情影响，停止了想着专业的工作，考虑到保证医疗质量，先后抽调他们到急诊应急病房、病毒核酸检测采集，保证了质量。

救治能力

为群众提供优质的技术服务就是必须自身有良好的服务能力，由于近年强化医疗质量与安全建设，特别是医院医疗体系的建设，使医院的医院服务能力得到真实、客观地、良好的评价。医院在 2018 年的国考中医院获得 A 级的称号，在全国排名靠前，在省医院综合医疗服务能力考核中获得全省中医系统第八位，学科建设也获得第八位，其中十九个学科中有六个学科能力进入全省中医前五位。

我院结合医院的功能定位、交通区位优势等重点打造了急、危、重症体系，使医院的急救、疑难病例的处置能力得到明显提升。首创中医系统急诊分级分区的就诊模式，也开创了大型应急事件的处置能力。

在此次疫情中由于采取了一系列的措施，要确保群众的急病能够得到快速的救治，有利于群众快速地回到工作岗位。所以急诊手术、急诊介入手术成为医院着力解决的难题。医院采取调配力量、首创急诊快速检测病毒核酸检测能力、首推过渡缓冲病房等解决难题，使我院的急救处置能力在抗疫中得到极大的锻炼及提升。我院今年的急诊出车在继续保持全区第一外，还增加了近三成的增长。

高考生保障是复工复产的另外一个体现，除了高考生本人的前途命运外，也涉及高考生背后的家庭、群众的复工复产。所以医院做好高考生的健康保障工作也是为社会做出了贡献。

6. 在此疫情防控中，也彰显了医院在担负社会责任方面起到了履职与落实公立医院的使命担当

公益担当责任

政府办的公立医院必须在紧急时期彰显其养兵千日，用兵一时的功能，必须主动担当。要积极想办法为群众解决疾苦。如在二月中旬，得知群众复工复产遇到健康证明问题时，医院班子及时研究，在未得到想着部门认可并讲明医院要担负责任时，医院没有退缩，坚持科学态度，为群众提供健康证明。后期也根据疫情动态变化，及时调整健康证明内容。始终为群众排忧解难。

医院在二月中下旬，看见许多急诊病人可能由于防疫的要求，耽搁病情，医院及时研究，细致分析急诊的不同状态，分类形成规范，在临床推出使用，期间由于想着专家督导认为不符合当时防疫要求，但医院再次分析我们的做

法，符合客观实际，对急诊病人快速处置有利，我们决定还是继续坚持。两个多月后，我们的做法得到国家文件的类似规范。

关爱员工责任

医院员工是医院为群众提供医院服务的主力军，医院只有服务好员工，使员工全身心地投入到服务群众中去。所以关心员工，也是医院工作重点之一。

首先是关心一线人员工作负荷问题，如排班，医院早期即采取轮岗制，规定一线人员原则上不超过一周，确保员工的休息时间。为消除员工担心工作会影响到家人，发现有医生想住酒店，医院了解到这一情况后，及时腾出十多间房间为不愿回家的员工提供单独住宿和餐饮。医院对接触到疑似病人的医生也采取严格的隔离措施，提供住宿和餐饮。

其次，此次疫情防护物资的采购与正确的使用是一个重大的课题，医院积极做好采购工作，确保了医院和系统乃至全区的防护物资的供应。早期，由于对新冠疫情不了解，医务人员也出现了恐慌情绪，临床上也存在过度防护的要求，医院及时指引工作人员学习规范要求，做好个人防护，医院将全力保障员工的身体健康。

其三、在医院派出赴湖北荆州援助医疗队员后，医院安排专人联系，及时了解其生活、工作状况，及时解决其防护、生活中的困难，也使医疗队员成长很快，在前线加入了共产党。医院也关心援鄂队员家属慰问，指定专人负责，定期或不定期到其家庭探访，慰问家属，解决家庭生活难题。

其四，此次疫情全社会对医院和医务人员的关注加大了，有许多捐赠物资到医院，医院按规范接受后，将捐赠物资全部分配给一线人员，包括编制与非编制员工，也包括服务于医院服务商员工。将社会的爱及时传达到医务人员，正能量得到有效的传递。医院在得知服务商存在采购防护物资困难时，积极捐赠或划拨防护物资给他们，其既保障了服务商的良性动作，也保障了医院的良好运行。

回馈社会责任

面对疫情，医院积极回馈政府、社会对医院的关爱，利用医院自身的优势，为复工复产提供优质的服务。一是医院先后为政府、机关、医疗机构、医疗队等捐赠防护物资，二是医院也为复工复产企业紧急入厂体检，抽调专人免费服务，三是为医院提供理发服务，解决员工理发难问题的发廊提供专业的复工复产的指导和场所中药消毒物资。形成良性互动，使社会、群众对医院有了更深的了解，争取它们对医院工作的支持。

4. 中医药责任

此次疫情中医药发挥了巨大的作用，各级政府和医疗机构都高度重视中医药在抗疫中的作用。医院也始终不忘自己的责任，早期即组织了想着专业专家研究陆续开发五个产品，使群众及时享受到了中医药的魅力。

医院在工作环境中大胆使用我院新研发的产品——辟秽艾草条，对相关场所的消毒，也大胆地推荐给医务人员自己家里用，取得了极好的效果。

对人员的防护也是医院突破的重点，医院组织专家查阅资料、文件、文献等，根据辨证施治，研发出新产品，先后推出了防感香囊、正气防感膏、六君防感汤、除湿沐足散等产品，让医务人员有了新的"防护服"。

后来赴湖北医疗队在比较各医院的中医药产品后，提出向我院采购中药防疫产品，我院分二批捐赠了十多万元的产品，这也从另外一个侧面证明我院的新开发产品好。

5. 真实记录传播的责任

此次疫情来势凶猛，疫情复杂，由于医院及时布置，医院顶层设计，医院形成了规范的指引，医院在医院办公网、手机个人办公网上设立抗疫专栏，及时更新想着文件、规范、流程，及时通报医院抗疫信息及复工复产的资讯。这样确保了医院所有的资讯准确、可靠且又公开，所有的会议规范记录并确保实施。

鼓励宣传人员深入一线报道医务人员在前线工作的场所，医院微信先后出了五十多期的专刊报道，全面报道各个岗位的医务人员奋斗的场景，对疫情防控有正面激励的作用。也让政府、社会、群众知晓医务人员抗疫的经历，其真实地记录了医院抗疫的历程。报道先后发表在国家、省、市、区等众多媒体上。

在医院派出赴湖北荆州医疗队员后，除详细跟踪报道外，还广泛收集资料，在援鄂英雄返回医院后，出版了"援鄂英雄"专刊，弘扬英雄事迹，得到了社会的广泛赞誉。

此次疫情，医院还充分利用医院的微信阵矩、网站等诸多渠道广泛宣传报道医院和医务人员抗疫的事迹，讲好医院故事。

刘瑞华此论文获广东省社会科学院主办的第九届中国南方智库论坛优秀奖

◎第八章

打出『中西医结合』防疫组合拳

第一节　充分发挥中医药在抗击新冠疫情中的作用

新冠疫情发生以来，习近平总书记在会议部署和调研中多次提及中医药，要求在治疗新冠病人时"坚持中西医并用""坚持中西医并重""坚持中西药并用"。为了预防新冠病毒感染，确保群众健康，广州市中西医结合医院相继推出了提高免疫力的中医药"五大法宝"（六君防感汤、正气防感膏、防感香囊、辟秽药艾条、驱寒除湿沐足散），九款体质辨识药膳汤，免费向援鄂一线人员赠送我院自行研发的抗疫"五大法宝"，向隔离酒店工作人员免费赠饮"六君防感汤"、在院内免费赠饮"粤抗一号"等，为防疫提供中医药方案，助力市民安全渡过疫期，充分发挥中医药在疫情防控中的关键作用。

古法抗"疫"　艾叶飘香

2020 年 3 月

艾叶是我国劳动人民认识和应用较早的药物，中医认为艾叶有理气血、逐寒湿、温经止痛、止血安胎等功效。艾不仅可作内服药用，而且还是一种外熏保健良药。俗话说"居家常备艾，老少无疾患"。艾叶在古代的应用不仅仅是通过口服和针灸来疗疾，也有不少文献记载应用艾叶烟熏治疗和预防疾病。现代研究证明，艾烟有防病、预防瘟疫的作用，因为艾烟对引起不同传染性、流行性疾病的多种致病菌、真菌和病毒都有抑制作用。医院室内空气消毒是防止医院感染的一个重要环节，熏艾不失为一种经济、实用且又安全高效的空气消毒方法。

在目前新型冠状病毒疫情下，为保障门诊患者以及医护工作者的健康，近日我院在门诊大厅、候诊室、门诊诊室、走廊通道等人流集中的地方进行熏艾消毒，门诊各处阵阵艾叶飘香，不禁令人心旷神怡，使得口罩下各人都舒展开紧皱的眉头，使就诊时严肃紧张的气氛也缓和不少。我们所使用的艾条就是我院新推出的中医药防疫"四大法宝"之一"辟秽药艾条"，它具有辟邪除秽，芳香化浊的功效。疫情时期，由于市场上消毒物品紧缺，我院也新推了通过公众号邮购的方式，以方便市民采购，用于居家空气消毒。

熏艾，让艾叶飘香，发挥中药特色进行空气消毒，既可以节约消毒所需的经费，又减少了医务人员的工作量，更适宜患者治疗和休息。

广州市中西医结合医院向广东援荆医疗队捐赠一批中医药防疫物资

全国动员、全民行动，集中力量坚决打赢疫情防控这场硬仗。为全面抗击疫情，广州市中西医结合医院充分发挥中医药特色优势，自主研发了"防感香囊""正气防感膏"等一系列中医药法宝，在新冠病毒肆虐期间，起到良好的预防疾病和增强人体免疫力的作用，受到周边居民的一致好评。

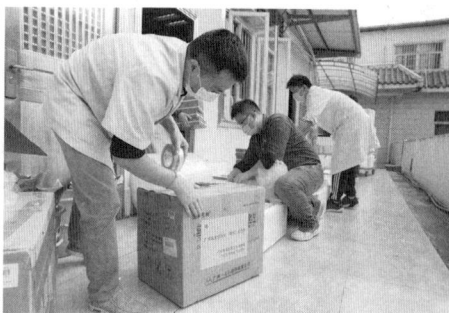

随着湖北疫情防控工作进入到最后的关键阶段，为保证新型冠状病毒防控阻击战取得完满成功，经医院领导班子研究决定，向广东省支援荆州的医疗队伍捐赠正气防感膏方 1000 盒、防感香囊 1000 个、辟秽药艾条 1000 条，助力湖北一线的防控抗疫工作。

该批捐赠药品的生产工作由药学部全程负责，从接到任务开始，药学部马上紧急联系采购相关物资，抽调和组织科室人员进行生产制作，并顺利完成生产任务。随后，在医院各部门上下一心、齐心

协作的努力下，首批物资已于 2020 年 3 月 10 日通过顺丰速运发运给广东省支援湖北（荆州）医疗队。

"千里不辞行路远，时光早晚到天涯。"疫情的阴霾掩盖不住医务人员无私奉献的光芒，他们会继续战斗在疫情防控的第一线，而与疫情防控同行的，是医院对医务人员持续而周全的保障，相信在不久的将来，我们会取得抗疫战斗的最终胜利。

医院收到荆州市新型肺炎防控指挥部物资保障组感谢信

2020 年 3 月 16 日

广州市中西医结合医院前段时间捐赠自主研发的中医抗疫制剂——防感香囊 1000 个、正气防感膏 1000 碗、辟秽药艾条 1000 条，总价值约 12 万元，以支持湖北荆州市前线的抗疫工作，近日广州市中西医结合医院收到来自荆州市新型肺炎防控指挥部物资保障组的感谢信，全文内容如下：

医院收到荆州市新型肺炎防控指挥部物资保障组感谢信

广州市中西医结合医院抗疫五宝被广州中医药大学抗疫文献馆收录

2020年初，当全国人民还沉浸在新年的喜悦中时，一场突如其来的疫情如山崩海啸般袭来，迅速席卷全国。时至今日，在政府严格的防控措施下，全国人民万众一心，国内疫情已基本被控制住，恢复正常的生产生活。在其中，中医药发挥了不可替代重要的作用。

在全国万众一心，共同抗击疫情的情况下，广州市中医系结合医院充分发挥中医药特色优势，自主研发了用于防疫、抗疫的中药系列产品："防感香囊""正气防感膏""六君防感汤""辟秽药艾条""驱寒除湿沐足包"。这五种特色传统中药制品，共同被称为医院的中医药防疫"五大法宝"，从佩戴、口服、熏蒸、沐足等多个方式提高机体免疫力，提升抵抗力。向广大市民群众和医学隔离观察场所工作人员和密切接触者等高风险人群提供，起到了良好的预防疾病和增强人体免疫力的作用，受到了热烈的欢迎和一致好评。

广州中医药大学在2020年9开始筹备建设中医药抗疫文献馆，面向校友和民众广发征集一切抗疫有关的文献、日记、手稿、证书、名册、医疗器具、科研器械等。广州市中西医结合医院积极响应，将我院抗疫"五大法宝"样品捐赠给广州中医药大学的中医药抗疫文献馆。广州中医药大学文献馆收录入馆，并发布了相关推文加以宣传。

习近平总书记在9月16日发表的《构建起强大的公共卫生体系，为维护人民健康提供有力保障》一文中强调：中西医结合、中西药并用，是这次疫情防控的一大特点，也是中医药传承精华、守正创新的生动实践。几千年来，中华民族能一次次转危为安，靠的就是中医药。

广州市中西医结合医院在这次疫情防控中，不仅有勇士勇担重任前往支援湖北疫情防控，更发扬中医药文化特色，自主开发防疫"五大法宝"，助力一线疫情防控，和高危易感人群的防疫需求。为广大市民朋友的健康保驾护航，做一线抗疫战士的坚实后盾。当前疫情防控任务仍未结束，在坚持"外防输入、内防反弹"总体防控策略的同时，广州市中西医结合医院仍将继续努力，发扬中医药特色，继续为疫情防控贡献一份智慧和力量。

提高免疫抗新冠？中医药五大法宝来帮忙！

2020 年的春天，一场突如其来的新冠肺炎疫情，席卷全球。为了预防感染和确保家人健康，出门戴口罩，进屋常洗手，家里注意开窗通风透气，我们除了做好这些防护措施之外，还能做些什么呢？其实还有一点非常重要，那就是要提高自己的身体免疫力。但是如何提升人体的免疫力呢？广州市中西医结合医院推出了中医药"五大法宝"来帮忙！

一、紧急研发"五大法宝"，助力一线抗疫

在 2020 年 2 月 7 日，疫情防控正是最吃紧的关键时刻，广州市中西医结合医院新型冠状病毒感染的肺炎防治领导小组召开第七次小组会议，会上明确提出要加强中医药早期介入提高市民自身抗病能力。

中医认为"正气存内，邪不可干"，即是指提高免疫力才是防病于未然的关键。中国工程院院士张伯礼曾表示："实际上疾病就是病毒和人体免疫力博弈斗争的结果，往往病毒胜了就得病了，所以把抵抗力提高了，往往就不容易被感染，即使感染，也是轻的"。换言之：免疫力强，则身体强，身体强，则可抵抗各类病毒。

基于上述科学的认识，医院研发了防感香囊、辟秽药艾条、六君防感汤、正气防感膏、驱寒除湿沐足包五个传统中药特色制品，简称为中医药防疫"五大法宝"。防疫"五大法宝"在 2 月 10 日正式推出后，受到了市民群众的欢迎与喜爱，纷纷通过微信后台留言或者电话致电等方式咨询购买。

二、内服外用并施，助力提高免疫

为保证新型冠状病毒防控阻击战取得完满成功，医院还向广东省支援荆州的医疗队伍捐赠正气防感膏方 1000 盒、防感香囊 1000 个、辟秽药艾条 1000 条，总价值约 12 万元，助力临床一线的防控抗疫工作。此举得到了荆州市新型肺炎防控指挥部和广州支援湖北（荆州）医疗队的一致认可，他们特别寄来了感谢信致谢。

"五大法宝"中，包括了内服的中药汤剂和膏方，两种外用的香囊和沐足包，以及用于环境消毒的艾条，将内服中药与外用中药联用，全面发挥中医药简便廉验的特色优势，让市民体会到中医药在预防与保健方面的独特魅力。例如内服的正气防感膏是传统的中医膏方，其处方为玉屏风散合藿香正

气丸加减化裁而成。岭南地区的气候以湿热为主，而正气防感膏则有益气固表、清热解毒、芳香化湿、健脾消滞的功效，从而调整人体"内环境"，提高人体免疫力的，尤其适合岭南地区身体虚弱、反复感冒的人群。

而外用的防感香囊对疫情的预防是有直接作用的。现代研究认为中药香囊里的中草药浓郁的香味散发，在人体周围形成高浓度的小环境，而中药成分通过呼吸道进入人体。同时芳香气味能够兴奋神经系统，刺激鼻黏膜，使鼻黏膜上的抗体——分泌型免疫球蛋白含量提高，不断刺激机体免疫系统，促进抗体的生成，对多种致病菌有抑制生长的作用，还可以提高身体的抗病能力。

辟秽药艾条则是用于室内环境的空气消毒，通过燃烧产生的中药烟雾随空气弥散到每个角落，而且不受时间、温度、湿度限制，消毒效果能够达到卫生学标准，操作简便，气味芬芳，避免了紫外线灭菌方式对人体的损害，以及乳酸、醋酸熏蒸方式对人体及物品的腐蚀作用，特别适合在广大城市社区、农村家庭中作为预防疾病而使用。

广州市中西医结合医院虽然不是新冠肺炎的定点救治医院，但却依然肩负护佑百姓健康的重任，一直不松懈，不退缩，不停歇，体现了一代中医药人的责任和担当。

现在疫情防控任务仍然未结束，在坚持"外防输入、内防反弹"总体防控策略的同时，中医将为疫情防控继续贡献一份智慧和力量。

（2021 年 1 月刊登于《光明网》"抗疫中医情"专栏）

关爱员工健康　医院为全体员工发放防疫沐足散

2020 年，一场突如其来的新冠肺炎疫情迅速席卷蔓延全球，在全球各地肆虐。在无数医务工作者和全国人民的共同努力下，目前，国内的疫情形势被很好地控制，人们得以恢复正常的生产生活。然而，疫情远未离去，在疫情防控已成常态化的情况下，我们更需要注意自身的防护。

在疫情期间，广州市中医系结合医院充分发挥中医药特色优势，自主研发了用于防疫、抗疫的中药系列产品："防感香囊"、"正气防感膏"、"六君防感汤"、"辟秽药艾条"、"驱寒除湿沐足包"。这五种特色传统中药制品，共同被称为医院的中医药防疫"五大法宝",从佩戴、口服、熏蒸、沐足等多个方式提高机体免疫力,提升抵抗力。

其中,驱寒除湿沐足包是采用传统中医疗法中的"足浴疗法",原理是通过水的温热物理作用以及借助药液的熏洗作用,从而达到祛风散寒、消除疲劳、加速血液循环、增强人体抵抗力的功效。

由于足浴疗法使用简单、功效明显,自古以来一直在民间流行,宋代文豪苏东坡就有:"主人劝我洗足眠,倒床不复闻钟鼓"的佳句。沐足散由艾叶、苍术、青蒿等中药制作而成,具有驱寒除湿、提高免疫力的功效,特别适合在"倒春寒"时节助长阳气的生长,亦符合传统中医"春夏养阳,秋冬养阴"的养生观念。

医院由于人群密集,且病原体较多,是易感染病菌的场所,因此医院的员工更应加强个人防护。为保障员工的身体健康,经请示院长,药学部于2021年1月27日,以科室为单位,向全院所有员工派发驱寒除湿沐足包,每人两包,助力员工提升自身免疫力,抵抗病菌。

毛主席曾经说过,"身体是革命的本钱"。医务人员作为对抗疫情的主力军,不顾风险奋战在一线。在这个特殊的时候,我们医务人员更应做好个人的防护措施。医院关爱员工的身心健康,采取了更多的措施保护员工,医务人员便能全身心地投入抗疫和治病救人的日常工作中去,更好地为人民群众的健康保驾护航。

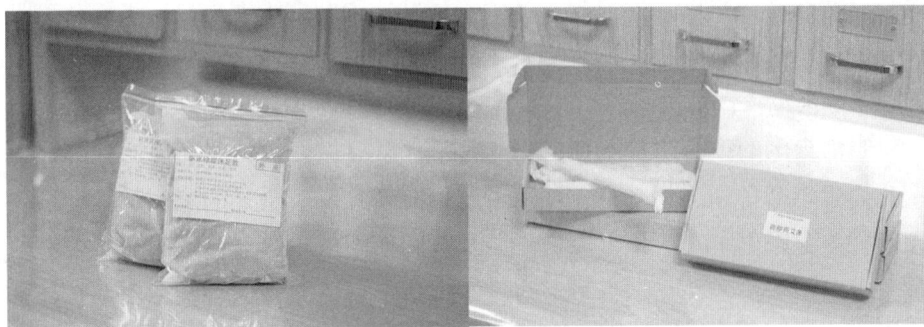

医院自制的沐足散和药艾条

2021年2月28日,在医院工会的支持和组织下,由疫情防控生活保障组向防疫一线医务人员再次发放抗病防疫中医药法宝——驱寒除湿沐足散2796包、辟秽药艾条2796根、防感香囊1398个,其中辟秽药艾条和防感香囊都能起到避邪除秽、芳香化浊的作用，驱寒除湿沐足散借助药液熏洗达到祛风散寒、消除疲劳、加速血液循环、增强人体抵抗力的功效，这些法宝都能在一定程度上增强医务人员的免疫力，强化自身防护，让他们能在疫情阻击战中保持健康。这是继解决理发难题、发放营养食品后，医院为抗疫一线人员提供的又一生活保障服务。

医院为花都区新冠肺炎密接人员提供"粤抗1号"中药

广州市中西医结合医院作为广州北部地区的龙头中医单位，在市政府的统一部署下，根据市卫健委的安排，从2021年5月21日起，广州市中西医结合医院负责为花都区全部隔离酒店内的密接人员提供"粤抗1号"中药汤剂，该药可以有效激发人体阳气，使隔离人员免疫力得到提高，预防疾病感染。

"粤抗1号"保健中药汤剂是由广州市卫健委组建77位来自温病学、中医肺病、中医危急重症、中医学等领域的中医药专家组成的广州市新冠肺炎中医药防控专家组，针对本地的气候特点而开出的中药预防方，对于固护人体正气、提高人体免疫力有独特的疗效，对于发挥中医药特色优势，弘扬中医药文化有重要的意义。

接到上级主管部门下达的任务后，在院领导的统一指挥下，医院迅速组织和安排工作，药学部组织专人专班煎煮"粤抗1号"保健中药汤剂。即使接到任务的当天是周末，但煎药室全体人员都主动取消休假，通力合作，迅速建立起一套完整的工作流程，从中午接到任务到下午的5点，短短几小时内就将第一批煎煮打包好的"粤抗1号"保健中药汤剂开始送往花都区其中的8个隔离点，保证每一位密接人员当天都可以服用中药。

当前全国的疫情防控工作已进入常态化，要做好较长时间应对外部环境变化的思想准备和工作准备，堵住所有可能导致疫情反弹的漏洞，把疫情防控网扎得更密更牢。广州市中西医结合医院作为广州北部地区的龙头中医单位，主动担当作为，立足自身优势，在抗疫中肩负起护佑百姓健康的重任，一直不松懈、不退缩、不停歇，体现了一代中医药人的责任和担当。目前疫情防控任务仍未结束，未来中医药将为疫情防控继续贡献一份智慧和力量。

广州市中西医结合医院为接种疫苗的市民提供免费消暑凉茶

近日越来越多的市民响应国家号召，踊跃预约报名前往各个医疗机构接种新冠疫苗，各个疫苗接种点都大排长龙。随着广州即将进入十分闷热的夏季，炎炎烈日炙烤大地，最近几天的温度一直都居高不下。

广州市中西医结合医院作为广州北部地区的龙头中医单位，也是定点接种单位，为广大市民的健康考虑，结合医院的中医药特色，医院为前来接种新冠疫苗的市民和接种疫苗的医务工作者自 2021 年 6 月起提供免费的消暑凉茶。

消暑凉茶含有菊花、白茅根等常见的清热解毒药材，可清热解暑，益气养阴生津。由医院的名中医结合本地人群的体质特点而拟方，药学部牵头提供中药材，免费提供给市民和医务工作者饮用。

当前疫情防控已成常态化管理，疫苗接种也已渐渐被广大市民所接受，越来越多的市民自觉自愿预约前往接种点接种。广州市中西医结合医院作为广州北部地区的龙头中医单位，在疫情防控的工作中，努力发挥自身的中医药特色，勇于担当起防疫抗疫的责任，更在小事实事上为广大市民分忧解难，想群众之所想，急群众之所急，解群众之所忧。

参与科普"四进"普及中医药防疫知识

2021 年 12 月 29 日，广州市中西医结合医院荟春园科普基地受邀参加广州科普联盟"四进"系列活动，走进白云区广州大同中学开展中医药防疫知识的科普宣传活动。

活动中荟春园科普基地的科普志愿者通过展示医院自制的"防疫五宝"，讲述中医药在抗疫防疫方面的发挥作用；进行防疫知识有奖问答，普及防疫知识，提高防疫能力；开展中药材有奖辨识活动，讲解药材种类、作用及功效。活动吸引了众多师生前来参与，派

发宣传资料百余份。

通过这次的活动，师生们了解到口罩的正确保存方法、学习了七步洗手法，增强了对《传染病防治法》的认识，了解到中医药在疫情防治方面的作用和意义，收获丰富。

科普"四进"系列活动是推进科学知识普及，促进科学知识全面化、市民化的重要载体，广州市中西医结合医院荟春园科普基地作为广东省科普教育基地、广东省青少年科技教育基地以及广州市科学技术普及基地，将结合市民的需要，开展更丰富有趣的科普活动，普及中医药知识，弘扬中医药文化。

普及中医药文化　科学抗疫

8月29日晚，广州市中西医结合医院荟春园科普基地在花都广场开展"科学之夜"中医药知识科普宣传活动。活动吸引了众多市民前来参与。

活动中设置了汤料药膳讲解，向市民介绍不同体质下的药膳搭配，普及中医药养生知识；进行药材辨识游戏，认识不同中药材的功效和作用，寓教于乐；开设防疫知识问答，普及抗疫知识。

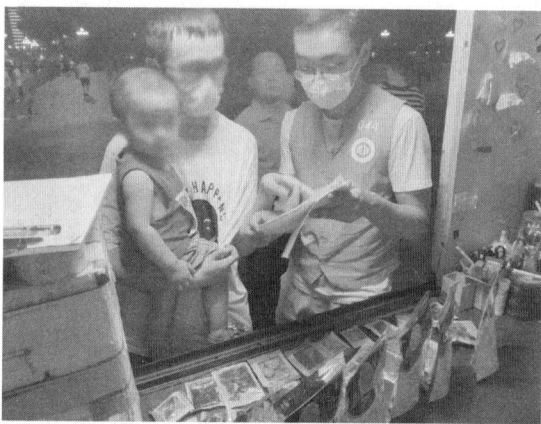

参与活动的市民表示，很多植物类的药材一眼看过去都很相似，经过科普工作人员的指导后才发现有这么多的区别，大开眼界；平时以为自己在疫情防控方面的个人防护工作已经做得很充分了，参加了知识问答后才发现原来对新冠肺炎的认识还存在这么多的误解，这样的活动非常有意义。

充分发挥中医药在抗疫中的作用，医院免费赠饮"粤抗一号"

广州市中西医结合医院党委为了切实执行国家的防疫政策，充分发挥中医药在疫情防控中的作用，决定在医院里每天为来院就诊的市民免费赠饮"粤抗一号"，三月中旬赠饮共约4000人受惠。此举符合广州人喜欢煲靓汤、喝凉茶的养生习惯，有助于市民安全度过疫情期。

第二节　利用信息化支撑疫情防控实践

建设新型基础设施主要包括：以 5G 为代表的通信网络基础设施；以人工智能、区块链等为代表的新技术基础设施；以数据中心、智能计算中心为代表的算力基础设施等 MJ。在"新基建"的东风下，医院结合自身需求，正在构建基于 5G 的多网融合、全域覆盖、韧

以"新基建"理念融入抗疫中性抗毁的通信网络，支持应急状态的临时组网和通信保障。基于智慧医院通信网络融合人脸识别、大数据等关键技术，打造符合临床业务流程和应急需求的智慧病房，实现体征数据自动化采集、基于人脸识别的医患陪护管理、高清视频监视对讲等功能。同时尝试适当借助于云架构 r 刊建设数据中心，夯实算力基础，打造"数用分离、智能驱动"的数据服务模式，满足医院运营分析与决策支持、临床决策支持、科研分析等要求。

统筹集约顺应信息技术发展趋势，对技术和软件系统进行综合集成，形成一体化集成系统。"平"时可确保投入产出最大化。"战"时可避免功能同质化重复、系统鲁棒性差等问题。

融合共享能够接入或联通国家、省、市各级公共信息平台，形成共享、共融、共通的一体化大数据体系。"平"时可使更多数据汇聚到更高层面为更大群体服务。"战"时支持国家、省、市各级联动，提高公共应急管理效能。

为响应广州市养老服务工作联席会议关于印发《广州市

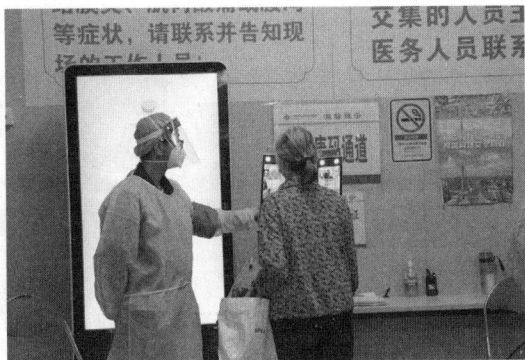

切实解决老年人运用智能技术困难的工作方案》的通知，方便老年人就诊，2020年4月8日广州市中西医结合医院门诊进口处健康码识别神器正式启用，未使用智能手机的老人可以通过刷身份证、刷医保卡来查验健康码，快速进入医院就诊。

针对目前老年就医服务需求以及疫情防控常态化的实际情况，广州市中西医结合医院充分发挥信息化在支撑疫情监测分析、创新诊疗模式，不断完善健康通行码政策标准，推进多"码"融合。针对老年人在运用智能技术方面遇到的困难，坚持传统服务方式与智能化服务创新并行，为老年人提供更周全、更贴心、更直接的便利化服务做出部署。在医院现场工作人员的指引下，老年人将身份证放在识别设备上方停留2秒，"粤康码"信息实时出现在电脑屏幕上，绿码的市民快速有序通行。

据了解，近年来广州市中西医结合医院借助信息化建设推行了大量便民措施，通过"让群众少跑腿让数据多跑路"的方式优化服务流程，希望越来越多的百姓能获得更好的就医体验和幸福感，真正实现让老百姓看上病、看好病、有体面地看病。

疫情期间医院"三招"助推服务效能再提升

疫情防控常态化的大环境下，如何在保证服务质量的前提下尽可能减少人员流动带来的交叉感染风险成了每家医疗机构所要面临的问题。广州市中西医结合医院创新工作思路，推进 负压救护车、互联网医院、智能送药机器人三个项目，助推服务效能再提升。

1. 启用负压救护车

为了配合转运传染性患者，营造安全就诊环境，进一步提高疫情防控处置能力，医院首辆负压救护车于2020年5月22日正式交付启用。

刘瑞华院长表示，现阶段疫情防控工作进入常态化，花都区卫生健康局高度重视疫情防控工作，

专项拨款 52 万补助医院购置负压救护车，希望广大医护人员继续发扬甘于奉献、大爱无疆的崇高精神，全力以赴做好疫情防控工作。此次医院将负压救护车纳入急救体系，有效提升医院疫情防控常态化应对能力，为广大市民提供更安全的就诊环境。

送药机器人启用仪式

2. 启用互联网医院

为持续加强新冠肺炎疫情防控常态化管理，2020 年 5 月 26 日，广州市中西医结合医院举办互联网医院揭牌暨智能送药机器人启用仪式。花都区副区长蒋福金、区卫生健康局局长曹扬、医院领导班子和相关科室业务骨干参加了本次仪式。

据国家卫健委最新统计数据显示，目前中国现有的慢性病患者已接近 3 亿人。今年初疫情暴发，打破了原有的慢病管理模式，让大多数患者无法到线下医疗机构，慢病患者缺医少药的问题更为凸显。

"互联网医院"启用后可以在线问诊、智能问药、药品快递到家。它带有咨询、随访、慢病管理等功能，它有实体医院作强有力的支撑，线上方便病人，就是简单的问题不需要到医院，在网上就可以进行。

该项目是线上跟线下紧密结合，满足病人多元化的需求，慢病患者足不出户可复诊购药，药品可通过物流配送到家。

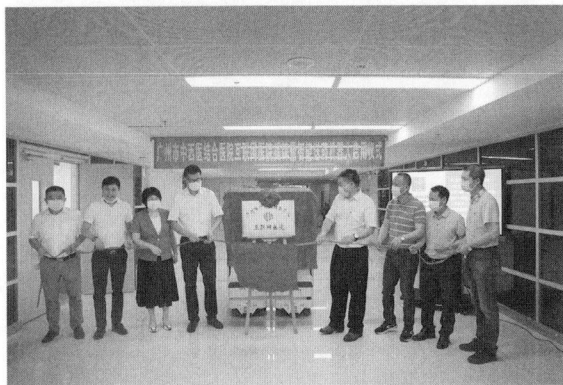

互联网医院启动仪式

3. 启用智能送药机器人

广州市中西医结合医院紧跟时代步伐，利用智能化手段推出送药机器人服务，有效减少患者来院复诊和各病区间人员流动带来的交叉感染风险。此次投入使用的机器人主要用于中心药房往各个病区配送药物，每次的载重可达 150 公斤，持续导航可达 18 小时。机器人配备导航功能并能自主乘坐电梯，通过使用红外光学感测技术和声学感测技术使机器人能在复杂的医院环境下穿梭自如。另一方面，相比传统的人工配送，使用机器人配送更为清洁并能有效降低人为错误带来的风险。

刘瑞华院长表示，在当前疫情防控转为常态化形势下，医院投入大量的资金进一步降低院内感染风险，为广大医务人员和市民营造良好的就诊环境。希望广大员工同心协力，克服麻痹松懈思想，按照要求严格落实疫情防控各项措施，为助推平稳有序开展复课、复产、复工打下坚实基础。

进入疫情常态化后，广州的抗疫工作却面临严峻考验，输入性病例和本土病例牵动着千万人的心，严防死守仍是压倒一切工作的重中之重。为了打赢这场疫情攻坚战，确保进入医疗诊疗区域的人员均有完成"四必查一询问"，确保医患的人身安全，广州市中西医结合医院在院区内配备了先进的鹰眼监测系统、体温自动监测系统等，率先在区内开展进入诊疗区内的安全检测，为医患营造一个安心的就医环境。

进入医院大厅安全监测设备及自动测温系统

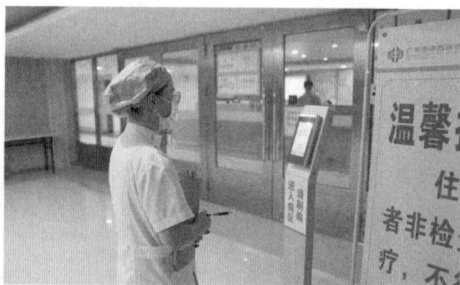

进入病房的人脸识别系统

积极提高线上支付比例，缩短院内逗留时间

2021 年 8 月

作为人流最密集的公共场所之一，广州市中西医结合医院一直重视抓住

哨点关口，以期做到疫情早发现，并防止交叉感染。为进一步把好入口关，医院近期紧急在大门口、急诊门口、住院大楼楼梯口以及住院病区门口等主要入口上马高科技监控产品，自动监测体温，通过人脸识别方可进入。这些设施投入使用后，极大地解放了人力和提升了效率，为了进一步快速疏散医院内的人群，避免大量人群聚集，医院积极采取多项措施提高线上支付比例，减少收费排队人员，缩短患者在院内的逗留时间。

近年来广州市中西医结合医院投入大量的人力物力，积极推动医院的信息化建设，解决群众在就医过程中的排队问题。经过多年的努力，现已开通了手机及自助机等多种形式的自助服务，包括验单自助打印、手机、自助机上自助挂号及缴费等功能，提高患者缴费速度，尽力减少患者在院内逗留的时间。

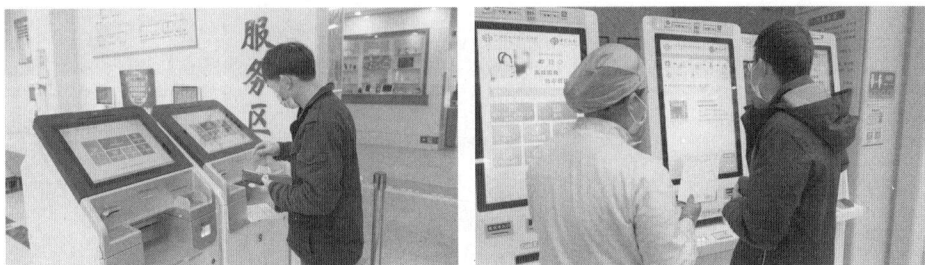

自助服务区

市民可以在家中即可用手机通过广州市中西医结合医院的微信服务号上进行预约挂号，在预约时间之前半小时到医院自助机上报到就诊；未提前预约的来院后用身份证通过医院里自助机进行挂号，挂号完毕根据提示到相应的医生诊室外候诊即可，非常方便。

市民就医完毕后，可以选择多种方式进行线上支付，自费患者可直接扫描处方右下角的二维码缴费后取药或检查，直接省略排队缴费这个环节。或者经过医院门诊大厅的自助机进行缴费，平均一个人缴费需时不超过2分钟。

为了更进一步缩短市民就医过程的排队时间、提高线上支付比例，广州市中西医结合医院从社工部、收费科、职能部门等派出大量的人手，到缴费区指导患者采用手机或自助机进行自助服务。多措并举，在短短数天内线上支付比例即提高超过了10%，现线上支付比例长期保持在70%以上。

部分尝试过自助缴费服务的患者均表示，这种支付方式十分便捷，跟传统到窗口上缴费的方式比较，节省了大量的时间，他们对这些支付方式纷纷竖起了大拇指。虽然医院开通了多种线上支付的方式，但考虑到有些老年患者不会使用手机或自助机缴费，现场还是保留了部分窗口服务，以照顾一些特殊群体的需求。

推动智慧医疗建设，实行出院床边结算

广州市中西医结合医院近年来一直致力于不断推进医院的智慧医疗建设，除了不断提升门诊患者线上支付比例外，为了更符合疫情防控需求减少市民在医院内聚集，以及让住院患者少跑路，医院自 2021 年即推出了出院患者床边结算服务。

自该项服务启动以来，受到不少市民的好评，纷纷表示院方这项上门服务是真正地把方便让给患者。

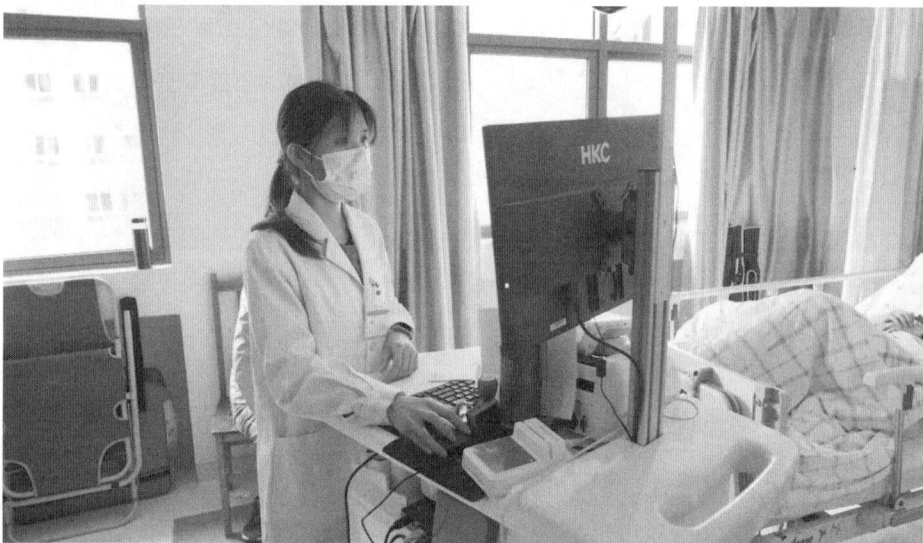

经过试点推行取得好评后，广州市中西医结合医院党委研究决定，自 2022 年 2 月 24 日起，医院全面推行出院床边结算。在刘志军副院长的带领下，医务科、护理部、收费科、办公室及宣传科等多部门联动协作，积极推动床边结算工作，让住院患者告别以前到住院收费处排队办理出院手续的现象。

实施床边结算的同时实行预约出院，即出院的前一天，由医生开出预约第二天出院的医嘱，护士发送至收费处预约办理，收费员按预约时间到病房为患者提供住院结账业务。

因疫情防控管理要求，住院患者应尽量不留陪人，除危重症患者外，其他轻症患者出院时要自己到住院收费处办理出院手续，而出院当天往往还有治疗要做，要患者本人到住院收费处结账相当不便，现医院全面推行出院床边结算后，住院患者就可以边做治疗边结账了。

在为患者提供完床边结算后，由护士把出院带药送至床边，并根据医嘱指导患者服药，患者不用结完账后再到中心药房取出院带药，做完治疗就可以离院，完全实现了患者少跑路的目标，为住院患者提供高效优质的一条龙服务。至 2020 年 6 月广州市中西医结合医院住院患者出院时的床边结算率达到 80% 以上，大大地为住院患者提供了方便。

第三节　防疫科普知识宣传

自新冠疫情发生以来，国内公立医院机构在市民心中的公信力迅速提高，大部分市民选择通过政府公立机构途径获取防控管理措施及防护技能，为了及时让市民获取科学防疫知识，广州市中西医结合医院多个部门通力合作，积极采取线上线下相结合的方式，多种途径向广大市民及时提供防疫政策、防控措施、疫苗接种及医院疫情防控期间就医须知等多方面的新冠疫情防控知识，获得了广大群众的一致好评。

线上线下多种形式开展新冠知识科普宣传

阻击"新冠"疫情战，健康宣教在行动

万众一心，众志成城，全国各地紧张有序地进行新型冠状肺炎疫情阻击战，医院为加强群众对疫情防控意识，提高群众对疾病的防治知识的认识，依照广州市花都区健康教育所下发《关于做好春节期间新型冠状病毒感染肺炎健康教育宣传工作的通知》，医院预防保健科充分利用医院微信公众号、电子屏、视频播放点、宣传展架等宣传平台及时科普新型冠状病毒肺炎防治知识。

春节期间医院在门诊大厅、药房大厅、候诊区及医院要道等5个人员相对集中点的电子屏滚动式播放新冠肺炎相关防控知识，健教专干及时到区健教所领取相关健康教育宣传资料。2020年1月24日至2月1日累计播放新冠肺炎健康教育宣片、宣传标语1.1万次，于门急诊候诊区、住院部电梯口张贴"防御新型冠状病毒"宣传画3张，派发"新型冠状病毒感染肺炎健康科普小知识"等折页、单张累计共900份，科室每天安排人员巡视检查门诊各个健康教育宣传资料架，保证各个资料架有充足的疫情相关的健康教育资料供市民取阅。并且根据工作要求及时做好医院新型冠状病毒感染肺炎宣传工作开展情况总结与汇总，春节期间，每天一报到区健教所。

目前，新型冠状病毒感染的肺炎疫情防控工作正处于关键时期，在这场疫情阻击战，我们积极主动参与到其中来，做好健康教育工作，用实际行动为抗击新冠肺炎、阻击疫情贡献出一分力量。

科学防疫我先行　健康生活新主张义诊活动

新冠肺炎疫情发生以来，广大市民更加重视自我健康防护在防疫过程中逐渐形成了更加健康的生活方式与习惯。为进一步引导广大市民树立正确健康观，不断完善文明健康的生活方式，2020年6月30日由花都区卫健局牵头在花都区花果山公园北门广场举办以"科学防疫我先行健康生活新主张"为主题的义诊宣传活动，共吸引了200多名市民前来咨询。

活动现场，全区来自各家医疗单位的义诊专家为前来咨询的市民们认真询问病史、饮食习惯及健康状况，给予健康生活指导及常见疾病的治疗建议，并为前来咨询的市民测量血压、现场示范七步洗手法，传递卫生健康知识。活动现场还设有奖问答环节，派发了广州市中西医结合医院自制的驱蚊香囊，非常受市民们的青睐和欢迎。

本次义诊活动我院共派发健康宣传折页200余份，通过本次活动普及了市民们

义诊合影

疫情防控的卫生健康知识，受到市民们的一致好评，起到了良好的社会效应。

杏林飘香——医院多样开展疫情防控健康科普工作

2021年预防保健科开展疫情防控相关讲座8堂，内容包括《科学防控远离新冠》《新冠科普知识》《新冠肺炎相关知识》《新冠疫苗接种常见问题解答》。微信公众号推出《解惑 l 哪些人可以接种新冠疫苗？权威指南来了？》和《新冠疫苗接种补充20问》《广州打工人返乡核酸检测指引》等科普文章，阅读量超3万次。发放疫情防控相关宣传资料《科学防疫》折页300份，《做好个人防护预防新冠》折页发放700份，《新冠疫苗大规模接种》折页发放100份，张贴《农村地区疫情防控记住这几句》《冬春季来临这些好习惯千万别忘记》《元旦春节出行你应该这样做好防护》《社区疫情防控记住这几句》疫情防控相关海报12份，出版新冠肺炎防治相关宣传栏3块。通过多种途径，多种方式开展疫情防控健康科普工作，向市民普及新冠肺炎相关科学知识和信息，让市民学会在日常生活和工作中做好自我防护。倡导个人承担传染病防控社会责任的意识和行为，遵守当地抗疫制度，履行社会责任。

为了提高市民的疫情防控意识，医院采取线上线下教学相结合的方式，预防保健科和中医治未病科联合到社区、学校等，举办重点人群新冠防疫知识科普讲座，在疫情高发时间，采取线上直播的方式举行，主讲人分别有急诊科、呼吸科、治未病科及预防保健科等医疗护理专家，全年共计举办线下线上讲座十余次，收获社区及学校的好评。

对社区群众六步洗手法培训现场

中医药与疫病防治知识进社区

为普及中医药防疫知识，弘扬中医药文化，2021年7月9日上午，广州市中西医结合医院走进梅花居委活动中心。由新药开发部主管中药师梁欣健讲解主题为"中医药与疫病防治"的健康知识讲座。

首先梁药师强调了中医药在中华民族历史上起到不可忽视的重要作用，

为市民发放中药产品及防疫宣传小册子

在防治传染病方面，中医药有着悠久的历史和宝贵的经验。在讲到如何防疫时，他从勤洗手、勤通风、口罩的筛选和佩戴方法三方面为大家讲解怎样做好个人防护，他着重强调了勤洗手和勤通风对预防新冠肺炎的重要性。针对中医药防疫，他提到，中医药可以调节人体状态，增强人体免疫力，中医认为养阴润肺的食物有助于预防新冠肺炎。他还介绍了熏蒸预防法，即采用苍术、艾叶等燃烧烟熏，对呼吸道传播途径的疾病有预防作用。讲座中的有奖问答环节为居民们派发了医院特制的驱蚊香囊，气氛活跃，居民们不时报以热烈的掌声。

本次讲座，普及了中医药知识、正确认识使用中药预防新冠肺炎，让居民们了解个人防护的重要性，鼓励居民们认识中医、了解中医，在疫情期间加强防护，为社区"抗疫"工作增添助力。

疫情当前，投身社区，全党皆兵

疫情当前，全国皆兵，何况共产党员！疫情当前，全党冲锋，何况医务人员！

面对这场突如其来的疫情，广州市中西医结合医院各党支部党员在医院党委的坚强领导下万众一心、众志成城，夜以继日、连续奋战，与时间赛跑，与病魔较量。骨外手术支部各党员在战"疫"过程中充分发挥战斗堡垒作用，体现共产党员先锋模范作用，除了做好医务本职工作外，更是积极投身到社区疫情防控一线，把疫情防控作为重中之重，勇于担当，主动履职，党指挥到哪里，党组织就要把具体工作做深做实做细到哪里。

为健全疫情防控组织体系，疫情防控的工作一线在防疫卡点、集中隔离点，工作落脚点在村（社区）、小区院落。骨外手术支部刘栋华、李仲文、黄颖欣、姚智元等多名党员同志利用医学专业知识，推动防控重心下移，站在社区防控一线上继续与疫情抗争，深入社区设置卡点，与社区管理人员共同推广"穗康"登记系统，严密做好疫情监测、排查、预警、防控等工作。

党员深入社区宣传疫情防控工作

他们用自己优势的专业技能加强宣传防疫科普知识，为疫情防控献计献策、宣传普及公共卫生防疫常识、指引实施居家隔离及防护措施；注重心理疏导，用医学专业知识为民众解答疫情知识，提高疫情防控重视医师，疏导紧张情绪，解除恐慌心理。

疫情防控，没有谁是"局外人"，民众是最大的战斗力量，需要党员先锋带领下组织起坚强的疫情防线，万众一心才能打赢这场无硝烟的战争！

第四节　汇聚志愿合力共献抗疫力量

新冠肺炎疫情中，我国各类志愿服务组织活跃在防控第一线，用"奉献、友爱、互助、进步"诠释了志愿精神的中国内涵，加强医学志愿者队伍建设已成为后疫情时代备受关注的议题。新冠肺炎疫情中，仅 2020 年全国就有 20 多万名志愿者投身防控工作，全国各地开展疫情防控志愿服务项目超过 29.8 万个，注册志愿者达 584 万人。

习近平总书记在 2020 年 5 月 24 日参加湖北代表团审议中明确指出"要加强志愿者队伍建设"。新形势下，医疗卫生事业紧密关系民生福祉，探索疫情常态化时代医学志愿服务组织建设发展的新道路具有重要意义。

自 2020 年 5 月起，广州市中西医结合医院社工部根据医院疫情防控的需要，围绕疫情的动态变化，设置志愿服务岗位，制作探视管理志愿服务工作指引、核酸检测志愿服务工作指引、新冠疫苗接种志愿服务工作指引等，动员和发挥志愿服务的力量，守好医院的防疫大门，招募院内、外志愿者在门诊楼、住院部入口处进行"四必查和一问询"；在疫苗接种点及核酸检测处提供咨询指引服务，至 2021 年 9 月，共计有 9199 人次的志愿者参与到疫情防控的工作中，累计志愿服务时数达 22543 小时。

"绿马甲"助力我院春节后复工复产核酸检测

随着 2021 年春节的返工潮，近日返（来）穗人员达到高峰，根据广州市的春节后返（来）穗人员的核酸检测要求，广州市中西医结合医院也迎来了核酸检测工作高峰时期。

为了让市民能够尽快取得核酸检测结果，除了广州市中西医结合医院全体员工齐心协力、加班加点为市民解决核酸检测需求外，还有以下这些绿马甲人员，风雨无阻地出现在广州市中西医结合医院的核酸检测点上，指导市民快速完成核酸检测。

平均每天有十余名志愿者到广州市中西医结合医院协助核酸检测工作，最多时每天高达三十余人次。他们分别是来自广州市花都区团委的益行家园志愿者服务队和微愿望服务队、来自广东省第二师范学院的志愿者们，以及来自花城街道的党员志愿者们，他们都是利用自己的休息时间，到广州市中西医结合医院接受相关培训后，分批次到现场指导市民用智能手机进行核酸检测线上缴费、申请健康码及填写粤核酸 3 信息及维持检测现场秩序等。

在这些"绿马甲"人员的协助下，大大提高了广州市中西医结合医院核酸检测的采样速度，伴随着返校潮的到来，广州市中西医结合医院在最高峰时段，每天为超过一万余人次进行了核酸检测。

非常感谢这些自愿为推动复工复产复学工作而做出贡献的社会各界人士

鼎力相助，我们之间都是为了一个共同的目标迈进，就是使这些返（来）穗人员能尽快完成检测，回归到自己的工作岗位及学校。

来自社区各界人士对医护人员的爱心关怀

自本土疫情发生后，为做好医务人员的后勤关怀保障工作，社工部联动社会资源，开展医护关怀行动，组织志愿者探访慰问援鄂护士杨华邦的家属；在医院党委、工会和疫情防控指挥部的支持下，开展爱心义剪活动，解决抗疫医务人员的理发难题；发动志愿者进社区、下基层宣传普及疫情防控知识，协助整治村居环境；开展"童心抗疫"儿童节绘画活动以及端午节、中秋节的医护关爱行动等，向医护人员致敬。

社工部代表接受来自社会各界人士对医护人员的关心慰问

在疫情防控期间，物资紧缺，国家在全力保障医疗防护物资供应的同时，众多的爱心企业、组织和个人主动关心前线医务人员的物资供应情况，联系医

医院代表接收来自花都区慈善总会的防疫物资

院社工部进行爱心捐赠。根据工作需要，医院制定了接受社会捐赠的管理办法，社工部建立接收社会捐赠的流程，做好慈善捐赠物资的登记、管理和分发工作，明确捐赠款物的去向及使用情况。从 2020 年 2 月 25 日至 2021 年 9 月，社工部共接收捐赠的防疫物资 173 批次，生活物资 43 批次，共计价值约

3930967.45 元。

在这些捐赠物资中，有紧缺的防护物资如测温仪器、防护服、口罩、手套、快速手消毒液等，也有对医护人员在执行抗疫任务中生活表示关心的各类药物、食品（如牛奶、蛋糕）及日常生活用品等。

这些爱心人士有来自本地的居民、企业家，也有归国华侨等，充分显示了大家齐心协力共抗疫情的决心以及对医护人员发自内心的关心。

新型冠状病毒疫情防控工作进入了关键时期，全院人员以对人民群众生命健康高度负责的态度全力以赴做好疫情防控工作，保障医务人员安全、维护正常医疗秩序是打赢疫情防控攻坚战的重要保障，此批医用手套在一定程度上缓解了医院防控物资紧缺的问题，为我们注入打好疫情防控持久战的信心，医院全体医护人员定不辱使命，勇挑重担，以坚守岗位和初心回报社会的关爱，守护人民群众的健康。

医院代表接受华侨捐赠的防疫物资

爱心志愿服务暖人心

"各位，今天核酸检测点有三条通道，分别是绿码自费、黄码和重点行业通道……"这是广州市中西医结合医院社会工作部工作人员在培训院外志愿者时开场的第一句话。

深夜，医院大采工作群又发了通知，"明天全员核酸检测，请各领队通知本队队员，明天 6：30 西门集合。""好的，收到。"社工部的三位领队都迅速回应。自 2022 年 4 月花都区出现疫情以来，这样的情况已经成为社会工作部 3 名工作人员工作中的常态。

一、核酸检测人员剧增，急需志愿者支援

自花都 4 月初出现疫情以来，医院 24 小时核酸检测点的来检人员剧增，很多人一下子涌进来排队，各个通道的队伍排得水泄不通，很多第一次来的人不知道怎么排、排哪里？怎么扫码缴费？

为了快速疏导人群、管控好黄码和绿码居民有序排队检测，急需更多的志愿者过来支援，原来招募的志愿者人手远远不够。广州市中西医结合医院社工部立即与共青团花都区委联系，请团区委向社会的志愿服务队及爱心人士发布社会志愿者招募信息，吸引更多的志愿力量支援，得到了各界人士的积极响应和支持。

二、志愿者的招募、培训及管理

通过团区委及社会志愿服务队的招募，确定了每天会有早、中、晚三个班次，每班次大概10人次的志愿者过来支援。但招募到的志愿者大部分都是第一次报名参加医院核酸检测志愿服务，很多对流程都不熟悉，所以在上岗前需要统一培训。

每天早上，社工部工作人员一早来到办公室，打印好当天的名单，电话逐一确认志愿者到社工部报到。当志愿者签到后，社工部会将事先准备好的核酸岗位职责说明发放给志愿者，并现场培训志愿者怎样穿脱防护用品、现场的实时情况管控须知、协助缴费的流程、不同通道的注意事项等等，培训结束后还会解答志愿者疑问。

经过培训后会带领志愿者到核酸检测现场熟悉环境，让志愿者了解每条通道的人群情况，认识穿脱防护用品的不同位置，志愿服务结束后在哪个窗口检测核酸等等。最后协助他们正确穿戴防护用品，安排当天每个人的工作岗位，协助解决实时的问题。

有些班次的志愿者到达时间与社工部日常上班时间不一致，社工部主任冯秀莲便与两位同事轮流按照早、中、晚的班次加班安排培训志愿者；有时同一班次每个志愿者到达的时间也不一样，刚培训完一批带到核酸检测现场，又来一批新的志愿者，又要折返社工部培训新到达的志愿者，一次次重复地向每一个志愿者说着同样的话语，带领一个又一个的志愿者奔向核酸检测现场。从社工部到核酸检测处的这条路，好像有走不完的路！不是在核酸检测点现场，就是在去往核酸检测点的路上……

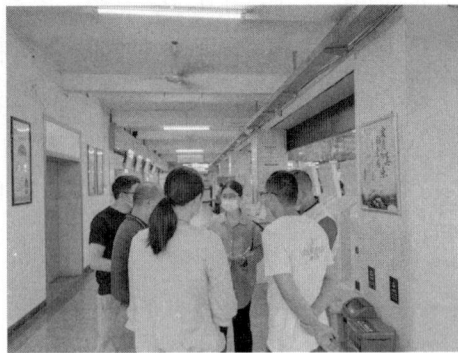

社工部陆珊珊和汤卓怡在给新来的志愿者做培训

三、保障院内外核酸采样的正常运行

社工部只有三位工作人员，她们同时还是医院大采梯队的领队，近期频繁全员核酸检测，多次在晚上加班到十一二点，刚回家又接到次日一早要带队外采的通知。因为大规模核酸检测工作需要随时待命，每个人都需密切留意群信息，生怕错过最新通知，领队在收到通知后需立马了解本队医护队员的情况，是否能马上出发，对于不能出发的队员要寻找候补人员顶替，保证能按计划到村委开展采样工作。

在完成外采任务的同时，社工部工作人员还兼顾着管理院内志愿者的职责，虽然他们身在村委采样点，一心却要"二用"，要安排好来院志愿者的签到签退、志愿者的饭餐、志愿者的停车问题、线上培训第一次来院的志愿者、安排大家当天的岗位……由于正在执行大采任务，以上这些只能用电话来远程安排，电话铃声此起彼伏，打电话打到口干舌燥，一顿忙活下来，手机早已热得发烫、快要没电……

志愿者在指导市民填写核酸检测信息

由于抗疫是每一个市民的责任，社工部除了承担抗疫任务外，平时的院内日常志愿服务、中医药介绍进校

园（社区）、传统节日慰问患者或工会活动等工作召仍如常进行。但她们说，虽然很辛苦，当看到院内外核酸检测能同时正常运行时，快速解决市民的检测需求，就是对自己最好的慰藉。在医院党委的领导下，社工部将继续发挥志愿力量，汇聚更多的志愿者参与其中，提高群众就医便捷性，做好疫情防控"守门员"，自觉扛起使命担当，为战"疫"胜利的目标携手而行、并肩作战！

第五节　医院工会多措并举，做好疫情防控保障工作

医院 2022 年现有员工 1632 人，工会会员 1632 人，工会小组 8 个。在上级工会及医院党委的领导下，医院工会紧紧围绕医院中心工作，服务大局，多措并举，做好疫情防控保障线。突出维护、团结广大医院职工为促进医院疫情防控做出积极贡献。

2020 年在疫情防控期间，在持续两个多月的抗疫工作中，很多医务人员的理发问题未能得到解决，医院工会联系花都区苏豪路易士嘉玛发廊为战斗在疫情防控一线的医护人员 80 余人免费理发；工会牵头的医院疫情防控心理保障组深入一线开展摸底调查并进行心理疏导工作；投入约 15 万元为一线医务人员发放辟秽药艾条、中医药防感香囊等扶正防疫的中医药法宝；随同花都区委、区卫健局、医院领导等多次慰问援鄂护士杨华邦及其家属，了解生活所需，并协助解决生活上的困难；投入近 3 万元用于机场海关、隔离酒店等外派抗疫医务人员的营养物资发放；

为了体现医院党政领导班子和工会对参与入境人员服务疫情防控一线工作人员的关心和爱护，2021 年新春佳节即将来临之际，医院组织召开外援抗疫一线职工 2021 年春节慰问座谈会。按 500 元／人的标准发放 18 份营养慰问品价值 9000 元。

2021 年 6 月，广州市疫情防控工作正处于紧要关头，医院广大医务工作者奔赴抗疫第一线，冒着酷暑，顶着烈日，穿上密闭厚实的防护服，克服困

难投入到各个核酸检测点、疫苗接种点，为坚决果断打赢疫情防控阻击战做出了积极贡献。医院工会为保障一线安心工作，积极为员工解决后顾之忧，为核酸检测点、疫苗接种点的医务人员送去王老吉等降温饮料，价值1510元；同时为了保障外出采样队员的通讯通畅，紧急为采样队采购一批充电宝，价值950元。

医院自2020年1月以来，派出百余名医务工作者奔赴花都区隔离酒店、海关及集中居住点开展防疫抗疫工作，全力守护人民群众生命安全。为了表达医院党政领导班子和工会对参与海关、密接、入境酒店疫情防控一线工作人员的关心和爱护，在2021年中秋佳节到来之际，组织召开外派抗疫一线职工2021年中秋节慰问座谈会。按500元/人的标准发放32份营养慰问品，价值16000元。同时，为进一步加强对隔离酒店和集中居住点工作人员的关心关爱，及时把医院工会组织的温暖送到参与防疫工作员工的心坎上，广州市中西医结合医院工会联合医院护理部和医务科，分别前往驻点酒店和机场北区南航宿舍区集中居住点，慰问从单位抽调过去的员工，为他们送上中秋节日慰问金和慰问品，共计3108元。

医务人员是战胜疫情的中坚力量，医院高度重视对他们的保护和关心爱护，组织疫情防控心理咨询小组下到一线科室进行慰问，了解他们在生活和工作中遇到的困难，缓解心理压力。医院防疫心理保障组走访临床一线科室，共发放心理健康宣传资料1.4万份，播放心理疏导视频3200余次，发送推广50余篇阅读12万余人次，举办心理健康教育讲座共8千余人次参加。

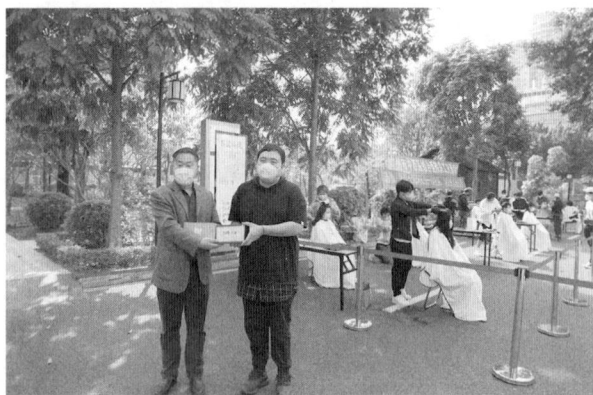

爱心企业免费义剪现场

区领导慰问赴湖北抗疫医务人员家属

"要让奋战在一线的医务人员后顾无忧，家里有什么困难尽管提，我们在这里区里协商解决。"2020 年 3 月 9 日上午，花都区人大常委会副主任蓝海滨、副区长蒋福金、区总工会常务副主席童志辉、区卫生健康局党组副书记、副局长徐锦东、区卫健局工会副主席邓晓红等一行前往广州市中西医结合医院慰问支援湖北护士杨华邦家属，向他们致以崇高的敬意和诚挚的问候。

蓝海滨、蒋福金一行高度赞扬杨华邦同志在危难关头义无反顾、挺身而出的奉献精神，详细询问了杨华邦爱人生活状况、儿女入学和存在困难等问题。刘瑞华院长就杨华邦支援湖北工作开展情况、医疗防护物资保障及杨华邦入党入编相关工作进行了简要汇报。随后，区总工会常务副主席童志辉代表广州市总工会和花都区总工会各送上慰问金 5000 元以及一批生活用品。

花都区领导代表慰问援鄂护士杨华邦的家属

花都区坚决落实习近平总书记关于关心爱护参与疫情防控工作的医务人员的重要指示精神，从待遇保障、家属服务、个人防护人身保险等 10 个方面出台了激励措施。此次慰问将相关激励措施到实处，真正让支援湖北医务人员安心"战疫"。

花都区领导慰问援荆医护人员

　　随着荆州最后一位新冠肺炎患者出院，留守荆州的最后 12 名广东医疗队员踏上了返程之路。2020 年 3 月 30 日，花都区区委书记黄伟林、区人大常委蓝海滨等领导前往广州市第二工人疗养院慰问杨华邦、张敏等援荆归来医护人员。

　　"欢迎你们回到花都，能做到抗疫期间没有医务人员感染确实不容易，你们是花都的英雄"黄书记充分肯定了援荆医疗团队的工作，并向队员们表示衷心感谢和崇高敬意。区领导逐一与医疗团队成员亲切交流，了解他们的身体状况和休养情况。黄书记表示，要求全区各条战线以他们为榜样，并希望他们休整好后重新投入到工作岗位，将经验分享给广大医务人员。

花都区黄伟林书记（左三）慰问援鄂医务人员

　　本应随大部队于 2020 年 3 月 20 日返程的杨华邦心里放不下荆州病患，返程前一天再次写下"请战书"再"战"荆州，用实际行动履行南丁格尔誓言。援荆期间杨华邦还代表广州市中西医结合医院送去大批自主研发的中医药防疫"法宝"，受到广东医疗团队和患者的一致好评。

请医务人员吐吐槽

"跟你们吐吐槽，心里舒服多了！"一个俏皮的护士姑娘说。

当新型冠状病毒肺炎疫情防控进入艰难胶着状态，要夺取疫情防控阻击战最后胜利，全力做好一线医务人员及其家属保障工作十分重要。为全面了解掌握一线医务人员在家庭生活等方面存在的困难和需求，解决他们的后顾之忧，以广州市中西医结合医院工会牵头的医院疫情防控心理保障组深入一线开展摸底调查工作。2020年2月起广州市中西医结合医院工会主席朱勇武、副主席姚湘玲、护理部副主任杜敏、心理专家刘媛及法学专家陶君慧组成疫情防控保障组分多次到各个临床科室，面对面倾听医务人员吐槽。

他们分别走访了发热门诊、急诊科、门诊部、呼吸科、重症医学科、检验科及影像科等防疫任务较重的科室，这些作为医院防疫最前沿阵地，每天承受着高强度的工作，时刻面临着被病毒感染的风险，还要面对患者恐慌、不安等负面情绪。不仅不能照顾家庭，还担心将病毒带给家人，不得不采取自我隔离措施，承受着较大的心理压力。

心理专家刘媛向大家介绍一些调整心理、舒缓压力的办法和措施，勉励大家吐槽也是一种舒缓和释放。随后两名医生和两名护士也分别发言，并希望医院考虑一线员工家人安全防护以及解决个人理发等问题。

工会主席朱勇武表达了工会对一线员工的慰问，传达医院疫情防控领导小组最新指示精神。他表示新冠肺炎疫情发生以来，全院医务人员舍小家顾大家，不顾个人安危，迎难而上，英勇奋战在抗击疫情的最前线，为疫情防控工作做出了重大贡献。目前多个社会团体以及个人向医院捐赠防控物资物品及生活用品，体现了广大人民群众对医务工作者的认可和关爱。医院及时将这些物资用品优先发放给一线医务人员，也体现了对一线医务人员的重视。现阶段，一手抓疫情防控，一手抓复工复产是最新工作主线，希望大家打起十二分精神，助力加速打赢防疫攻坚战。对于大家提出的顾虑和困难，医院将马上着手布置予以解决。

守城"抗疫"，感谢有你

为合理管控新型冠状病毒肺炎扩散，白云机场设置体温监测岗位，2021年2月3日至18日广州市中西医结合医院选派彭阳欣、吴玉婷、杜颖桃和全乐四名护理人员支援白云海关执勤，对有发热症状的乘客再次进行精准体温检测，初筛疑似病例，严防疫情跨界输入。

新冠肺炎疫情在全球肆虐蔓延以来，"外防输入"工作成为花都区疫情防控工作的重点工作。据了解，自 2020 年 2 月以来，广州市中西医结合医院一共派出 30 余名医务工作人员分赴白云国际机场和隔离酒店参与入境人员疫情防控一线工作，为我区"外防输入、内防反弹"的疫情防控工作做出了积极贡献。

2020 年 2 月 11 日刘瑞华院长、黄红柱书记带队前往白云国际机场，慰问奋战在抗疫一线的医务人员。

为了表示对抗疫一线医护人员的关心关爱 2 月 25 日上午，在医院附属楼三楼会议室召开了一线医护人员慰问座谈会，会议由工会主席朱勇武主持，本次座谈会慰问的对象是在白云机场执勤四名护士，

在座谈会上工会主席朱勇武对奋战在新冠肺炎疫情防控一线的四名护士致以崇高的敬意、诚挚的问候及衷心的感谢，并代表医院及工会送上了慰问品。他高度赞扬了四位护士站岗交通枢纽，把好关口、守好阵地，筑牢了疫情防控安全线，最大限度阻断疫情在本地传播，为全力做好疫情防控做出了积极贡献。

医院领导班子到白云机场慰问驻守医务人员

护士代表全乐表示，疫情本身是一场谁都不愿意看到灾难，作为一名党员，一名医务工作者，更要主动维护国家和群众的利益，"义所当为，毅然为之"，今后将继续发扬不畏艰险、不胜不休的拼搏精神，坚决打赢这场疫情防控阻击战。

关怀送一线　鼓舞提士气

2021 年 2 月 16 日，花都区副区长蒋福金一行到广州市中西医结合医院，慰问在春节期间疫情防控的一线医务人员，并为他们送上鲜花及新春

的祝福，同时了解了医院新冠疫情防控工作情况，并做出指示和要求。蒋福金副区长一行来到我院发热门诊和急诊科，查看了发热门诊的整体布局，并向医护人员询问发热病人到发热门诊就医的全过程，自助发药机的使用等，他与临床一线医护人员亲切交谈，向战斗在临床一线的医护人员送上新春祝福。

随后，蒋福金副区长到急诊科走访，并试用了急诊科新设置的体温检测仪，他对医院为新冠肺炎疫情的常态化防控做出的努力给予高度肯定。他还强调，对于危急重症患者各科室要加强应急值守，保障春节期间医疗安全。医护工作者为老百姓健康，日夜坚守岗位，非常辛苦。他代表区委区政府向医务人员表示感谢，希望医院全体职工过一个欢乐祥和的新年，祝福在院病人早日康复。

刘瑞华院长还向蒋福金副区长介绍了春节期间医院运行及疫情防控情况，以及新一年医院的计划，他表示在过去一年里全院干部职工辛勤付出、团结奋进，今后将再接再厉，不断开创工作新局面。

致全院员工的一封感谢信

广州市中西医结合全体员工：

2022 年 3 月 16 日广州市花都区在省外来穗人员排查中，发现一例新冠肺炎确诊患者，为了迅速响应上级部门对花都区花城街及新华街全员核酸检测的号召，广州市中西医结合医院立即启动应急预案，半夜吹响集结号，全院22 支采样队 400 余名员工迅速完成集结及物资准备，于 3 月 17 日凌晨出发到遍及城区、乡村及学校等各个核酸采样点，07∶00 赶在市民们上班前即全面铺开核酸采样工作。

外派核酸检测组从凌晨坚守到晚上 22∶00，部分医务人员深入到封控区域进行采样，在区委区政府的领导下，圆满完成两个街区的全员核酸检测任务。

因区内某医院的院区停诊，我院当日接收了转诊过来近 80 人次血液透析患者，为妥善处理并确保每一个有需要的患者当天均能完成透析，肾内科全体人员加班加点至深夜，完美实现了区内医疗无缝衔接。

同时还有大量的黄码人员涌入到医院进行核酸检测，当天仅黄码核酸采样就高达近五千人次，各个部门的人员积极响应，在人手本就十分紧张的情况下，仍抽调出人手支援黄码人员核酸检测，在大家的通力合作下，迅速完成检测并疏导数千名黄码市民。

3月17日我院住院患者超过800人，在人手极其紧张的情况下，坚守在院内本职岗位的同志们，认真履行职责充分发挥协调作用，确保医院的门诊、急诊、发热门诊、出入院及手术等医疗业务如常进行；其他院外的疫苗接种及隔离酒店管理等防疫工作正常开展，全院运作体现了内外兼顾、忙而不乱的高效管理水平。

阳春三月，本是生机勃勃、春意盎然的喜悦季节，但因疫情的旷日持久，使全院员工长期处于满负荷的工作状态，但无论是在应急情况下，还是日常开展医疗工作中，在医院全体员工的齐心戮力下，每次均能出色地完成各项工作任务。

你们任劳任怨、你们栉风沐雨、你们披星戴月……只为守护一个健康花都！

只要全院上下一心、众志成城齐抗疫情，疫情终将会被我们战胜。我们坚信，没有一个冬天不会过去，没有一个春天不会到来！

广州市中西医结合医院党委及领导班子，对医院全体同仁这种无私奉献的博爱精神，表示衷心的感谢，并向您道一声："谢谢您的付出！您辛苦了！"

广州市中西医结合医院

2022年3月18日

写在核酸检测常态化之后：

致全院员工及家属的一封信

尊敬的各位员工及家属：

新冠疫情发生以来，在花都区政府的正确领导下，广州市中西医结合医院的全体员工一直在抗疫战线和医疗保障高地上努力奋战，为保护花都区居民的安全健康而全力拼搏，在此广州市中西医结合医院党委及领导班子向医院全体同仁及家属表示崇高的敬意及衷心的感谢，道一声："你们辛苦了！谢谢你们的付出！"

自从2020年新冠疫情暴发以来，各位医疗同行们，除了坚守在医疗工作岗位上，兢兢业业地完成本职工作以外，还要不断地奔跑在抗疫战场上。在花都区多轮的全员核酸大筛查中，你们有的刚刚结束完值班、有的刚刚从手术台上走下来、有的刚刚哺育完年幼的儿女、有的刚刚给年迈的父母翻完身……但只要一听到抗疫的集结号，你们都无一例外地放下所有，马上以饱满的热情投入到抗疫战场上。

各位员工家属，因为你的家人选择了医疗这个特殊行业，叠加新冠疫情暴发，医务人员要额外执行多种防疫任务，使他们要花费更多的时间和精力在工作中，以致各位家属要在家庭中承担更多的责任，分担更多照顾老人和孩子的义务，但正是各位家属的任劳任怨和理解配合，使全院的医务人员得以全身心投入到医疗保障和抗疫任务中去，在与病毒多轮的交锋中，均能顺利击退病毒无情的入侵，抵抗住新冠病毒一次又一次的冲袭，保障了花都区市民的生命安全。

中国共产党建党百年以来，中华民族的同胞们，为了实现民族伟大的复兴梦而团结奋战，广州市中西医结合医院也紧随着时代的脚步高速发展。我院建院短短四十余载，从前身的镇卫生院发展至今天拥有一千多张床位的三级甲等中西医结合医院、国家重点中西医结合医院、广东省名中医院，这个来之不易的成果，汇聚了几代中医人的心血，是几代人努力奋斗汗水的结晶、是几代奋斗者智慧淬炼而成的精华，它承载着我们的理想！不忘初心的精神，支撑着我们心中坚定的信仰，始终没有忘记振兴中医的梦想，每个人都在自己平凡的岗位上发挥钉子精神，所有人微薄的力量最终汇聚成磅礴的激流，随着时代滚滚的车轮大步前进，使医院成长为今天这样能护佑一方平安的中流砥柱。

有的同志们现在还坚守在抗疫一线上，虽然又苦又累，但你们无怨无悔。你们忙碌的身影，或是奔跑在核酸采样场上，或是坚守在医疗岗位中，或是守护在隔离酒店里，又或是在各个岗位上来回切换角色，始终秉承着"厚德济世自强和谐"的院训，时刻以守护人民生命健康为己任，以行动诠释了救死扶伤、敬佑生命、大爱无疆、甘于奉献的新时代白衣天使精神！

因为新冠病毒的变异性，拉长了抗疫的时间线，医务人员在抗疫工作中肩负了最主要的任务，需要我们在原本就繁重的医疗工作基础上，承担更多的责任，在两年多的抗疫历程中，是你们不眠不休、日夜奋战，为市民们换来今天相对安全的局面，市民一定会记住努力为他们挡病毒的"大白"们。

现在到了抗疫最为关键的时刻，需要我们拧成一股绳来攻坚克难！我们每一个人都是这个传奇时代的书写者，医院坚信你们一定能不负众望，继续守护住人民的安宁！

春天已至，黎明的曙光在前，众人拾柴火焰高！我们坚信在花都区政府的有力领导下，在医院正确战略战术的引领下，只要医院全体同仁齐心协力、踔厉奋进、笃行不怠，必定能打胜这场没有硝烟的战争，共同迈进下一个百年辉煌的新时代！

最后，再次衷心感谢奋战在抗疫一线的全体员工及其家属们，医院取得今天的成绩，离不开你们的理解与支持，并在此祝您身体健康、阖家幸福、万事如意！

广州市中西医结合医院

2022 年 6 月 2 日

建立长效慰问机制

无论寒暑广大医务人员为了保障人民的生命安全，他们都要穿着严密的防护服，或是坚守在海关，或是坚守在核酸采样场上，或是坚守在隔离酒店里，为切实做好这些奋战在抗疫一线医务人员的身心健康安全，并把医院对员工的问候和祝福送给坚守岗位的医务人员，自 2020 年 10 月起，广州市中西医结合医院即制定了定期慰问驻守隔离酒店医务人员的机制，在刘瑞华院长的带领下，医院领导班子与工会、院感科、医务科、护理部负责人等，定期在每周三上午前往隔离酒店检查疫情防控工作，看望慰问医务人员，每逢节假日还会送上慰问品。

隔离酒店作为花都密接和次密接人员的隔离安置点，是防疫工作的重要战场。刘瑞华院长在现场督导疫情防控工作时，要求医务人员按照"外防输入、内防反弹"的要求，务必落实疫情防控措施，严格落实各项消毒隔离工作，确保不让一人发生交叉感染，平时还应做好应急物资的储备和隔离病人的心理疏导，全力以赴做好"双节期间"各项医疗护理、后勤保障工作，确保大家过一个安稳的长假期。

每次慰问医院领导班子代表都会向驻守隔离酒店的医务人员表示，衷心感谢他们在节假日放弃陪伴家人的机会，为了大家的健康而坚守岗位，这种舍小家顾大家的奉献精神令人感动，赞扬了他们默默工作、爱岗敬业的奉献精神。驻守在隔离酒店的医务人员深受鼓舞，纷纷表示一定不辜负医院领导的重托，加倍努力，为医院的发展贡献力量。

◎第九章
我的抗疫故事

在长达两年多的抗疫历程中，在各个抗疫战场上涌现出很多感人的事迹，他们只中这件世界级事件中一个不起眼的角色，但却正是这些来自于各个不同行业的坚定守护者，用血肉之躯为我们筑起了钢铁长城般的保护墙，为我们一次又一次阻挡了病毒无情的入侵，在不断变异的新冠病毒面前，他们选择成为一个让人感动的逆行者。没有人生而为英雄，只是有人挺身而出成为英雄而已！

逆风飞翔，归来如往

——致我和我急诊科的亲密战友们

急诊科　袁林　2020 年 2 月 18 日

今年的春节，本该万家灯火串成灯笼，本该腊鱼腊肉香溢四方，本该车水马龙欢度佳节。但一场突然到来的疫情，夺走了中华儿女一年中最重要的传统节庆，在阖家团聚之时，却开始了一场全民防控疫情的阻击战！

这是一场没有硝烟的战争，疫情就是命令，防控就是责任！急诊人积极响应，没有丝毫顾虑，义无反顾冲锋在前！如果说急诊是医院生与死较量最激烈的战场前沿，那么，急诊医护人员就是那冲锋陷阵的勇士。一年 365 天，一天 24 小时，春节依旧，全员备战。

二十多天过去了，每天清晨醒来的第一件事就是打开手机查看疫情。每天居高不下的数字让人揪心，我无数次在心里祈祷那个拐点的出现。作为急诊人，我们不怕疫情，然而，每天全国新增病例的通报让大家心情沉重。再也没听到科里的小护士们下班后那欢快的笑声，再也没看到大家聚在一起吃工作餐时相互调侃的欢快画面，这也许就是战时的场景吧，一场全民的抗疫阻击战已经打响，冲锋在一线的战士只有绷紧的神经，饱满的激情和必胜的意志。

2020 年 2 月 6 号新闻联播报道了一个武汉一线医生的女儿，16 岁的高中生陈琪方写给妈妈、外公和患者的一封信，她的妈妈和外公都是医生，都坚守在抗击疫情的第一线。她跟妈妈和外公说："要记得向阳而生、逆风飞翔，乘风破浪，然后归来如往！"她对患者说："我把妈妈和外公借给你们，他们既然能顶起这个家，也能为你们撑起一片天！"不知不觉间，我这个七尺男儿已泪流满面。小琪方的话，暖人心脾、催人振奋，对我们奋战在一线的医务人员和正在同疫病抗争的患者，都是莫大的鼓舞。

小琪方的那封信，像一股暖流，像一缕春风，又像吹响了一支冲锋的号角，鼓舞我们义无反顾，勇往直前！回首过去的二十多天，突然发现，和我一起战斗的急诊科的战友们是那么的可爱，没有豪言壮语，大家各司其职，恪尽职守，没人喊累、没人说怕，心中只有责任！我不想歌颂某个人、某个事，然而，每天发生在身边的点点滴滴时刻让我感动。

说一下预检分诊的护士们，她们大多是90后、00后的小姑娘，还是父母眼中的小公主，她们却站在了抗击疫情的最前线，所有的发热病人首先经过她们的预检分诊，分流到各个部门，24小时为医院坚守住第一道防线！她们要询问每一个患者的流行病史，她们要给每一个患者做四测，她们要登记造表每天的就诊患者的详细信息等等，遇到疑似病例，她们要带病人完成相关检查，要带病人到隔离区隔离，她们是离危险最近的人！我曾问过一个小姑娘，天天这样近距离接触发热病人，你怕不怕，她腼腆地笑了笑说："这就是我的工作啊！再说还有师兄师姐带着我们呢。"朴实的一句话，却让人眼眶湿润，她说出了医护人员的心声，穿上了这身白大衣，责任也就扛在了肩上，怎么会有怕的道理呢？！

防控疫情，不能不说我们发热门诊和核酸取样的医生，当人们对发热病人退避三舍的时候，他们是距离病人最近的人，他们不但要详细询问病史，还要仔细查体，更易成为易感对象。由于穿着防护装备，他们不能喝水，不能上厕所，一个班次下来，汗水浸透衣背，身体疲惫不堪，当他们脱去隔离衣，摘下口罩帽子，洗把脸，喝口水，坐在你面前时，他们脸上又恢复了往日的朝气和活力，满血回归之快，令人叹服，但更多的是感动。

最后怎能不说说急诊病房那些巾帼不让须眉的姑娘们。2020年1月25日，年初二，急诊过渡病房收住了第一个新冠肺疑似患者，姑娘们穿上厚重的防护装备，详细询问病史，仔细查体，制订治疗方案，还要抽血、取样、为病人做心理疏导等工作。为了节省紧缺的防护服，她们8个小时不喝水、不上厕所，扛着、熬着、难受、难忍；长时间戴着护目镜，在脸上留下深深的压痕，从鼻梁和面部又多了一些疼痛。姑娘们，虽然口罩挡住了你们的脸，但人们永远记住了你们温暖坚毅的眼神，你们就是英雄！

阴霾终将散去，阳光始终温暖！急诊科的亲密战友们，牢记党中央发出的坚定信心、同舟共济、科学防治、精准施策的宗旨，履行快速、高效、协作、安全的科室理念，在医院的大力支持下，在家人殷切目光注视中，要记得向阳而生、逆风飞翔、乘风破浪，然后归来如往！加油，中国！加油，我的急诊战友们！这场全民的阻击战一定会胜利，胜利必定属于我们！到那天，久闭的家门一定会被春风敲开，到那天，姹紫嫣红的鲜花一定会与你相拥！

巾帼不让须眉

——记广州市中西医结合医院感染性疾病科护士长卢绮妮

宣传科　熊妙华　2020 年 2 月 20 日

　　2020 年的春节期间，全国人民都投入到抗击新冠状病毒肺炎的战斗中，生命重于泰山，疫情就是命令！自从 2020 年 1 月 20 日接上级部门的指令，广州市中西医结合医院把急诊科和感染性疾病科，作为抗击疫情的第一线科室，卢绮妮作为身兼两个科室的护士长，心里无时无刻不在关注着疫情的动向，每天从一睁开眼睛起，就想着应该如何认真细致地落实疫情的防控工作，为此她过了一个"不一样"的春节。

　　急诊科作为医院的门户，是全医院最忙的部门之一，也是最先接触到患者来院就诊的第一道关卡。"打铁还需自身硬"，卢绮妮深知只有保证医护人员的自我安全，才能更好地完成抗疫任务，因此做好专业知识培训工作就显得十分重要！2020 年 1 月 21 日，急诊科立即组织新型冠状病毒感染防控的培训工作，急诊科全体医护人员及清洁工、护工、总务科后勤人员等 50 余人参加了此次培训，加强防护意识和提高防控技能。

　　为了落实好新型冠状病毒肺炎感染暴发防控工作，熟练掌握发热患者诊疗流程，1 月 22 日 08：30，急诊科护理组配合医院职能部门在应急处置区开展"新型冠状病毒感染肺炎"防控应急演练。由于此次病毒引发的是呼吸道感染，需要采用最高级别的防护，所以在演练前，卢绮妮护士长就特意加强了对演练人员在穿脱防护服方面的训练，在演练的过程中向全院医护人员，展示了标准的穿脱防护服全过程，提高了临床人员的防护技能。

　　根据此次疫情的发展，为了最大限度地减少病人在院内就诊过程中发生感染的概率，在医务科和院感科的指导下，重新制定了新型冠状病毒肺炎发热病人的预检分诊流程，优化了患者的候诊区域和检查路线，为了保证工作落实到位，卢绮妮护长每天都会亲临各个岗位上检查布置工作。

卢绮妮除了负责急诊科的护理管理工作以外，还要负责感染性疾病科的护理管理工作。在 2020 年 1 月 25 日晚留观病房里迎来了第一个疑似患者，第二天早上区防疫部门就要对病人采集标本检查送检，考虑到此次"抗新冠"防控为全新知识，负责感染

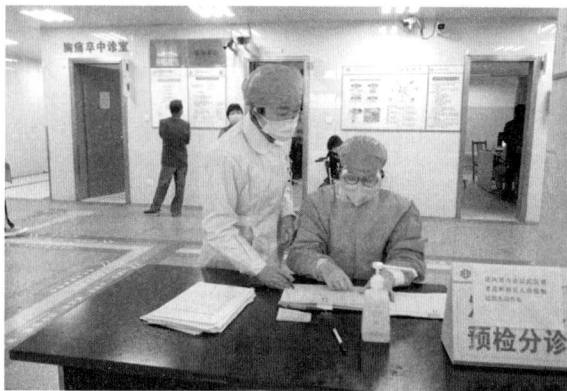

卢绮妮护士长在检查发热病人分诊工作

性病房护理工作的人员这方面的经验仍然不足，而此时正值年初二，按本地的习惯，她作为女儿这天是要回娘家探望母亲的，卢绮妮毅然决定放弃陪家人共聚新年欢乐时光的机会，立即赶往隔离病房，指导并参与了采样工作。但由于她直接与疑似患者接触，需要隔离至 CDC 回复结果是阴性才能回家，她担心直接跟母亲说自己要隔离会引起她的担心和不安，于是她决定说一个善意的谎言，打电话给自己的妈妈说由于科室工作繁忙，需要在科室加班，要改天再去看望她，由于平时在急诊科工作就经常要加班，所以她的妈妈也信以为真。

2020 年 1 月 27 日和 28 日两天，急诊科接受区及市疾病预防控制中心防疫专家进行"新型冠状病毒感染的肺炎"防控工作进行督导，专家实地考察后提出了对预检分诊发热患者登记表登记内容及医务人员健康状况监护改进建议。针对督导工作中发现的问题，卢绮妮立即对登记表做了修订，落实发热门诊及急诊科医务人员自测体温登记制度，以确保医务人员身体健康，为疫情防控及患者救治提供保障。

为了优化发热门诊病人的管理，完成市卫健局做好对有流行病史发热病人的排查工作，卢绮妮克服重重困难，搬迁了护士值班房和更衣室等，腾出的房间作为新的核酸采样区，减少患者不必要的走动，尽量降低院内感染发

生率。

卢绮妮对管理要求极为细致，她认为保洁员和护工等如果管理不善，很容易就会成为院内交叉感染的薄弱环节，于是她每天认真监督指导她们按"新冠"防护指南，做好日常保洁消毒工作。每次在疑似病人出院后，她都会组织科室人员对留观病房进行彻底的消毒，以确保医患都不发生院内交叉感染。

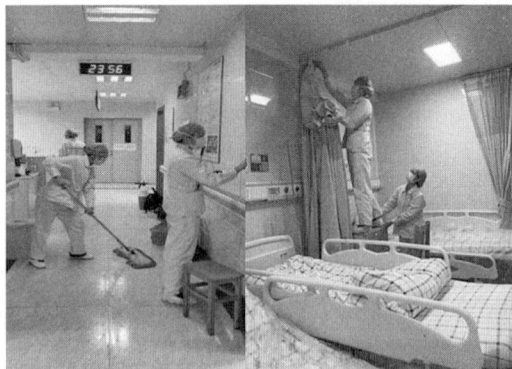

组织科室人员对留观病房作彻底清洁消毒

"本次疫情来势汹汹，全民都投入到此次的抗疫中，我们也必定举全院之力、不计较个人得失，共同抵御这次新型冠状病毒的侵袭。为了守护我们的家园，我们会拿出不破楼兰终不还的气势，将抗击疫情进行到底！"卢绮妮护士长如是说。

口罩的故事

今晚与家人一起观看了目前正在热播的有关抗疫系列片"在一起之口罩"，许多场景历历在目，我也亲身经历了这一过程，居然有许多情节有相似，疫情早期，有无口罩曾经是社会，特别是医疗机构的一件大事，虽然电视说得是企业家如何转产，但在疫情期间，我们医院也参与了花都的口罩生产大户的转产过程，派出人员亲自到湖北仙桃采购机器及原材料，为花都、广州能快速生产医用口罩做出了我们的贡献。

口罩在平时对医疗机构来说可能不是什么大事，我作为院长平时基本上不过问此类小事，有主管领导和专业的职能部门在管，但在疫情期间成为头等大事，这是医疗机构第一道防线，它的存在与否直接关系到生命健康的大事。不但医疗机构需要，老百姓也需要，此次疫情也快速地普及了口罩的学问。其实这次疫情有关口罩的故事还真不少。正好借此机会回忆记录一下。

"口罩"院长

——亲自过问管控口罩

在武汉发生疫情后，医院立即召开院班子会议，统一思想，从多个方面对医院的防护物资进行管控，在一月中旬加大防控物资的采购力度，一月下旬医院采购了定人、定量供应的办法，有效地防止口罩流失，医院也先后发生了工作场所上百只工作口罩眨眼间就没有了，也发生了急诊科库房丢失口罩的事件，医院加强了管理。的确在早期，同事们很不理解，以为院长留着口罩要做人情，院长自己亲自要过问口罩这样的小事，甚至私下称我为"口罩院长"，我也只能无奈笑笑。随着疫情的发展才知医院早期对口罩采购与管控的意义。在疫情期间确保了医院的正常运作。这也许是我们这一代人曾经经历过非典的积累的经验吧。

"大方"院长

——支援兄弟单位和援助湖北医疗队、医院服务提供商

此次疫情事发突然，且播散速度快而广，致使许多单位仓促应战，由于医院有一批老同志经历过非典，医院早期快速筹备，使医院有了应对的底气。当听说赴湖北医疗队缺口罩，医院在库存量不多的情况下，毅然捐赠了数千只口罩。在与兄弟单位接触的过程中，得知兄弟单位口罩紧张，先后主动数次捐赠口罩以解燃眉之急。其实我们医院自己也有一定的困难，在医院工作的人员一千八百人，要按标准供应口罩数量是巨大的。但想到疫情必须共同抗疫，不能太分你我。在疫情期间，为医院提供服务的后勤公司、停车场等也遇到了无法采购到口罩的难题，我们医院答应，医院将确保并无偿提供给服务供应商的工作人员的口罩，时间一直持续到口罩供应缓解时。

"立功"遗憾

——员工义无反顾奔赴疫区

大年初二我接到政府通知要安排一位专业技术人员前往湖北仙桃，我一听心里想这下麻烦了，由于设备科长不在，担心无法完成此任务，但没想到，设备科很快就落实了人选——罗建强，当时也为要去湖北重疫区，特别是此位人选还不是医疗人员，特别叮嘱注意安全，以十分妥当的办法处理，再三交代有困难随时直接与我联系，原定中午出发，一直等赴湖北通行证直到晚上才拿到手，与二位公安同志一同前往。后来得知此通行证是广东省发出的第一张赴湖北的通行证。当时紧张的心情一直等到四十多个小时后安全返回和二次病毒核酸检测阴性后地安下心来。其实过程还是很惊险的，随车而来的二名司机核酸检测有问题，应该是无症状者。后来医院还为相关公司免费身体检查，以复工复产。但此事我一直有个不平，在这个关键时刻，我院员工能挺身而出，的确是英雄，但后来的事，公安一同去的同志很快都立了功，但医院的同事一直无法申报立功项，后来有机会报，但由于医疗系统抗疫杰出的人很多，又未批准到，这也是体制的问题，医疗系统平时无太大的事，基本只有特大的事件才有申报立功一说，这一直是我心中的遗憾，我们欠员工的一个奖章。

"意外"收获

——确保员工的口罩也保护了家人

刘瑞华　2022 年 4 月 5 日

我听一个员工在疫情高峰期过后给我发来短信，发达的感谢之意，感谢医院在疫情最紧张的时期，确保了所有的员工都有口罩领代，而且还保了他们全家都有口罩，我问为什么？他说医院规定一天可以领二个口罩，他按规定领了口罩，但自己根据临床情况节省着用，有时一两天都戴一个口罩，将节省出来的口罩给家人用，要知道那个时候，市面上根本没有口罩可买，即使高价也没有，正是医院的口罩解决了家里的大难题，也真切地感受到了医院大家庭的温暖和力量。其实，在当时有省里专家来医院会诊也曾与医院的员工谈到医院口罩的供应的事，他们所在的医院每两天甚至更长时间才能供应一个口罩，有的医院后勤部门甚至无口罩可领，像你们医院还真是少见，很羡慕，也很豪爽。这也正是医院近年应急机制的完善相关。

备注：此文发表在今日花都及花都文学期刊上

战疫情　尽责任

下肢骨科　朱婉怡　2021 年 6 月 12 日

　　疫情的防治考验着我们，这不仅是一场医疗人员的战斗，更是一场全民的战斗，对抗疫情，我们不能心存侥幸，但必须清醒冷静，唯有众志成城，才能形成战胜疫情的合力。

　　2021 年 6 月 5 号上午，广州市中西医结合医院接到上级通知，参与花都区大规模核酸检测排查，具体负责花城街 32 个采样点近 20 万人的核酸采集工作，针对近期区内疫情防控形势，医院前期已多次组织大规模核酸采集演练并储备了相应的后备梯队及物资。我很荣幸是核酸采样应急梯队大家庭中第 4 梯队的一员。下午 3 点多接到通知后。立马从家里奔赴单位，在领导和组长的统筹下，立刻换好洗手衣，准备好相应的物资，然后就出发至花城街三东村，我们一组 10 人到达地点后，先观摩现场，大家都很踊跃地举手换上防护服先上场，组长为了保存大家的体力，先安排了 4 人上场。在这次全员核酸检测前，医院已组织大家学习过防护服的穿脱，大家都能很快熟练穿上防护服，大家互相检查防护服的密闭性，并鼓气加油。

　　6 月的初夏，广州的天气也开始炎热起来。高温蒸

腾、空气闷潮，汗水在衣衫上析出盐晶，防护手套里的汗水捂得双手发白。连续轴转6小时后，我终于被领队劝下来休息了。每个人都冲锋向前，群众看到的不仅仅是采样的大白，还有和我们奋战在一线的民警、辅警、村里的干部和那些踊跃的志愿者们。到了凌晨2点，经过大家的努力，共采样三东村4460人次。

召必回，战必胜，6月7日当天传来好消息，全区核酸筛查阴性，听到这个振奋人心的消息，再辛苦也是值得的。

没有生而勇敢，只有选择无畏。面对疫情，我看到的是大家选择了承担责任，为维护我们的美好家园而贡献出自己的一分力量！

周末，奔赴一场必胜的"突击战"

肾病科　刘淑军　2021年6月10日

"大懒虫，快起来吃早餐了。"又一个平常的周末早晨，丈夫像往常一样，蒸好了包子、热好了牛奶，转身对还赖在床上的我嚷嚷。

其实我早就醒来了，只不过周末习惯性地赖床，醒来后先看学习强国，再浏览一下微信公众号的文章，看看微信群里的各种信息，等着吃早餐……今天是2021年6月5日周六，不用上班的日子，总是令人无比放松。一个上午，无人打扰，心情随着缓缓流淌的时光慢慢舒展，温馨而惬意。当墙上挂钟的时针指向中午的时候，我准备午休。突然，钉钉传来单位的紧急通知："所有中层干部及支部成员回院上班，花都全员核酸检测。"职业敏感告诉我，这是一场"突击战"，不能有半点马虎，必须做到万无一失。

一、兵马未动，粮草先行

当我匆匆赶到护理部时，一些同事已经集中了，主任安排我和另一位护士长负责物资准备和协调。指令下达的第一时间，我就奔赴设备仓库和总务仓库协调。设备科的同事们早已干得热火朝天，仓库堆满了采样用的物资：

防护服、护目镜、防护面屏、医用外科口罩、防护口罩、手套、鞋套、免洗手消毒液、帽子……所有的人都在紧张忙碌地埋头苦干，按照物品清单准备着一套一套的采样用品。他们的流程是把物品清单贴在每个箱子上面，每两个人一组。准备好了后由另两位同事再次核对一次，物品无误后封箱标记，编好组，等着它的主人来领走。

看到这么大的工作量，我建议科长："我们能不能在装箱的时候找人在旁边核对，这样可以省去很多人力，在时间紧、任务重的情况下能更快完成物资准备的任务。"

设备科龚立勇科长思量了一下后说："我们细致一点，物品充足一点，他们的麻烦就会少一点。"看他那认真劲，我服了，为他点赞！

二、物资转运，全程保障

后勤仓库的工作一点也不能含糊，同事们按照清单有条不紊地准备物资。因为是临时通知，库存不足，只能紧急通知供应商送货。转运物资、分发物资，时间就在不知不觉中溜过。一眨眼就到了晚上八点钟，该出发的队伍已全部出发了，我才想起晚饭都还没吃。

趁着同事们去卫健局补充采样物资的空隙，丈夫帮我买了杯"杨枝甘露"送过来，又闷又热的天气一口冰凉的糖水喝下去，感觉真如甘露一般，滋润了我又热又渴的心，疲惫的身体又满血复活了。等补充的采样物资一到，我们又和设备科、宣传科的同事马不停蹄地赶往各个采样点，给他们补给各种物资。

一个晚上，我们转战于杨一村、杨二村、紫荆社区、保利花城、东边村、长岗村、百合社区、森岛湖、蕉仔一号、花城政务中心等各个采样点之间。

当送完最后一个点的物资，大伙都松了一口气，终于可以结束一天的工作了，此时已是凌晨两点钟。拖着疲惫的身躯回到家，简单收拾一下就倒头睡下，梦里依然是转运物资的紧张场景。

三、连续作战，完成任务

第二天清晨五点多，生物钟很准时地把我叫醒了。到了单位，发现比我更早的同事已经把物品准备好放在门诊楼前了，我不禁由衷地佩服她们。到五楼设备科，更让我惊讶，他们又连夜已经将所有物品准备好，整装待发。

"你们通宵没睡吗？"我疑惑地问道，强哥回答说："我回家冲了个凉。"

我顿时觉得自己很幸福了，能回家睡了几个小时。

因为有了昨天的经验，接下来今天的工作就很顺利了。到中午十二时，采样的工作已基本结束，我们的物资保障任务也圆满完成。

回顾这个平常又紧张的周末，我是累并快乐着。相比战斗在一线的同事，我也是幸运的了，可以回家睡上几个小时，也不用穿着密不透风的防护服在现场采样。

星期一采样结果出来，花都190多万份样本全部阴性，所有人都松了一口气。虽然我们负重前行，却能换来大家的岁月安好。

大家都说："累也值了！"

花都区第一次全区全员大规模核酸检测已告一段落，但疫情防控一刻也不能松懈，为了山河无恙，我呼吁大家继续遵守相关规定，自觉做好防护，用我们的努力，一起守护我们健康的美好生活！

守卫广州　"疫"马当先

骨伤科　马艳辉　2021年6月22日

马艳辉是骨伤科的副主任医师，2011年硕士研究生毕业于湖南中医药大学骨伤学专业，毕业后一直在广州市中西医结合医院骨科从事临床工作，2006年入党。他工作生活中时刻牢记使命，不忘初心，坚持认真学习党的理论、路线、方针和政策等，不断提高自身思想政治修养。他始终以患者为中心，精益求精，各年度均出色完成各项临床诊疗工作，以实际行动执行着党的各项方针政策，践行着入党誓言。

一、主动请缨，驻守防疫一线

自2020年新冠病毒肺炎席卷全球以来，广州作为国内最大的入境口岸，为守护好国门，在市区设置了多处入境隔离防疫酒店。2021年初，当医院通知需要医生入住隔离防疫酒店时，他主动请缨，申请前往抗疫一线，于3月份正式驻防赛仑吉地隔离防疫酒店。

新岗位风险高、任务重、工作量大、协调部门多。为了尽快熟悉工作、打好防疫阻击战，他于2月下旬提前一周入住酒店跟班学习。第一次进入酒店大堂，他看着大堂上悬挂的国旗、党旗，气氛庄严肃穆，他深深地感受到了岗位的神圣、职责的沉重。白天熟悉入境客人的接收流程、相关隔离政策，进行每日的隔离人员体温测量上报等；夜晚研究各种数据报表的填报，如境外输入人员表、境外来返解除隔离表等，研究各类人员核酸采样安排、一码通核酸登记，省新冠网个案导入上报等。为了更快更好的掌握所有工作，他索性连续48小时跟班学习，终于理清了以酒店入境隔离人员管理监测为中心的多部门（包括区委三人小组、街道、广州中西医结合医院、花都区人民医院、花都区卫健委、花都区疾控、广州市第八人民医院、广州市120调度中心等）联动关系、各种情况的处理程序和紧急情况处理关键点。紧接着又48小时独立值班，圆满完成新一轮医护接班的第一棒。

二、临阵不乱，及时妥善处置阳性病例

1. 新冠阳性病例出现：因新冠病毒未知的变异性和传染的迅速性，独立值班后，他时刻提高警惕、严阵以待，指导酒店工作人员严格做好消毒和防护工作，在入境人员初次核酸检测为阴性时，依然不能放松防护。就在第二轮值班，1例无症状隐匿阳性病例在第七天核酸监测中赫然浮出水面。他在短暂的忐忑之后，立马电话通知患者阳性结果，告知阳性患者的诊疗政策，嘱其佩戴口罩，注意个人防护；随后报告上级，通知120中心派车转运。接到救护车即将到达通知后，通知专班工作人员做好隔离区清场工作，做好个人防护后携带N95口罩，上楼指导患者佩戴，并陪同患者乘坐电梯下楼。期间患者紧张焦虑不安，他安慰患者："回到祖国就放心吧，咱们国家有先进的医疗设备、领先的诊疗水平、减免费用的相关政策，你安心治疗等待康复就是了。"在他的安抚下，慢慢地患者情绪稳定了。把患者送到救护车上，和跟车医生签署转运单、并告知患者的基本情况和注意事项，顺利完成首例阳性患者的交接。在三个月驻防工作中，他们准确的筛查出五例新冠阳性病例，及时转运广州市第八医院（传染病医院）治疗。患者经治疗核酸转阴后解除隔离，恢复了正常生活。电话随访时患者说，没想到他们祖国应对新冠的检测治疗这么高效，远超有些西方国家，祖国真的强大了。

2.**恶性疟疾隐匿来袭**：当新冠病毒肆虐，带走所有人的关注时，恶性疟疾悄然来袭。2021 年 4 月 30 日法国巴黎—航班的乘客在白云机场海关首次核酸检测均为阴性。法国非重点防控国家，但流调时发现其中 20 个乘客为非洲刚果务工人员，经巴黎转机回国。他意识到刚果为疟疾防疫重点国家，立即电话沟通随访，明确客人刚果旅居务工史。随后上报疾控，对客人行 RDT 检测，结果全部阴性。亦未放松警惕，密切监测随访。5 月 10 日常规测温巡查时，该航班一名乘客反应数次腹泻后症状好转，体温正常，无发热寒战乏力等不适。5 月 11 日下午，收到市卫健局文件，佛山隔离酒店该航班乘客发现 2 例恶性疟疾。他一下警觉起来，虽然该乘客今日体温正常，腹泻症状好转，无恶性疟疾表现，但是他们没有放过一丝可能。立即对该乘客和同住的人员进行第二次恶性疟疾检查。结果该乘客阳性，同住人员阴性。情况紧急，立即上报专班组长，上报疾控中心，当晚专班组长立即组织全隔离区蚊虫消杀，并送该乘客及同住人员前往就医，经医院复查该乘客恶性疟疾确诊。经过治疗后患者顺利康复，隔离结束后与家人团聚。该隔离人员到家后致电感慨地说，他在刚果见过很多疟疾病人，这轻微症状表现根本就不像疟疾，但还是被查了出来这么快治好。并称赞说："还是咱们祖国的医疗水平高，祖国好，共产党好。"

三、负伤上阵，坚守防疫一线

驻点防疫期间，工作繁重，每天要给约 200 名乘客测量体温 2 次，同时还要观察其精神状态，进行精神状况评估，有时遇到老人和外籍乘客，还需耐心解释和宣讲隔离政策。每天跟踪随访高血压、糖尿病、心脏病等基础疾病的隔离人员。期间，因防护服密不透风，里层工作服基本都是湿透状态。最多的一天接机 4 批乘客，穿脱 5 套防护服，每次大家调侃他说，你又免费蒸桑拿。他总是笑笑，擦干汗水，继续工作去了。

由于久坐，作息不规律。他的旧患肛瘘不幸复发，破口流脓，严重影响工作。坚持了 2 周后，担心肛瘘病灶会不断深化扩大，和同组医生调班挤出时间在 4 月下旬在腰麻下做了高位复杂肛瘘切除手术，他说术后那种从未体验过的疼痛至今记忆犹新。大家劝他请假休息，他总是开玩笑地说，防疫酒店工作关键而重要，咱是党员，非常时期，轻伤不下火线！其实他是深知疫情防控期间医务人员人手十分紧张。出院后，他立即带着药和坐垫回到岗位，没有因为手术而错过一个值班。不了解情况的同事见他行路姿势异常，戏称他是"鸭子步"。就是迈着这样的"鸭子步"，他和他的队友圆满完成了 3 个月隔离酒店的驻防工作。获得专班三人组和酒店工作人员的一致好评。

四、时刻待命，助力一线队伍提升

5 月 22 日，马医生周末轮休，突然接到紧急通知：因印度疫情再次爆发，新冠病毒变异、毒性增强、传播迅速，广州市卫健委出台新政策，隔离酒店一线工作人员要加强防护，赛仑隔离酒店下午一点半全体一线员工进行防护培训。为了不影响值班医生的正常接机工作，他主动承担了培训任务。先是研读最近下发的防控文件，整理防护流程中的常见漏洞和容易忽视的细节，然后结合实际操作详细记录总结要点。下午一点，他提前赶到酒店，向专班组长报道，请示培训的要求、步骤和目标。在专班组长的组织领导下培训考核顺利开展。专班组长亲自给所有的一线人员示范了一次穿脱防护服规范流程，酒店员工无不敬佩有加。领导身先士卒，员工学习更加认真。在随后酒店员工个人穿脱防护服的培训考核中，他们按照规范给一线员工查漏补缺，比如检测防护服破损、消毒时口罩避水、手不扶桌，卷脱防护服过膝坐凳，护目镜手不触屏等等细节问题予以矫正。经过他们的培训和指导，酒店一线员工的个人防护做得更好了，更好地发挥了他们隔离酒店的"关口堡垒"作用。

三个月的驻点防疫工作转眼就结束了，马医生和他的队友们顺利地完成了 1 千多人隔离管理监测，对下一批接班的医护进行详细的培训和带教，工作已顺利交接。疫情严峻，德尔塔变异病毒突现广州，疫苗注射、核酸检测重任在肩。他在新的抗疫岗位他即将开始新的征程。他是千千万万个白衣战士中的一员，他们齐心协力，不胜利绝不撤兵。相信在中国共产党的领导下，全国上下同心，一定能取得战"疫"战争的最后胜利。

记支援广州抗疫心得

下肢骨科　刘婉明　2021 年 7 月 2 日

2021 年 5 月下旬，荔湾区郭阿婆的新冠确诊再次打响了广州新冠疫情炮声，之后广州荔湾及其附近每天新增确诊病例，广州市疾控中心发布了一系列的防控措施，其中包括全民核酸检测、禁止堂食、控制离粤等，在这严峻的疫情情况下，我身为一名医务人员，服从单位安排，承担核酸采集的任务是基本职责。在正式开始采集核酸工作前，医院集中培训我们学习隔离衣的穿脱、标本采集方法并进行考核，让我们熟悉掌握采样和防控技能才上场，这一培训建立了我的信心，加强了我的自我防护意识，更积极参加采集核酸任务。

在 6 月 5 日凌晨 6 点，睡梦醒来收到外出采集的信息，那一刻心里紧张又兴奋，紧张的是第一次采集标本不知自己能不能正确采集到标本，兴奋的是学习到的知识能在临床上用到，终于承担起身为医务人员的职责。从收到信息到集合，15 分钟内完成，在一阵忙碌中，我迅速穿上洗手衣、护士鞋，在集合地点与其他同事集合，一起清点采集标本的物资，搭乘医院的车赶去白云区支援核酸采样工作。在车上，领队一再重复要保护好自己，做好消毒隔离步骤，采集标本不要一味追求快，只要安全有效就可以了，这些话语让我一直谨记至今。

当我来到白云区采集工作场地时，被当地的干部与村民感动到，因为我们医务人员还在路上，当地村干部已经一早安排了村民有序地排好队伍，培训并分好志愿者工作，场地安排合理有序，我们医务人员一到就可以开始进行采集标本工作，不用再督促村干部、维持秩序、指导志愿者等工作，减少前期等候时间，加快采集速度。就在这样的环境中，每 10 人一组，村民排好队伍，在志愿者处登记资料，一组轮着一组，组里一个接一个，不插队不争吵，配合着我们有序地进行核酸采集工作。

其中有一件让我们采集氛围变有趣的事，一位老爷爷在张嘴配合采集核酸时，没有提前拿下假牙，一张嘴假牙就掉下来，老爷爷就手忙脚乱地接假牙，引得老爷爷自己和周围的人群都哈哈大笑，老爷爷变得腼腆和不好意思，还不断跟我道歉说干扰了我的工作，我也一再地说没事的；有好多的村民在采集完核酸都真诚地对我说："辛苦了，谢谢了！"当时的我就感到有股热流流向我的胸腔，觉得核酸采集虽然是一件辛苦的工作，但这是一件有意义、可以帮助他人的工作，我变得更激情地进行采集工作，多热多累都觉得值得的。就这样一直忙到晚上十点才结束，这时领队收到医院领导通知，花都区也要开始全员核酸采集任务，我们支援的队伍要撤回花都准备下一轮的采集工作，当知道我们队伍要撤离，白云区的领导也十分理解，并安排好干粮和车辆送我们回去单位，我觉得这次外采工作是一次愉快的经验积累。

回到医院我们梯队的队员们在医院值班室稍作休息并待命。在6月6日07：00我们再次集合，不过这次采集人员除了本院的还有从韶关赶过来支援的队伍，我们从医院出发赶到各自安排的采集点进行采集工作，一到现场，韶关支援队员主动要求先开始进行采集，我们殿后，从中我感到，面对疫情，抗疫一线人员都不胆怯、不推脱、合作融洽，自豪感油然而生。

花都区大规模全员核酸采集工作在24小时内完成了任务，这是全区全民共同合作才能完成的，花都区人民真给力！完成了全区核酸检测工作后，我一边继续回科室上班一边在外采梯队里待命，一旦下达外采任务，我便准时出发，有了前两次的经验后，我更有信心完成以后的外采工作。

在接下来的外采任务中，我主要去的地方是机场，白云国际机场承担了国内外交通的重要枢纽之一，所以机场工作人员的防控是重中之重的工作。机场的外采任务是2—3天一次，我在6月中参加了白云机场的几次外采任务，每次采集的标本量都有1万多人次，工作量有点大，但在梯队人员通力合作，机场领导和员工积极配合和维持秩序，每次核酸采集工作都进行得很顺利。机场人员防控工作做好了，广州的疫情就能压制下去，觉得辛苦得很值得。

忙碌的6月，在一次又一次的核酸外采任务中结束了，广州新冠疫情也控制稳定了，没有新增病例，这是政府和全市人民努力和配合完成的，广州真棒！广州医务人员值得佩服和称赞！我为这份职业感到自豪与荣耀。2021年的6月，是我人生中成长及收获丰盛的一个月，难忘的6月！

随时候命，精准出击——记 12 核酸采样队的小事迹

门诊部　郭雄图　2021 年 7 月 5 日

新冠疫情时期，医院面临随时外出外采核酸任务。为做到有备无患，广州市中西医结合医院成立了 36 支核酸大采样队，每队成员设立两个领队，一个采样队长，9 个采核酸队员。而我们就是第 12 采样队，自 2021 年 6 月 5 日以来已经外出采核酸四次，共采集核酸约 23000 余人次。

五月底，自从荔湾区出现本土病例以后，广州各个区抓紧排查病例。6 月 5—6 日，花都区核酸大筛查，第 12 采样队接到任务后立即出发紫薇西社区，我们通宵达旦，共采样 6700 多人次。第一次大规模采集，很多流程未顺畅，包括扫码、排队，甚至我们有时物资都会有所缺乏。但是当晚也有很多热心居民、党员、机关事业单位协助维持秩序和扫码，大家团结一致，使得核酸采样工作可以顺利完成。很多队员当晚只睡了 1 个小时，一直工作至 6 号的中午才结束任务。

六月底，花都区政府决定分批分次对全区进行第二次核酸采集。我们 12 采样队又去了邝维煜中学等四间学校，对学生进行采样，收到更多的是"谢谢您"，甚至收获很多爱心画。在乔治中英文学校，核酸采集结束后，学生们还给我们队员表演了"谢谢你"手语歌，让医护人员甚是感动。在学校采集核酸无论是扫码还是排队采样，明显比社区更快速有序，整个过程非常顺利。采集速度快的话，每个队员采样可以达到 150—190 人次／小时。

最后两天我们队再次去了紫薇西社区和风神社区，这两天都是晴天雨天交替，时而太阳，时而刮风大雨。虽然天气不给力，但是我们采样队员还是非常给力的。不管是艳阳高照还是风吹雨打，我们依然坚守岗位。在社区采集的对象中有些老弱病残，需要用轮椅送过来，社区的地方又比较狭小，有时候真的感觉施展不开来。但是，我们每个人都在发挥个人才智，采样队长

杨华邦提出根据实地情况,把原来采样的横摆改成竖摆,打破原来杂乱的排队,纠正因为排队而带来的杂乱,加快了采样速度。

在这几次核酸采集,都是在室外采集,可以说是日晒雨淋,穿着防护服又不透气,广州的夏天特别炎热,各位队员非常辛苦,但也因为多次的实战,也锻炼了我们的队伍,我们的凝聚力也更强了。

我是急诊出车人!

急诊科 吴振盛 2021 年 7 月 21 日

2021 年 5 月底,广州突发变异新冠疫情,形势严峻。花都区卫健局紧急成立涉疫转运专班,负责转运所有涉疫人员(包括入境隔离,国内密接、次密接、居家隔离、粤康码红码、特殊发热人员等)。广州市中西医结合医院急需派出医生 1 名,全程定点酒店闭环管理,轮换时间不得少于 3 个月。面对这次艰巨的任务,急诊科吴振盛医生自告奋勇地接受了此次挑战。6 月初来自区各医院医生、司机迅速集结并接受完培训,正式成立转运专班。

专班成立的第一天,120 转运任务就已排起了长龙,因人手短缺,所有队员除了负责转运工作外,还要自己配制消毒液、喷洒及擦拭车辆、拖扫地面、打包污染垃圾等。炎炎烈日下,穿着密不透风的防护下衣衫湿透,然而吴振盛医生依然坚持,因为他知道,还有任务需要执行,还有群众需要转运。

专班全体人员

随着疫情形势加剧,转运任务越来越频繁,防控指引也不断更新,需要他们 24 小时在线待命。白日,酷暑难耐；夜晚，依旧繁忙；凌晨，星辰相伴。但只要接到任务，吴振盛医生都会抗住疲惫以最快速度穿好防护出车，因为他知道又有人需要他了。为了与死神抢人，他们常常"并驾齐驱"，几辆急救车同时出车

6月19日早上6点15分，吴振盛医生接到120调度指挥中心电话，花山镇一名35岁居家隔离次密接孕妇突发腹痛，了解到患者已是孕39周孕妇，判断可能是临产迹象，汇报120中心增派就近医院产科医生协助转运，到达现场经产科医生检查后判断宫口已全开，随时临产，要紧急转运至区人民医院应急隔离病房完成生产，最后经过各医护人员紧密接力，一名6.6斤的男婴顺利降生，听到母子平安后，吴振盛医生内心倍感欣慰。

除了工作的繁重需要克服外，内心的孤独一样需要坚守。酒店实行闭环管理，建立健康管理"一人一档"，每日健康监测和定期核酸检测等措施。这意味着吴振盛医生需要短别家人和朋友，除了出车，活动范围只有酒店的单人房间内；除了出车，能陪伴的只有自己的影子，生活变得枯燥乏味！

但他想起先辈们浴血奋战换来的太平盛世，我们在红旗下长大的这一代，更不能退缩，坚守好岗位，作为给建党一百周年献礼。他时常告诉自己，要坚守从医的初心，每当负压救护车穿梭在繁华的街道，他都会感慨繁华街道的背后有自己的一分力量！

在大家的共同努力下，广州疫情形势逐渐好转，区内大部分密接次密接隔离酒店撤除，吴振盛医生终于松了一口气，完成了上级部门交付的重任。但是境外疫情仍然肆虐，广州作为国外入境最大门户，花都区仍然是接待入境人员最多的区域，任务依旧十分艰巨，吴振盛医生表示将继续努力，为守好国家门户贡献自己一分力量！

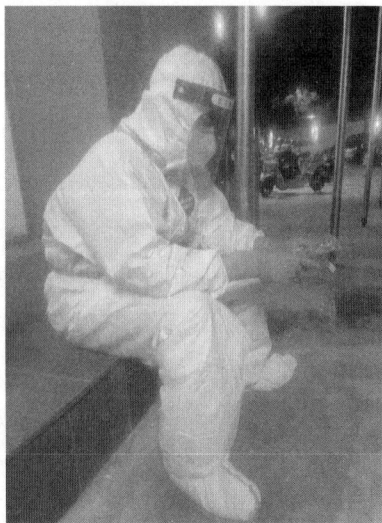

吴振盛医生在酒店内等待下一个任务

吴振盛是我院新一代年轻接班人之一，无论是抗疫战场上还是在医疗战线上，像他这样坚定不移地在一线上守护广大市民健康的年轻人有千千万，正是因有了这些人的无私奉献，才换来了我们社会的稳定康宁！

我在隔离酒店的抗疫纪实

治未病科　林惠琼　2021 年 11 月

　　我是广州市中西医结合医院治未病中心的一名护士，一场突如其来的新冠疫情在全国蔓延，面对严峻的疫情形势，我院承担隔离酒店境外集中隔离点的相关医务工作，我和几个同事组建的医务团队被派境外集中隔离点驻点工作。作为一名医务工作者，我们责无旁贷，义不容辞，奋力同行。

　　怀着激动又期待的心情来到隔离酒店，刚刚进入隔离点，对周围的环境不太熟悉，对要做的工作也有点懵，虽然之前岗前也培训过，但不知道该如何熟悉工作流程。医务组的工作不仅是对入境隔离人员的日常体温监测和 14 天的鼻咽核酸采集，每月 1 次的污水采样及每月 2 次的环境标本采样，做好消毒检测的登记台账，医务工作人员每天进行体温监测及轨迹登记，还要担负境外隔离人员的身体状况、心理评估及疏导等，时刻关注特殊人员日常健康评估和随访工作，若有特殊变化，要报备酒店专班。医护人员和酒店工作人员每天至少要工作 12 小时，凌晨 1 点左右休息都是常态，为尽快适应工作流程，向已在酒店工作一段时间的同事和酒店的专班领导邹团、酒店经理及街道的领导请教和学习，从而慢慢熟悉了隔离酒店工作流程。

　　随着隔离点境外隔离人员入住逐日增加，最高入住客人达 219 人，工作量也呈几何式增长，为了在有限的时间的人手和时间下迅速完成任务，我对于每天必做及每周必做工作提前做好工作计划，对工作内容进行汇总，做好工作人员三天一采的核酸采集，对新入住客人采取免接触流调和集中隔离健康观察告知，自制一些工作表格以方便登记工作，及时更新世界各国高风险国家，学习如何更快速新冠核酸及疟疾筛查标本采集工作、解除隔离人员书写解除医学观察告知书及新型冠状病毒感染检测结果告知书等。

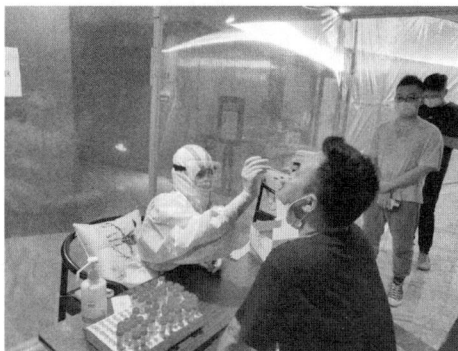

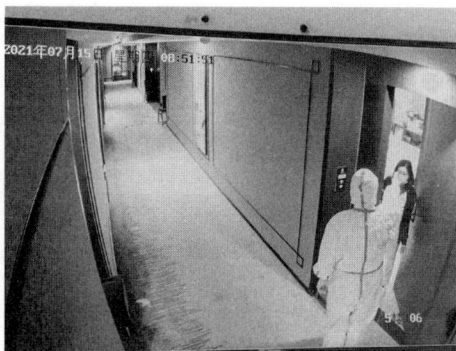

林惠琼在隔离酒店工作中

我驻点期间还要担任酒店感控督导员和抢救药物、物品管理工作，为了确保被隔离人员的安全，我必须认真履行职责，定期检查急救物品及药品，急救物品保持备用状态，每天检查解除隔离人员离开酒店、检测新冠初筛阳性及急性发病或双抗体阳性的转运流程，通知酒店对环境消杀及隔离人员医疗垃圾的统一运送工作。每天督导保洁人员用含氯消毒液消毒污染区、清洁区的紫外线消毒并做好台账登记工作。

转眼间，隔离酒店驻点工作结束了，参与抗疫的使命，收获满满，如果有需要，下一次我将会继续参与隔离酒店的防控任务。疫情当前，许多人义无反顾地奔赴抗疫一线，成为最可爱的人，此时此刻，中国加油！广州加油！希望疫情早日结束，大家过上疫情前正常的生活，作为抗疫的一分子，感到自豪和骄傲。

他带领铿锵玫瑰逆行封控区！

宣传科　熊妙华　2022 年 5 月 12 日

2022 年 5 月 12 日是第 111 个国际护士节，今天对于花都区来说，还是一个特别的日子，因为今天花都区全部封控区都解封了！这次解封意味着自 4 月份以来，花都区的抗疫工作取得阶段性的胜利。

秦波（中）

虽然今天是护士节，但广州市中西医结合医院一支应急采样队在封控区一直坚守到最后，他们自5月5日起进驻广塘村白鳝塘至今，整整坚守了一周。

2022年5月5日，广州市中西医结合医院接到要立即支援新雅街道广塘村白鳝塘疫情封控区的紧急任务。在接到命令后广州市中西医结合医院立即启动应急预案，召集了以秦波为组长的六人应急小分队赶赴白鳝塘，协助清布社区的疫情防控工作。

秦波于2015年大学期间加入中国共产党，2016年毕业参加工作，现为广州市中西医结合医院的一名护师，他积极认真、能力突出，连续被评为"优秀护士"等荣誉称号。他始终不忘一名共产党员全心全意为人民服务的根本宗旨和一名医护人员逆行"战疫"的职责使命，新冠肺炎疫情暴发以来，积极加入医院核酸大规模采样队及应急梯队，曾多次支援白云机场核酸检测工作。此次作为应急队队长，且是队里唯一的男队员，带领谭书洁、陈健仪、吴妮历、姜云霞和毕海怡五朵铿锵玫瑰逆行驻守封控区，他深感自己身上责任重大！

俗话说"要想火车跑得快，全靠车头带"，秦波带领支援队到达管控现场后，立即参照最新的工作指引对采样场地进行优化设置。重新布置了采样人员与等候采样人员、采样桌、排队人员相隔距离线；清洁区、污染区、一脱区和二脱区划分；采集人员在被采集人员的风向调整等。在工作期间还要监督医护人员严格按照指引穿脱防护服和做好手卫生等各种消毒隔离措施，避免采样过程中的交叉感染。

广州5月的天气已经开始炎热。核酸采样队员一袭白衣战甲，虽然在雨棚下采样，但还是感到闷热难受。街道负责人组织大家为医护及各突击队员送来了降温的冰块、饮料以及降暑糖水等，让大家感受到了虽病毒无情，人间有爱！

在封控区工作医护人员不仅要完成上门采样，还要保证居民的基本医疗保障。为了减少医护人员在穿防护服的过程中来回走动消耗大量的体力，街道派出了工作人员用"小毛驴"载着"大白"到管控的住户家里采样，这样既提高了采样率也加快了疫情防控的进度。

5月10日左右，广州出现了大范围的降雨，这给疫情防控工作带来了很多现实困难。由于下雨天，医护人员的防护面屏上蒙上了一层雾气和雨水，这给大家在行走和入户采样带来了极大的不方便。但大家始终坚持不漏一户一人，按时完成了80多人次的入户采样工作。

根据疫情防控工作的进展，花都区计划于5月12日12：00新雅街广塘村封控区、管控区解封，在解封前的5月11日下午，进行最后一次封控区内全员核酸检测。然而天公不作美，正当大家布置采样场地时，乌云密布、大雨将临，继而下起了瓢泼大雨。但骤雨挡不住村民对解封的渴望，他们撑着雨伞在冒雨排队，暴雨丝毫阻挡不住大家前往采核酸的决心。

有村民大哥说："你们都不畏风雨、不畏酷暑帮大家做核酸，我们还能畏惧这点小雨。我们淋湿了，回去洗个澡就好了，你们比我们辛苦多了，一坐就是几个小时。"一句句朴实无华的话语，深深打动了医护人员的心。

在封控区内进行采样工作，与平时最大不同的是，在这里无论是生活上的事情，还是工作中的各类准备或善后工作，都要他们自己动手完成，所以平时看起来弱不禁风的小姑娘都成了"女汉子"，而秦波作为应急队里的唯一男队员，他更是承担了大部分体力活。

在所有人的坚守下，终于迎来了激动人心的时刻，5月12日中午12时花都区正式宣布："新雅街道广塘村封控区、管控区、防范区全部解封。"这次解封标志着此轮疫情取得阶段性的胜利。

面对严峻的疫情防控任务，在区委区政府的正确领导下，准确把握疫情阶段性特征，依法、科学精准地实施疫情防控措施，紧锣密鼓地推进疫情防控工作。来自各个部门的工作组不断深入"抗疫"一线了解民情、关爱孤寡老人、关爱工作人员，使各项防控保障措施有序推进。"战疫突击队""党员突击队"迅速展开工作，一个个基层党员干部挺身而出、带头攻坚克难，大家无惧风雨、任劳任怨，他们用行动完美地诠释了一名共产党的使命和责任。

"疫"路有你

——记录第十四队上门采集核酸的小事迹

信管科　王建英　2022 年 5 月 17 日

广州市中西医结合医院有一支由 18 名医护人员组成的第 14 核酸大采样队，在杜敏主任作为领队下，他们主要负责花城街杨二村的全员核酸采样工作，自 200 年 4 月份起本轮疫情发生以来，他们已完成 10 次大采任务，累计采样超过七万人次。

为做到应检尽检、不漏一人，他们秉着为民办实事的精神，对行动不便、年迈残疾的人群提供上门采样工作，当疫情防控工作中的最美逆行者披上战袍一刻，用脚步丈量着抗疫的"最后一公里"，就是用汗水汇聚起春寒里的别样暖流。

队员们严格执行上门采样要求，别出心裁的采样装扮，成为一道亮丽的风景。为了提高采样效率，他们腰缠着黄色垃圾袋，黄白相间，无论刮风下雨，还是烈日高照，照样走巷串户，坚持完成每一次杨二村特殊居民的上门采样工作，这一模样可爱又让人敬佩。

每次到一个下肢截肢的老奶奶家，当她看到队员就会竖起大拇指对他们进行赞扬，让队员们觉得每一份感动都是那么真诚！

面对疫情，第 14 采样队的队员们没一人退缩，他们都是冲锋在前的抗疫榜样，凝聚"疫"线强大力量，虽然近期因各种抗疫任务而"连轴转"，但始终保持着良好状态。每次接到任务，队里人员都尽力快速调配好工作，即使是深夜 12 点接到紧急任务，队员也同样能半小时内迅速完成集结，并以良好的状态保证完成防疫任务。

采样队中的成员秦波更是一个极具创新精神的人，他根据个人穿脱防护服的经验进行总结，并提出创新小点子，在防护服袖口开一个小孔，套入大拇指，这样可以有效防止采样时频繁伸缩手臂导致袖口上滑，减少医护人员被感染的风险。每一个创新都来之不易，因为要经过无数数的实践经验才能总结而出。

用臂膀扛起如山的责任，展现出青春激昂的风采。医院第 14 采样队，每一位队员都是真正的勇士，在这个特殊的时期，贡献自己的力量！相信在我们全体人员的共同努力下，一定能共建一个健康又美丽的花之都。

默默奉献的流调队伍

院感科　陈小平　2022 年 5 月 20 日

在常态化疫情防控中有一支不容易引起关注的队伍，这就是一支由我院抽调参加区新冠流行病学调查工作的区流调队员，这支队伍主要由职能部门工作人员组建，流调工作对于在医院的工作人员是一个陌生的领域，参加流调工作一切都要从头学起，但我院选派的是 10 名队员并未因面临新的挑战而退缩，并且其中一部分人并非医疗专业的人员，但他们依然积极参加本院及区疾控中心的培训，努力克服自身不足，在工作中不断学习锻炼。

2022 年 3 月因广州疫情我院蓝迪龙、黄海荣、何宇亮、毕慧文被抽调参加区流调工作，流调工作需要抽丝剥茧，查看视频、电话询问、人员摸排、现场查看、核酸采样等是工作日常，24 小时完成一个流调个案往往需要 50 名流调队员深挖才能将个案轨迹搞清楚，流调队员加班加点是家常便饭，我院参加区流调的同事并未被困难吓退，保证质量完成领导交给他们的任务，受到疾控同事的好评，在每一个案例行动轨迹的背后，是无数这些默默无闻的流调队员们，不分日夜奋战才做出来的成绩，每一个数据都来之不易，在他们身上充分体现了医务工作者的担当和使命。

◎第十章

疫情防控继续发力

当前疫情防控处于第四阶段，进入全方位综合防控"科学精准、动态清零"阶段。医院再次动员，全力以赴。

坚定信心、全力以赴打赢疫情防控攻坚战

——2022年5月19日疫情防控再动员再部署讲话全文

广州市中西医结合医院党委副书记、院长刘瑞华

一、坚定信心

新冠肺炎疫情发生以来，习近平总书记亲自指挥、亲自部署，提出"坚定信心、同舟共济、科学防治、精准施策"总要求，明确"外防输入、内防反弹"总策略、"动态清零"总方针，关键时刻做出重要指示，为做好疫情防控工作提供了科学指引和根本遵循。充分认识疫情防控的复杂性、艰巨性和反复性，坚决克服麻痹思想、厌战情绪、侥幸心理、松劲心态，坚决克服轻视、无所谓、自以为是等思想，坚决同一切歪曲、怀疑、否定我国防疫方针政策的言行做斗争，决不能让来之不易的防控成果前功尽弃。两年多的中国抗疫实践取得了世界瞩目的成绩，应该继续发扬我们的制度、体制优势。我们要坚信：自从疫情暴发以来，党和政府在几次关键时期都做出了准确的判断，没有出现过任何大的战略性误判。

二、统一思想

保持政治定力，一以贯之把思想和行动统一到习近平总书记重要指示精神和党中央、国务院决策部署上来，统一思想认识、坚定必胜信念、有效控制疫情具有决定性作用。

防疫从来就是政治问题，而且因为关系到人民生命安全，所以是最大的政治问题，没有比这个更大的政治问题。这个是基本的政治站位，是底线思维；防疫是公共卫生，公共卫生不是简单的"医疗问题"，而是公共政策，公共政策也是政治。

中国政府及民间社会从政治上和文化上都不可能容许以大规模人命代价为成本进行放开。以上海为例，对位香港的人口，那就是3个月死数万人，

对应上万、数万个家庭。这种事情是不能被允许在中国发生的。一旦发生，后果不堪设想。这是不是一个政治问题？这是最大的政治问题。

基于各种考虑，中央已经明确了目前防疫思路不变，疫情防控既定的方针政策不变，全面"动态清零"不变的方向。这是基于科学基础上的政治决断。

中国这次疫情暴露出来，上海在防疫数字基础设施方面的问题短板（健康云问题）方舱、留观场所不足，轻症居家隔离也没有必要的基础设施支持（从应用电子锁到有执行力的网格化基层治理能力）同时还要有大量前置的教育宣传工作。

三、准确理解

"动态清零"随着疫情防控的深入，其内涵也在不断地丰富，实施的初心与目的就是要减少经济代价，就是要从绝对意义上防止医疗资源出现医疗挤兑、这是这公共卫生政策的核心要义。所以，这套体制的核心，也是不能允许社会层面大爆发——如同灭火在一开始，就要扑灭火种，不是等到火势蔓延再扑，那样代价就更大了。上海防御体系首先失误了，或说大意了、破防了，这是根本，也正由于它扩大了，靠自己的力量已经无法在中国联防联控"动态清零"的体制下完成防疫战疫目标，才需要后面的八方驰援。如果要复盘，首先就应该避免社区爆发，这是一切的根本。教训十分深刻。破防之后，基层医护及治理组织疲于应对，民众也十分痛苦。同时，还伴以执行中存在官僚主义和形式主义，更增加了困难和挑战。这一切本不该发生、本可避免，值得人们深刻反思。

四、着眼全局

中国选择的防疫道路是人类社会仅有的，既是中国特殊国情的需要，是中国制度能力的体现。中国一定会众志成城，拿出定力，利用数年的时间，动态调整防疫政策，夯实我们迈出的每一步，最终完成防疫战疫的全程，中国最终希冀的目标，是成为人类社会里唯一真正避免因为新冠遭遇大规模人命损失的国家；中国所要探索的数字化治理加网格化基层治理加全社会共同努力的公共卫生模式，不仅仅要用来应对新冠，还可以应对人类在未来可能遇见的、更可怕的病毒与超级细菌。走出这条路，就是中国的成功，也是对人类文明的贡献。

医院作为区域的重要医疗力量，首先必须服从区域大局的安排，各科室和部门作为医院的组成部分应该服从医院的大局分配。医院统筹调配力量应对各类任务，会统筹考虑各方面的因素，但有时情况紧急或者任务多，必须动用更多的力量时，希望各科室部门必须全力支持医院的指令，目前有个别科室总是强调自身的困难，不愿意服从调配，这种现象不允许存在，这是在考验我们干部的政治敏锐性和执行能力。下达任务后遇到有队员因工作或特殊原因，科室必须安排调配好或做好顶替工作。周末、节假日、夜间可能会抽更多比例的医技、医辅科室人员，相关科室要全力支持。

五、充分准备

1. 系统性准备

全国一盘棋，中国政府不可能在没有进行最充分的、最全面的论证情况下仓促、被动地放开。这，不是政治化，这，才是讲科学。开弓没有回头箭，我们只有一次机会，只能成功，不能失败。失败，那就是前功尽弃，后果不堪设想。

中国内地所有省份城市都是联通的，在防疫政策调整之前，各地都必须既定方针进行防疫，成为联防联控的一部分，同时也必须按照既有的规则和标准，去评判公共政策的执行。防疫政策的调整，必须在中央、在全国统一部署下进行。

国家已提前在规划准备定点医院和亚定点医院、永久性方舱医院、集中隔离点，把防控的人力物质资源备足备齐，确保一旦发生疫情迅速启用。医院要做好充分准备，医院可能要接管方舱医院、隔离酒店、居家隔离等管控区域，而且必须发挥中医药的优势，所以，医院早已着手准备在人员、物资、药物等全面介入，彰显中西医结合、中西医并重、中西药并用特色，确保到了医院该亮剑的关键时刻能亮好！

医院已着手信息智能化全面介入抗疫工作，包括日常数据的采集及未来大数据的应用。

医院要准备好疫情防控科研项目（包括中医药）、卫生经济学评价等全面工作，希望全院有能力的学科与人员积极参与。专科也可积极介入新冠肺炎有（无）症状与基础疾病诊疗研究。

2. 应急性准备

医院全院也是一盘棋，作为区内主要的医疗力量，必须时刻应对突发的疫情防控任务，按照相应应急预案，快速反应，确保任务的完成。既往医院这方面做得不错，要继续发扬这种好作风、好传统。

全院所有的员工都要做好参与的准备，特别是还没有参加或参加比较少的人员要做好准备。能够上防疫一线的要尽可能上，不能上防疫一线的也要参与辅助性工作，如扫码、引导、维持秩序等。充分发挥大团队的优势，不要让少数受累，也不要辜负时代给我们的机遇，亲身参与抗疫伟大斗争的具体工作中去。

六、听从指挥

目前和今后的一个时期内，疫情防控仍是医院最为重要的工作，是首个任务，各科各部门必须步调一致，听从医院防疫指挥部的命令，有时是没有道理可讲或无法顾及方方面面，医院每一天都在出动人员奔赴各个战场，隔离酒店、采样现场、疫苗接种、流调溯源、防疫等各个专班，部分员工在外工作超一年。有的部门长期派出三人，医院自身工作都受到影响，但又有什么办法，作为公立医院必须担负起这份责任，所以必须要全体动员起来，全面参与，迎接更为艰巨、更为长期、更为复杂的任务。个人服从集体、小集体服从大集体，医院服从政府，只有这样才能利用大家的力量战胜疫情。

七、扬正能量

哨点排查、院感防控仍是我们的主要工作，必须坚持并扎实做好，要认真落实规范与流程、强化监督。但长期抗疫工作难免有些负面情绪，如何及时化解，这就需要我们各级党团组织和干部做好思想工作，科室负责人、党团组织必须做好政治组织思想工作，共产党员发挥先锋模范作用，在战疫中找到正能量，要感激所有奋斗在一线的工作人员，也要鼓励千百万的全院员工及家属。关心、关爱一线员工，照顾好从"战场"回来的同事，要及时发现负能量的事件，及时处置，要把"坏事"变成"好事"，帮助我们未来更好的应对新冠。

我们坚信，只要我们共同努力，全力以赴，我们一定能打赢疫情防控的攻坚战。

◎ 结 束 语

从优秀到卓越

公立医院在新冠疫情持续下担负最主要的抗疫角色，在原本就十分繁忙的医疗业务基础上，增加多种防疫任务，打乱了大部分医院原有的工作流程，如何平衡好疫情防控和医疗业务发展之间的问题，就成了大部分三甲医院要面临的严峻问题。

广州市中西医结合医院党委副书记、院长刘瑞华表示："在两年多的抗疫工作中，医院的临床业务能保持稳步增长、医疗质量逐步提升，既要做好各类紧急及日常防疫任务，又要充分推动各个临床科室业务发展，解决居民的就医需求，这就需要医院的管理者在抗疫和医疗业务发展中找到合适的平衡点！"

据刘瑞华院长介绍，医院在这两年多的时间内，医院在夯实疫情防控基线的前提下，不断改善住院环境、拓展医疗新业务，多措并举为市民提供安全优质的医疗保障，实践经验总结主要有以下几点：

一、全面加快医院信息化建设步伐，实现疫情防控信息化管理

1. 积极推动医院新基建，防疫措施实行信息智能化管理。

在疫情防控工作中，进入医院要求扫行程码及出示通行大数据，来院就诊部分为老年人，如无年轻人的陪同下则无法完成以上操作，医院率先在花都区内实行扫描身份证获取通行大数据信息，解决了老年人不会使用智能手机的问题，得到患者的一致好评。

2. 医患入口分流，率先实行进入院区安全检查，病区实行刷脸进入管理。

重新规划并斥资建立全新、独立的发热门诊，严格按照新冠疫情防控指南加强对发热患者的管理；并对医患入口进行分流管理，设立专门的员工通道，所有员工刷脸进入院内，同时自动测温并生成体温监测记录等健康档案；近年伤医事件仍时有发生，医院率先在区内实行进入院区前要进行安全检查，为医护人员提供一个安全的诊疗环境；住院部全部安装门禁管理系统，员工通过系统刷脸进入科室，严格落实病区限制探视的管理制度；院区内安装鹰眼系统，快速识别人脸，为疫情防控流调提供了关键性信息；医院内重点区域都安装了一键式报警系统。

3. 全面推行医保线上支付、线上定点等，把便利让给患者。

患者只需通过智能手机在微信上操作，即可完成医院定点、预约挂号、缴费及线上问诊等功能，现门诊患者预约率达90%以上，线上支付率超过70%，门诊增加大量的自助机，可提供自助缴费、验单及发票打印等服务，并设立志愿服务疏导，大幅减少患者在院内停留时间，降低人群聚集的概率。

4. 全面推动出院患者床边结算。

为了减少患者聚集、实现患者少跑路的目标，医院自今年2月份起全面推行预约出院，由医生开出医嘱预约出院时间，住院收费处根据预约时间到病房办理结账业务，由护士把出院带药送至床边，全面告别以前患者到住院收费处排长队结账的局面。

二、启用新住院大楼，原旧住院楼升级改造，住院病床增加至1000张，全面改善住院环境

为了切实解决区域患者住院难的问题，医院党委决定自2021年4月份起全面启用新住院大楼，新增、重组了多个病区，内外科、妇儿科及针灸康复科等22个科室完成了新病房搬迁，增加住院床位并全面改善住院环境。启用了全新的手术室、产房、中心ICU及CCU病房等，住院床位增加至1000张。

为配合疫情防控，医院在疫情初期就率先启用过渡病房，为疫情期间群众就医提供了安全快捷的通道，因此2020年医院高级卒中中心急性缺血性率中溶栓例数位列省内首位，急救业务以超20%发展，急救学科体系学科群已具规模，能力指数进入全省中医系统前列，学科也成为医院核心竞争力。

医院整合学科创新，成立花都区首个舒适化无痛诊疗中心，优化诊疗流程，提高日间手术率、加快病人周转率，无痛人流、无痛宫腔镜、无痛支气管镜及无痛膀胱镜的患者，可以实现当天手术当天出院，大大缩短住院天数、降低了住院费用。

2022年3月底启用全新、智能化的血液透析中心，透析机位增加至80个，仅月余血液透析病人就增加了近百人，为解决患者的透析需求，医院开启绿色通道紧急采购血液透析机、加开夜间透析班次等，为防控期间分流血透病人发挥了重要的作用，全力为慢性肾病患者这一特殊群体做好医疗保障。

针对群众就医的难点、痛点，医院近年来还创办了舒适化儿童口腔中心、一站式驾驶员体检中心等，切实解决群众患病痛苦。

三、加快专科建设步伐，2021 年多个学科建设再上新台阶

在原有国家级标准版胸痛中心的基础上，与医院下辖 7 个社区及基层医院，联合建成心脏康复中心，并于去年获国家心脏康复中心总部评审通过，成为花都区内首个国家级的心脏康复中心，为慢性心血管患者在预防、治疗及康复等方面，提供药物干预、心理、运动、营养、生活方式及戒烟等核心处方，结合针灸、康复等中医治疗手段，充分发挥中西医结合诊疗优势，减少本地区心血管疾病的发病率、复发率和死亡率，促使心血管患者身心康复。

医院获广东省卫健委评为广东省第二批癌症防治服务机构，成立花都区癌症防治中心。由广东省名中医龙德主任牵头管理，带领团队对癌症患者实行全程管理，治疗手段齐全，开展活检、介入、消融及粒子植入等微创手术，联合乳腺科、妇科及普外科等进行肿瘤 MDT 治疗，在癌症的诊治中充分发挥中西医结合特色疗法，持续提高肿瘤疑难危重病例的早期诊断及防治能力。

与广医三院携手共建，成立不孕不育专科联盟，实现检查检验结果互认，为需进行试管婴儿治疗的患者提供绿色通道，大大提高了诊疗效率，成功受孕后可回我院住院观察，省却在住院过程中跨区来回跑动的麻烦，为下一步我院开展试管婴儿工作打下扎实的基础。

引进人才，开拓专科手术新领域。普外科引进陈开运博士为学科带头人，区内率先开展各类胃肠、甲状腺、肝胆胰脾、腹部血管外科疾病的"精准＋微创无创"治疗，包括采用腹腔镜、胆道镜手术和开腹手术等多元化方式治疗，不断开创手术新领域；新 CCU 配备了 ECMO、主动脉球囊反搏治疗仪等先进设备，开展经导管主动脉瓣置换等多项新技术，填补该项技术的区域空白，为广州北部的居民解决就医难问题。

近年广州市中西医结合医院年门急诊量和住院人次连续多次位居广州市属中医系统首位，120 网络出车量连续三年位居区域首位；打造广州北部地区中西医结合的应急、预防、诊疗、康复的花园式医学中心及高端医疗集团，创建区域中西医协同旗舰医院，服务辐射广州北部地区居民，一直是广州市中西医结合医院的发展愿景。在疫情防控的大环境下，全面发展高质量医疗服务，为患者提供高效便捷优质的诊疗服务，是我们永远不变的追求目标。